청소년 미래세대의 고민 1
어떻게 할까요?

이상원기독교윤리
Christian Ethics Practice 02
청소년 미래세대의 고민 1 어떻게 할까요?

지은이	이상원
펴낸이	조혜경
디자인	김이연
발행처	지혜의언덕
1쇄 발행	2023년 2월 20일
3쇄 발행	2025년 2월 1일
출판등록	제2022-000024호 (2022.03.11)
주소	성남시 분당구 운중로 242 리버스토리 407호
문의	전화 070-7655-7739 팩스 0504-264-7739
	이메일 hkcho7739@naver.com

ISBN 979-11-979845-2-5 (04230)
       979-11-979845-0-1 (세트)

이 상 원 기 독 교 윤 리
Christian
Ethics
Practice 02

청소년
미래세대의
고민 1
어떻게 할까요?

이상원 지음

지혜의언덕

급격한 신체의 변화를 겪으면서 기대와 불안이 번갈아 나타나는 청소년기에 접어들면 단순하게 생각하던 인간과 세계의 여러 가지 문제들이 복잡하고 깊이 있게 다가옵니다. 세상이 기독교인의 신앙생활에 항상 호의적인 것만은 아니며, 많은 도전을 해온다는 사실도 피부로 느끼게 됩니다. 그래서 유초등부 시절에는 순수하게 믿음을 지켜오던 청소년들 마음속에 많은 궁금증이 솟아오르기 시작합니다.

제가 왜 죄인인가요?
제 강아지도 죽으면 천국 가나요?
졸리기만 한 예배 꼭 참석해야 하나요?
작정기도, 조건을 건 기도, 안수기도, 방언기도 등 기도는 어떻게
하는 건가요?
문신, 헤나, 성형수술, 운세·타로·점, 록 음악, 판타지 소설, 핸드폰
중독에 대해 성경은 뭐라고 말씀하시나요?

기독교의 기본 교리에서 교회생활, 취미생활, 이성교제, 친구문제, 진로의 문제까지 몽글몽글 솟는 궁금증이 끝이 없습니다. 이 모든 의문은 생활 속에서 하나님의 자녀로 살아가고자 할 때 부딪치는 문제이며, 우리 믿는 청소년들이 붙들고 고민하고 씨름하는 문제입니다. 궁금증들이 해소되지 않으면 청소년기의 믿음이 성장하지 못한 채 정체될 수 있습니다.

그러나 이런 궁금증과 고민에 대하여 성실하고 명쾌하게 답변해주면 청소년들의 믿음이 대나무 크듯이 쑥쑥 자라나고 경쾌한 발걸음으로 신앙의 길을 걸을 수 있습니다. 막힌 하수구를 뻥 뚫어주는 것 같은 효과가 있어 앞으로 어떤 어려운 순간이 닥쳐도 힘 있고 사려 깊은 하나님의 자녀로 우뚝 설 수 있습니다.

그러므로 이 책은 학생들을 가르치며 이런 질문에 직면하는 주일학교 선생님들께도 많은 도움이 되리라고 생각합니다.

초신자들도 마찬가지입니다. 믿음이 어린 신자들은 처음 신앙생활을 정서적인 데서부터 시작하는 경우가 많습니다. 구원의 감격, 선배 신앙인들의 따뜻한 돌봄과 정이 넘치는 교회환경 등에 매료되어 신앙고백을 하고 신앙생활의 첫발을 떼어 놓습니다. 그러나 일정한 시간이 지나면 기독교신앙에 대하여 이성적으로 따져보기 시작합니다. 이때 많은 신앙 난제에 직면하게 되는데, 이 질문들이 해결되지 않으면 믿음이 정체되고 심지어 시험에 들 수도 있습니다.

〈청소년 미래세대의 고민, 어떻게 할까요?〉는 청소년들이 신앙생활을 하면서 품게 되는 궁금증과 고민, 초신자들이 만나게 되는 어려운 질문들에 대하여 개혁신학적 입장에서 성경에 근거하여 답하였습니다. 흥미 있는 질문이 많아서 1, 2 두 권으로 나누어 엮었습니다. 청소년 잡지인 〈새벽나라〉 '교수님 질문 있어요' 코너에서 우리 청소년들의 질문에 답변하며 12년 동안 연재한 글을 찾아 모아 치밀하게 교정하여 재편집해 주신 김종원, 이희순, 지형주 지혜의언덕 편집위원들께 깊이 감사드립니다. 저의 신앙의 오랜 동역자이신 이분들 덕에 이렇게 귀한 책이 세상에 나오게 되었습니다. 개인적인 어려움 속에서도 책을 예쁘게 디자인해주신 김이연 선생님께 특별히 감사드립니다.

아울러 〈목회자와 성도의 고민, 어떻게 할까요?〉에 이어서 이 두 권의 책을 출간할 수 있도록 허락하신 하나님께 감사드리며, 출간의 기쁨을 사랑하는 아내 혜경과 진희, 윤희, 현희 세 딸과 함께 하고자 합니다.

2023년 1월 판교 연구실에서

이 상 원

5부   기도, 하나님과 만남, 동행

1^부

천국, 지옥, 진리

1

천사는 정말로 있나요?

 성경에는 천사가 있다고 나오지만 천사가 없다고 말하는 사람들이 있는데, 그러면 '세라핌' 같은 존재들은 천사가 아닌가요? 그리고 천사는 성별이 없다고 하는 사람도 있고, 남성뿐이라고 하는 사람도 있던데 도대체 천사는 정말 있는 건가요? 또 옛날 그림을 보면 꼬마 아기가 날개를 달고 나팔을 부는 장면이 자주 나오는데, 왜 성경에선 여자나 아기 천사는 나오지 않는 거죠?

Ⓐ 천사에 대하여 성경이 가르치고 있는 내용을 말하다 보면 우리 친구의 질문에 자연스럽게 답변이 될 것 같네요. 천사란 무슨 뜻일까요? '천天'이라는 말은 하늘이라는 뜻이에요. '사使'는 '사자'의 줄임말인데 사자란, 파견된 자 또는 심부름꾼이라는 뜻이에요. 그러므로 천사란 하나님이 하늘로부터 보낸 심

부름꾼이라는 뜻이지요.

먼저 성경은 하나님이 세상을 창조하실 때 천사도 창조했다고 분명히 말하고 있어요. 예를 들어서 시편 148편 2절과 5절을 연결해서 읽어 보면 하늘에서 여호와를 찬양하는 사자들(천사들)이 하나님의 명(말씀)에 의하여 지음을 받았다고 말하고 있죠. 골로새서 1장 16절은 "주권들이나 통치자들이나 권세들"이 창조되었다고 말하는데, 주권, 통치자, 권세와 같은 말들은 천사를 가리키는 다른 말들이에요. 따라서 천사가 없다고 주장하는 사람들은 성경말씀을 믿지 못하는 사람들인 거죠.

그러면 천사는 어떤 성질을 지닌 존재일까요? 히브리서 1장 14절에 보면 천사를 가리켜서 "섬기는 영"이라고 했어요. 천사는 영이에요. 천사는 우리가 만질 수 있는 살과 뼈를 가진 몸의 형태를 취할 수가 없어요. 기독교미술에서 천사를 묘사할 때 날개가 달린 아름다운 얼굴과 몸을 가진 모습으로 묘사하는 것은 일종의 상징적인 표현이라고 보면 돼요. 중요한 것은 '천사가 존재한다'라는 것을 말하는 것이라고 보면 되지요. 천사가 존재하는데 영으로 존재하니까 감이 잘 안 오지요? 그래서 성도들에게 천사가 분명히 존재한다는 것을 가르치기 위해 구체적인 형상으로 표현을 하는 거예요.

마태복음 22장 30절에 보면 "부활 때는 장가도 아니 가고 시집도 아니 가고 하늘에 있는 천사들과 같으니라"라는 말씀이 있어요. 성도들이 부활하면 천사들과 같이 된다는 말인데, 원래 천사는 장가도 안 가고 시집도 안 간다고 되어있어요. 이 말은 천사는 인간처럼 남성이나 여성으로 존재하지 않는다는 뜻이에요. 말하자면 성별이 없다고 할 수 있겠지요. 이 점에 있어서 천사는 반드시 남성이나 여성으로 존재하는 인간과는 다르다는 것을 알 수 있어요. 그러므로 남자 천사도, 여자 천사도, 아기 천사도, 어른 천사도 존재하지 않아요. 다만 천사라는 영적인 존재만 있을 따름이죠.

천사는 지식을 가진 지성적인 존재예요. 사무엘하 14장 20절에 보면 "하나님의 사자의 지혜"라는 말이 나와요. 하나님의 사자는 천사를 가리키는데, 천사가 지혜를 가졌다고 말하고 있어요. 또 에베소서 3장 10절에 보면 "하늘에 있는 통치자들과 권세들에게 하나님의 각종 지혜를 알게 하려 하심이니"라는 말씀이 있어요. 이 말씀에서 "통치자들과 권세들"은 천사를 가리키는 다른 표현들인데, 하나님이 이들에게 지혜를 알려주신다고 되어있어요. 천사는 지성적인 존재예요. 또한, 천사는 죽지 않는 불멸의 존재들이죠. 누가복음 20장 36절에 보면 부활한 성도들에 대하여 "그들은 다시 죽을 수도 없나니 이는 천사와 동등이요"라고 말하고 있어요. 이 말은 천사가 죽지 않는 것처럼 부활한 성도들도 죽지 않는다는 말이지요.

그러면 천사들이 하는 일은 무엇일까요? 천사들이 하는 가장 중요한 일은 하나님을 찬양하는 것이에요. 시편 103편 20절에 보면

"여호와의 천사들이여 여호와를 송축하라"라고 되어있어요. 이 말씀을 통해 천사가 할 일을 하나님이 명령해 주셨음을 알 수 있어요. 천사가 할 일은 여호와를 송축하는 일이지요. 시편 148편 2절에도 같은 명령이 나와 있어요. "그의 모든 천사여 찬양하며 모든 군대여 그를 찬양할지어다." 이 명령에 따라서 천사들이 구주 예수님을 찬양하는 광경을 우리는 요한계시록 5장 11절과 12절에서 볼 수 있어요. "내가 또 보고 들으매 보좌와 생물들과 장로들을 둘러선 많은 천사의 음성이 있으니 그 수가 만만이요 천천이라 큰 음성으로 이르되 죽임을 당하신 어린 양이 능력과 부와 지혜와 힘과 존귀와 영광과 찬송을 받으시기에 합당하도다 하더라."

또, 특별히 우리가 주목할 것은 천사들은 성도들을 돕는 하나님의 심부름꾼으로 보냄을 받은 영적 존재들이라는 거예요. 히브리서 1장 14절에 잘 나타나 있어요. "모든 천사들은 섬기는 영으로서 구원받을 상속자들을 위하여 섬기라고 보내심이 아니냐." 이 본문에서 구원받을 상속자는 성도들을 가리키는 거예요. 따라서 천사는 우리를 돕는 존재이지 우리의 경배의 대상이 아니랍니다. 천사는 사람보다 더 많은 능력과 지식을 가지고 있어요. 하지만 천사는 어디까지나 사람을 도와주는 존재이지 사람 위에 군림하는 존재가 아니에요.

예를 들어서 왕자 옆에는 왕자를 가르치는 학식이 높은 학자도 있고 왕자를 호위하는 무사도 있어요. 학자는 아무것도 모르는 어린 왕자보다 훨씬 더 많은 것을 아는 사람이에요. 무사도 왕자와 무술대결을 하면 주먹 한 방으로 왕자를 죽일 수 있는 엄청난 무공을 지니고 있지만, 왕자를 가르치는 학자나 왕자를 보필하는 무사가 왕자를 능가할 수는 없어요. 아무리 능력이 많아도 왕자 밑에 있는 거지요. 마찬가지예요. 천사가 아무리 능력이 많아도 어디까지나 성도들을 도와주는 존재라는 의미에서 사람은 천사보다 높은 존재예요. 능력은 천사가 사람보다 많지만, 신분은 인간이 천사보다 높아요.

자, 그러면 천사들의 사회는 어떻게 구성되어 있을까요? 우선 천사는 아주 많고 강력한 군대와 같은 조직으로 구성되어 있어요. 시편 68편 17절을 보면 "하나님의 병거는 천천이요 만만이라"라는 말씀이 있어요. 하나님의 병거는 천사들의 집단을 말하는데 병거라는 말은 옛날에 말이 끌던 전차를 뜻해요.

여러분, '벤허'라는 영화를 보셨지요? 이 영화에 보면 주인공 벤허가 라이벌인 로마 친구와 전차경주를 벌이는 장면이 나오죠. 그런 전차를 연상하면 된답니다. 물론 이것도 상징이지만요. 중요한 것은 천사들의 사회가 강력한 전차군단과도 같은 군대조직이라는 것이지요. 그 숫자가 어느 정도냐 하면 천천이고 만만이라고 했는데, 이 말은 그 수를 헤아릴 수 없을 만큼 많다는 뜻이에요. 요한계시록 5장 11절에도 같은 내용이 나와 있어요. "내가 또 보고 들으매 보좌와 생물들과 장로들을 둘러선 많은 천사의 음성이 있으니 그 수가 만만이요 천천이라." 그래요. 천사들의 사회는 헤아릴 수 없이 많은 숫자의 천사들로 구성된 아주 강력한 군대를 이루고 있어요.

성경에는 천사를 가리키는 여러 가지 표현들이 등장해요. 우선 그룹Cherubim이라는 용어가 있어요. 그룹은 아담과 하와가 쫓겨난 후에 낙원에 있는 생명나무를 지키는 역할을 담당하고 있고창 3:24, 하나님의 법궤 위에 있는 속죄소를 응시하고 있으며출 25:20, 하나님의 전차군단인 병거를 구성하는 하늘군대의 주력군들이지요.

다음으로는 스랍들Seraphim이에요. 우리 친구가 질문한 세라핌인데, 이사야서 6장에 보면 세라핌은 여섯 날개를 가지고 두 날개로는 얼굴을 가리고 두 날개로는 발을 가리고 두 날개로는 주의 명령을 수행하는 천사들이라고 되어있어요. 이들은 주로 하나님의 보좌 주위에서 수종을 드는 자들이지요. 이를테면 왕 바로 옆에서 왕을 지키는 호위대와 같은 역할을 하지요. 스랍들은 그룹보다 지위가 높은 지휘관들이라고 할 수 있어요. 이들 밑에 정사Principalities, 능력Powers, 보좌Thrones, 주관자들Dominions로 불리는 다양한 천사의 서열들이 자리 잡고 있어요.

한편, 성경은 수많은 천사 중에서 특별히 중요한 두 천사를 소개하고 있어요. 한 천사는 미가엘인데, 유다서 9절은 미가엘을 천사장이라고 부르고 있어요. 말하자면 천사군단 전체를 통솔하는 총수를 말하죠. 미가엘은 마지막 때에 사탄과 대전투가 벌어질 때 천사군단을 통솔하는 총사령관의 역할을 하는 것으로 요한계시록 12장 7절에서 설명하고 있어요. 또 하나님의 보좌 앞에 서 있는 스랍들 가운데 한 명인 가브리엘이 특별히 언급되고 있는데, 가브리엘은 하나님의 계시를 사람들에게 전달하는 특사의 역할을 맡은 천사예요눅 1:19.

천사들은 창조되었을 때 모두 선한 존재들이었지요. 그런데 천사가 창조된 후, 아담과 하와가 에덴동산에서 선악과를 따먹는 행동을 하기 이전 어느 때인가 천사들이 하나님을 반역하고 타락했어요. 유다서는 6절에서 이들이 자기 지위를 지키지 않고 자기 처소를 떠나는 죄를 범했다고 기록하고 있고, 베드로후서 2장 4절은 이들이 하나님께 범죄 했다고 분명히 말하고 있어요. 이들은 하나님이 자기들에게 준 능력을 과신하여 하나님의 자리를 넘보는 행동을 하다가 범죄를 저지른 거예요. 이 타락한 천사들의 우두머리를 가리켜서 '사탄'이라고 하지요. 에베소서 2장 2절이 말하는 "공중의 권세 잡은 자... 곧 지금 불순종의 아들들 가운데서 역사하는 영"이 바로 사탄을 뜻한답니다. 그리고 사탄의 사주를 받고 같은 범죄를 저지르다가 타락한 천사들의 무리를 귀신이라고 하죠. 초인적인 능력을 부여받은 이들은 사람들의 마음을 교묘하게 조종하여 하나님을 비난하게 하고 온갖 방법을 동원하여 성도들을 유혹하는 역할을 하고 있어요. 그래서 이 사탄을 통해 아담과 하와가 미혹을 받아 범죄를 하게 된 거지요.

여러분, 우리는 보이지 않는 전쟁 속에 살고 있어요. 천사와 악마는 분명히 존재해요. 이런 보이지 않는 전쟁 속에 우리는 에베소서 6장 11-12절의 말씀처럼 영적인 무장을 해야 합니다. "마귀의 간계를 능히 대적하기 위하여 하나님의 전신갑주를 입으라 우리의 싸움은 혈과 육을 상대하는 것이 아니요 통치자들과 권세들과 이 어둠의 세상 주관자들과 하늘에 있는 악한 영들을 상대함이라"

여러분의 영적 날개를 활짝 펴세요. 그리고 삶 속에서 사단을 대적하기 위해 힘쓰는 친구들이 되기를 바랍니다.

2

하나님은 사탄을
왜 만드신 걸까요?

하나님께서 이 세상의 모든 것을 만드셨잖아요. 그런데 사탄은 대체 왜 만드신 걸까요? 죄에 넘어지게 하고, 자꾸 누군가를 미워하게 하고, 하나님을 의심하게 하고... 왜 굳이 만드셔서 모두를 힘들게 하시는 걸까요? 하나님의 마음이 궁금해요.

친구의 말처럼 사탄은 우리의 신앙생활에 전혀 도움이 되지 않아요. 오히려 큰 걸림돌이 되는 불필요한 존재죠. 그러나 사탄이 어떻게 존재하게 되었고, 왜 존재하는지를 성경을 통해 잘 이해하고 나면 우리 친구의 믿음이 한층 더 깊어지고 단단해질 거예요.

하나님은 모든 만물을 창조하신 후에 창조된 세계를 보시며 "심히 좋았더라"라고 말씀하셨어요 창 1:31. 이 말은 하나님이 세계를 창조하실 당시에 악한 것이 하나도 없었다는 뜻이에요. 사탄도 마찬가지고요. 그러면 창조하지도 않은 사탄이 어떻게 생겨난 것일까요?

하나님께서는 인간을 창조하시기 전 어느 때인가에 천사들을 창조하셨어요. 시편 148편 2-5절 말씀에 보면 하나님께서 지으신 모든 피조물에게 하나님을 찬양하라고 명령하는 내용이 나오는데, 여기에는 천사도 포함되어 있지요. 사무엘하 14장 20절에는 하나님의 사자, 즉 천사를 땅에 있는 일을 다 아는 자라고 소개하고 있고요. 한마디로 천사는 뛰어난 지식을 가진 지성적인 존재라는 뜻이죠. 또, 사도행전 10장 22절에 "거룩한 천사"라는 표현이 나와요. 여기서 천사가 거룩한 존재, 즉 도덕적인 존재로 창조되었다는 단서를 얻을 수 있죠.

사탄에 관해 물었는데 왜 천사에 대해서 이야기하냐고요? 이야기를 잘 들어보면 궁금증이 풀릴 거예요. 유다서 1장 6절과 베드로후서 2장 4절을 종합해 보면 한 사건이 벌어진 것을 보게 돼요. 바로 천사가 자기 지위를 지키지 않고 범죄한 사건이죠. 앞에서 천사는 하나님만큼은 아니지만, 땅에서 일어나는 일 정도는 다 알 수 있는 존재라고 했죠? 그런데 여러분, 천사보다 모르는 게 많은 사람도 마음이 교만해지면 하나님을 무시하는데, 하물며 인간보다 훨씬 많은 걸 알고 있는 천사가 교만해지면 어떻게 될까요? 하나님의 자리를 넘보려는 생각을 가지지 않겠어요? 바로 그런 일이 일어난 거예요. 천사가 교만해져서 자기 지위를 지키지 않고 있어야 할 곳을 떠나는 범죄를 저지른 것이죠. 그때, 타락한 천사인 사탄의 편에 서서 함께 반역을 도모한 많은 타락한 천사 무리가 등장했는데, 이 무리가 바로 귀신의 무리예요.

정리하자면, 하나님께서 사탄과 귀신들을 창조하신 것이 아니라 천사들이 하나님을 섬기는 편과 하나님께 도전하는 두 갈래 길에서 스스로 하나님께 도전하는 편을 선택했고, 결국 벌을 받아 사탄과 귀신이라는 기괴한 피조물로 변질된 거예요. 그 후로 천사 집단은 하나님께 순종하는 선한 천사들과 하나님에게 불순종하는 타락한 천사들로 나뉘었어요. 선한 천사들은 계속해서 하나님을 찬양하고 그분의 백성들을 섬기지만, 사탄과 귀신은 하나님 나라의 사역을 방해하고 그분의 백성들을 넘어뜨리려는 악한 일들을 서슴없이 저질렀죠.

이제 우리 친구의 궁금증을 다룰 차례예요. 하나님께서 처음부터 사탄과 귀신을 만들지는 않으셨지만, 왜 천사가 타락해 사탄과 귀신으로 변하는 것을 가만히 놔두셨을까요? 아예 처음부터 교만해지지 않게 만드실 순 없었을까요?

물론, 하나님은 천사를 불순종은 꿈도 못 꾸고 순종만 하는 존재로 만들 수 있으셨어요. 기계적으로 움직이는 로봇처럼요. 그렇게 되면 감정을 담은 대화나 사랑은 못 해도 무조건 복종하고 지시받은 대로 다 해내겠죠. 그런데 여러분, 그렇게 감정의 교감 없이 맹목적으로 움직이는 로봇으로 꽉 찬 세상은 상상만 해도 끔찍하잖아요? 하나님은 이 세상이 그렇게 되는 것을 원치 않으셨어요. 인격적인 대화도 가능하고, 감정적인 사랑과 교감을 나눌 수 있는 훈훈한 곳으로 만들고자 하셨죠. 그러기 위해 천사들도 의지와 감정을 가진 인격적인 존재로 만드신 거예요. 순종과 불순종은 천사들의 자유로운 선택에 달리게 되었죠. 하지만 일부 천사들이 하나님께 불순종하는 편을 선택했고, 사탄과 귀신으로 변질된 타락한 천사들은 인간이 하나님이 아닌 자신을 섬기도록 온갖 유형의 악을 심어놓기 시작한 거예요. 가장 결정적인 사건이 바로 최초의 인류인 아담과 하와를 타락시킨 사건이에요. 그 사건을 계기로 인류 역사 안에 죄와 사망의 세력이 들어왔으니까요. 그때부터 세상은 하나님을 잃어버린 비참하고 슬픈 곳이 되고 말았어요.

그렇지만, 하나님은 기적적이고 경이로운 작전으로 악랄한 사탄의 방해 공작을 역이용하셨어요. 사탄의 계획이 강력하면 강력할수록 하나님의 계획은 놀랍고 엄청났죠. 하나님의 역습이 얼마나 놀라운지 궁금하시죠? 살펴볼 것이 많지만, 그중에서 중요한 네 가지만 알려드리려고 해요.

첫째로, 창세기 3장 15절에 이런 말씀이 있어요. "내가 너로 여자와 원수가 되게 하고 네 후손도 여자의 후손과 원수가 되게 하리니 여자의 후손은 네 머리를 상하게 할 것이요 너는 그의 발꿈치를 상하게 할 것이니라." 이 본문에서 "너"는 사탄을 가리키고 "네 후손"은 예수님을 가리켜요. "너는 그의 발꿈치를 상하게 할 것이니라"라는 말은 사탄이 예수님을 십자가에 못 박아 죽인 사건을 뜻해요. 사탄은 예수님을 십자가에 못 박아 죽이고 나서 자신이 이겼다고 소리쳤어요. 그런데 그게 끝이 아니었어요. "여자의 후손이 네 머리를 상하게 할 것이요"라는 말씀처럼 십자가 위에서 죽으신 예수님이 사탄의 주 무기인 사망의 세력을 깨뜨리고 부활하신 거죠. 사탄이 예수님을 십자가에 못 박아 죽이고 환호성을 내지르는 바로 그 순간에 예수님은 죽음의 세력을 깨뜨리고 부활하셔서 사탄의 머리를 박살 내고 인류를 구원하는 생명의 길을 여신 거예요.

둘째로, 하나님은 가룟 유다가 예수님을 배반한 사건도 역이용하셨어요. 돈을 받고 자기 스승을 판 유다의 행동은 너무나 악한 반인륜적인 행위지만, 하나님께서는 그 배반을 인류를 구원하는 일의 시작점으로 만드셨지요.

셋째로, 아담과 하와를 시작으로 모든 인류가 사탄의 유혹에 넘어가서 죄 속에서 살게 되었어요. 그런데 하나님은 놀랍게도 이 괴로운 현실을 오히려 그분을 더 깊이 알 수 있는 축복의 시간으로 바꿔 놓으셨어요. 만일 인간이 죄를 범하지 않았다면 회개할 필요도 없었을 거고, 죄를 용서하시는 은혜의 하나님도 알 수 없었을 거예요.

넷째로, 사탄과 귀신의 세력은 이 세상에 사는 날 동안 신자들을 지속해서 괴롭힐 거예요. 하지만 사탄의 방해 공작 때문에 신자들은 좀 더 거룩해질 수 있어요. 우리는 욥을 통해 이 사실을 볼 수 있어요. 사탄이 욥을 아주 가혹하게 괴롭혔지만, 욥은 사탄이 주는 가혹한 시련을 겪고 나서 이전보다 훨씬 더 거룩한 사람이 될 수 있었거든요.

어떤가요? 하나님께서 사탄이나 귀신을 만드신 게 아니라, 아름답게 창조된 천사가 스스로 타락하면서 사탄과 귀신으로 변질되었다는 성경의 이야기가 잘 이해되셨나요? 하나님께서 천사의 타락을 허용하신 이유는 이 세상을 인격적인 교감과 대화와 사랑의 교제가 가득한 세상으로 만들기를 원하셨기 때문이에요. 하지만 하나님은 사탄과 귀신으로 인해 타락하고 변질된 이 세상을 버리지 않으시고 놀라운 작전을 펼치셔서 반전을 이루셨어요. 그 결과, 사탄과 귀신의 방해 공작이 오히려 인류에게 구원의 길을 열게 했고, 그 덕분에 우리는 하나님을 더 깊이 알고, 죄인의 신분에서 깨끗하고 거룩한 자녀로 변화되었죠. 이 놀랍고 오묘하고 신비로운 일은 하나님이 하신 거예요.

3

장애인에 대한
하나님의 뜻은 뭔가요?

저희 교회에 뇌성마비로 움직이지 못하는 아이를 안고 오시는 집사님 부부가 계세요. 아이가 덩치도 커서 무척이나 힘들어 보이세요. 하나님은 왜 그런 아이를 태어나게 하시는 걸까요? 가끔 장애인들을 보면 이해가 안 되고 믿지 않는 친구들이 그런 사람들을 보고 '하나님이 뭐 그러냐'라고 물으면 할 말도 없어요.

오래전으로 기억돼요. 한 TV 특집 프로그램에서 아주 감동적인 사람들을 만날 수 있었어요. 이 프로그램은 희귀병을 앓고 있는 어느 자매 이야기였어요. 이 자매는 태어날 때부터 서는 것은 물론 앉아있는 것조차도 어려운 자매였지요. 게다가 팔과 다리를 통제할 수 있는 능력이 없어서 팔과 다리가 제멋대로 놀아요. 그런데 이 자매는 매우 명랑하고 밝게 지내고 있었고, 특히 해맑게 웃는 모습이 천사처럼 예뻤어요. 한 착하고 건강한 청년이 자매에게 반해서 사랑하게 되었어요. 그리고는 이 자매에게 청혼하고 결혼했죠. 그리고 지금까지 어떤 다른 건강한 부부보다도 더 깊이 아껴주고 사랑하면서 행복하게 살고 있어요.

많은 사람이 장애인은 불행할 것이고 사는 것보다는 죽는 것을 더 바란다고 생각할 수 있어요. 그러나 그것은 매우 잘못된 생각이에요.

대부분 장애인은 장애를 안고 있음에도 불구하고 삶에 애착을 갖고 살고 싶어 해요. 장애 때문에 차라리 죽는 것이 낫겠다고 생각하는 장애인은 거의 없을 거예요. 장애인이 불행하다는 것은 장애인을 바라보는 사람의 생각일 뿐이죠.

그러면 하나님께서 우리 옆에 그런 사람들을 두신 이유는 무엇일까요? 저는 두 가지 이유가 있다고 생각해요.

첫째로, 장애인을 대하는 우리의 태도가 이웃에 대한 우리의 사랑이 진정한 것인가의 여부를 보여주는 시금석이 될 수 있어요. 사랑이란 무엇일까요? 기독교에서는 사랑을 '아가페'라고 하지요. 아가페는 '조건을 갖추고 있지 못한 사람을 조건을 갖춘 사람인 것처럼 대해주는 태도'를 말해요. 예를 들어서 얼굴이 아주 많이 못생긴 사람이 있어요. 얼굴이 못생겼으면 좋아하는 마음이 생기지 않는 것이 보통이에요. 아가페는 얼굴이 못생겼는데 마치 얼굴이 정말로 예쁘게 잘생긴 사람처럼 좋아해 주고 아껴주는 태도를 말해요. 하나님을 믿는 사람들은 이런 사랑을 해야 해요. 장애인은 어떤 사람인가요? 장애인은 좋아할 만한 조건을 갖추고 있지 못하죠. 그러나 우리가 장애인을 장애가 하나도 없고 건강하고 매력적인 사람으로 대우하고 좋아해 주고 아껴준다면 우리는 훌륭하게 아가페를 실천하는 거예요. 그러나 그들이 좋아할 만한 조건을 갖추고 있지 못하다는 이유로 그들을 외면한다면 우리는 아가페를 실천하지 못하는 것이고 결국 우리는 기독교인의 삶을 살지 못하는 거예요.

여기서 한 걸음 더 나아가서 장애인을 돕는 것은 곧 하나님을 돕는 것이라는 사실을 잊어서는 안 돼요. 마태복음 25장 35-36절을 읽어 보면 가난하고 병들고 옥에 갇힌 사람을 돕는 것은 곧 하나님을 돕는 것이라고 예수님은 말씀하셨어요. 장애인은 가난한 사람이고, 병든 사람이고, 몸을 뜻대로 움직이지 못하니 옥에 갇힌 것과 다름없는 이웃이에요. 하나님은 장애인의 모습으로 우리에게 나타나셔서 이렇게 호소하세요. "얘들아, 내가 이렇게 힘들고 어렵단다. 그런데 나도 건강한 너희들과 어울려서 함께 살고 싶단다. 나를 도와주고 나를 받아들여 줄 수 없겠니?" 여러분 가운데 하나님이 이렇게 간절하게 도움을 호소하시는데 도와주지 않을 만큼 강심장을 가진 사람 있으면 나와 보세요.

예수님은 당신의 제자가 되려면 "자기 십자가를 지고 나를 따를 것이니라"마 16:24라고 말씀하셨어요. 자기 십자가를 외면하고는 예수님의 제자가 될 수 없어요. 내 가족이나 친구 중에 장애인이 있을 때 그를 돕고 진정한 친구가 되어 주는 일은 내가 지고 가야할 십자가예요. 여러분 가운데 장애인을 외면하고 싶어 하는 사람이 있을 수 있어요. 왜 장애인을 외면하려고 하는지 그 심리도 알고요. 돕고는 싶은데 그 일이 너무나 엄청나고 큰 노력이 들어가는 일이고, 또 장애인의 힘든 삶을 옆에서 보는 마음이 고통스러워서 피하고 싶은 거예요. 그건 여러분의 마음이 약해서 그래요. 아가페 사랑은 세상의 힘들고 거칠고 비참한 현실을 용감하게 대하려는 용기와 의지가 있어야 실천할 수 있어요. '마음을 열고 장애인의 힘든 생활을 있는 그대로 다 받아들이고 내가 할 수 있는 범위 안에서 돕자.' 이런 마음을 가져야 해요. 그리고 장애인들이 인간다운 삶을 살아가려고 눈물겨운 노력을 할 때 도와주어야 해요. 왜냐하면 그것이 곧 하나님을 돕는 길이고 하나님이 마련한 시험문제를 잘 푸는 일이기 때문이에요.

둘째로, 장애인을 우리 옆에 두심으로 하나님은 우리가 정말로 하나님을 향한 참된 믿음을 가지고 있는가를 시험하세요. 믿음이란 무엇일까요? 히브리서 11장 1절은 믿음을 "보이지 않는 것들의 증거"라고 말하고 있어요. 조금 어려운 말이지요? 이 말을 풀어서 설명해 보면 '눈에 보이지 않는 어떤 것을 마치 눈에 분명히 보이는 증거가 나타나 있는 것처럼 받아들인다'라는 뜻이에요. 눈에 분명히 보이는 것을 받아들일 때는 구태여 믿음이 필요하지 않아요. 그러나 눈에 보이지 않는 것을 눈에 보이는 것처럼 받아들이려면 상대방에 대한 믿음이 필요해요.

예를 들어서 설명해 볼까요? 강이 있고 여러분은 그 강을 건너야 해요. 이 강은 물이 아주 탁해서 속이 하나도 들여다보이지 않아요. 그러나 강 위에 눈에 잘 보이는 튼튼한 다리가 세워져 있어요. 그렇다면 보이는 다리로 강을 건너가는 것은 아무런 어려움이 없지요? 보이니까 자연스럽게 건너가면 돼요. 그런데 아무리 보아도 강 위에 다리가 없어요. 어떤 사람이 우리 눈에는 보이지 않아도 이 강의 수면 10센티미터 아래에 아주 튼튼한 다리가 있으니까 안심하고 그 다리를 밟고 강을 건너가라고 말합니다. 이때 강을 건너가려면 무엇이 필요할까요? 그렇게 말하는 사람에 대한 믿음이 필요해요.

그래요. 믿음이란 이성적으로 이해가 되지 않고 경험할 수도 없고 나에게 손해와 고통만이 찾아오는 상황 속에서도 하나님이 선하신 분이심을 끝까지 믿고 하나님 사랑하기를 중단하지 않는 태도를 뜻해요.

장애인 문제도 마찬가지예요. 하나님은 전능하고 선한 분이시고 따라서 인간들에게 항상 좋은 것을 주시는 분이라고 우리는 믿고 있어요. 하나님이 이 세상 사람을 모두 건강하게 만드시고 항상 행복하게 살게 하신다면 세상 사람들은 가만히 내버려 두어도 다 하나님을 믿는다고 말할 거예요. 그러나 하나님이 많은 사람을 장애인으로 태어나게 하시면 그때는 문제가 달라져요. 많은 사람이 하나님의 인품을 의심하고 하나님을 떠날 거예요. 왜 그런가요? 참된 믿음이 없기 때문이에요.

여기서 하나님을 향한 진정한 믿음이 있는 사람과 그렇지 못한 사람이 구별되는 거예요. 하나님의 인품을 정말로 신뢰한다면 '이 일은 나도 참 이해가 되지 않는 일이야. 그러나 하나님이 이런 일을 하실 때는 내가 모르는 어떤 깊은 이유가 분명히 있을 거야'라고 생각할 거예요. 그러면 하나님을 향한 믿음이 약해지지 않지요. 그래요. 하나님이 우리를 슬픔 속에 밀어 넣고, 우리에게 고통을 안겨다 주고, 우리에게 실패를 안겨다 줄 때도 하나님을 향한 신뢰를 잃지 않는 것이 참된 믿음의 증거예요.

여러분, 진정한 친구는 언제 알 수 있지요? 내가 돈이 있고 건강하고 능력이 있을 때는 내 주변에 있는 사람들이 다 내 친구 같아요. 그러나 내가 돈이 떨어지고 건강을 잃고 능력을 상실하면 어느 순간엔가 다 내 곁을 떠나고 말아요. 그러나 그때도 내 곁에 남아서 변함없이 나를 믿어주고 나를 지켜주는 한두 사람이 있어요. 그 사람이 나의 진정한 친구예요. 그래요. 하나님은 장애인을 우리 곁에 두심으로써 정말로 우리에게 하나님을 향한 믿음이 있는지를 시험하시는 거예요. 이런 하나님의 마음을 읽어내고 끝까지 하나님의 진정한 친구로 남는 여러분들이 되기를 간절히 바랍니다.

4

해로운 곤충이나 벌레는 왜 만드신 거죠?

 요즘 모기 때문에 밤마다 너무 짜증이 나요. 모기나 벼룩, 바퀴벌레 같은 것들은 사람뿐만 아니라 짐승에게도 해를 입히고 필요 없는 해충인데 하나님은 그런 것들을 왜 만드신 걸까요?

우리 친구가 모기나 벼룩, 그리고 바퀴벌레 등에 대하여 짜증이 나는 이유는 이것들이 우리 친구의 생활을 불편하게 하기 때문이지요? 우리 친구는 모기나 벼룩, 바퀴벌레가 짐승에게도 해를 끼친다고 했는데, 아마도 이때 짐승은 개나 소나 돼지처럼 집에서 키우는 가축을 가리키는 것 같아요. 사람들이 가축을 키우는 이유는 가축이 사람에게 유익을 주기 때문이지요. 사람들은 때로는 애완용으로, 때로는 집 지키는 일을 시키기 위하여 개를 키워요. 사람들이 소를 키우는 이유는 고기와 우유를 얻기 위하여, 밭을 갈거나 달구지를 끌도록 하기 위한 것이지요. 사람에게 유익한 것은 좋다고 말하고 사람에게 해를 끼치는 것은 나쁘다고 말하는 관점을 인간중심주의anthropocentrism라고 말하지요.

그런데 우리가 이 세계를 바라볼 때 인간중심주의 관점에서 바라보면 안 돼요. 하나님이 이 세상을 만드신 것은 인간을 위한 것이 아니라 하나님의 영광을 드러내기 위한 것이기 때문이에요. 시편 기자는 이렇게 고백하고 있어요. "하늘이 하나님의 영광을 선포하고 궁창이 그의 손으로 하신 일을 나타내는도다"시 19:1. 이처럼 모든 것을 하나님 중심으로 보는 관점을 가리켜서 '신중심주의'theocentrism라고 해요. 이 세상은 모두 하나님의 것이고 하나님이 자신의 계획에 따라서 다스리고 계신다는 의미죠.

하나님께서는 세상을 만드시고, 거기에서 일부를 인간의 생존과 문화를 가꾸는 목적으로 이용할 수 있도록 허용하셨답니다. 반면, 자연 세계 안에는 인간의 생존과 문화에 필요 없는 것도 많아요. 그런데 이런 것이 인간에게 필요 없다고 해서 하나님의 창조 세계에서도 필요 없는 것은 아니에요.

에덴동산에서는 모든 것이 완벽했기 때문에 많은 곤충이나 동물들이 인간과 훌륭하게 조화를 이루면서 살았을 거예요. 모든 동물이 채식했을 것이고, 동물이 동물을 잡아먹는 잔인한 일들은 일어나지 않았을 거고요. 그러나 아담과 하와가 타락한 이후에는 상황이 급격하게 바뀌기 시작했지요.

들판에 자라는 식물들 가운데 인간이 농사짓는 것을 방해하는 가시덤불과 엉겅퀴가 자라나기 시작했고, 동물들 사이에서는 서로서로 잡아먹는 육식 생활이 시작되었지요. 그리고 노아의 홍수가 끝난 후에 자연환경이 급속하게 황폐해지기 시작하자 먹을거리가 부족해졌고, 그때부터 육식이 시작되었을 것으로 추측할 수 있어요. 그 후부터는 동물들의 세계가 약육강식의 원리가 지배하는 살벌한 싸움터로 변해 버렸고 일부 동물들은 인간세계 안에 들어와서 인간에게 해를 끼치기 시작했어요.

그러면 이처럼 인간에게 해를 끼치는 동물들, 또는 자연현상들을 어떻게 판단해야 할까요?

첫째로, 인간에게 해를 끼치는 자연현상들을 바라볼 때마다 죄에 대하여 생각해 보는 것이 바람직한 기독교인의 자세랍니다. 인간이 범한 죄가 얼마나 심각하고 크기에 이처럼 동물들의 세계와 자연계까지도 힘들어하고 신음하는지를 생각해보세요.

사도 바울은 자연계가 죄 때문에 힘들어하고 고통스러워하는 것을 보았어요. 그래서 이렇게 탄식했어요. "피조물이 다 이제까지 함께 탄식하며 함께 고통을 겪고 있는 것을 우리가 아느니라"롬 8:22. 칼빈이라는 신학자는 천둥과 번개가 칠 때마다 죄에 대하여 내리시는 하나님의 분노를 생각하고 하나님 앞에서 옷깃을 여미고 마음을 가다듬었어요. 마찬가지로 동물이 다른 동물을 잔인하게 죽여서 잡아먹는 무서운 모습을 보면서 우리는 '동물도 인간의 죄 때문에 이렇게 변했구나'하고 생각할 수 있어야 해요. 모기가 와서 우리 피를 빨아 먹을 때, 벼룩이 우리를 물어서 온몸이 가려울 때, 바퀴벌레를 보고 섬뜩한 느낌이 들 때, 우리는 '죄 때문에 인간과 함께 어울려 살던 생태계가 이렇게 두렵고 짜증스러운 존재가 되었구나'하고 생각할 수 있어야 하죠.

둘째로, 인간에게 해를 끼치는 자연현상들도 과학적으로 깊이 탐구해 보면 꼭 필요한 현상이라는 사실을 알 수 있어요. 천둥과 벼락을 예로 들어볼게요. 통계조사에 의하면 일 년에 적어도 수만 번 이상 벼락이 친다고 해요. 벼락이 치면 수만 볼트 이상의 강력한 전기가 흐르니까 이 전기에 맞으면 즉사하고 말아요. 하지만 벼락은 자연적인 생태계를 유지하는 데 꼭 필요한 현상이에요. 왜 그럴까요?

지구상에는 엄청난 숫자의 나무들과 야생식물들이 자라고 있어요. 여러분 주위를 한 번 둘러보세요. 나무들이 얼마나 많은가요? 온 산이 나무들로 빽빽하게 덮여 있죠. 그런데 이 나무들은 아무도 비료를 주지 않아도 잘 자라요. 신기하지 않나요? 만일 사람이 비료를 주어야 나무들이 자란다고 생각해보세요. 사람이 무슨 수로 이 나무들에 비료를 줄 수 있겠어요? 인간이 비료 한 번 주지 않는데도 어떻게 저렇게 울창하게 잘 자랄 수 있을까요? 바로 벼락 때문이에요. 벼락이 한번 치면 하늘 가득히 엄청난 양의 질소가 생성되고, 이렇게 생성된 질소가 땅에 떨어지면 산천초목을 위한 좋은 비료가 되는 거예요. 하나님이 일 년에 수만 번씩 벼락을 치도록 하시는 것은 온 지구상에 있는 산천초목에 비료를 주시는 거예요. 벼락은 하나님의 농사법이지요.

그뿐만이 아니에요. 바다에는 항상 크고 작은 파도가 일어나는데 때로는 태풍과 함께 십 미터가 넘는 무시무시한 큰 파도가 일어날 때도 있어요. 이렇게 큰 파도가 일어나면 바다를 항해하는 선박이나 고기잡이를 하던 어부는 큰 피해를 보게 되지요. 그러나 바다가 건강하게 유지되려면 정기적으로 큰 파도가 일어나야만 해요. 큰 파도가 일어나 공기 중으로 솟구쳐 올랐다가 떨어지는 과정에서 공기 중에 있던 많은 양의 산소가 바닷속으로 휩쓸려 들어가고 바닷속에는 신선한 산소가 공급되어 물고기들이 잘 호흡할 수 있죠.

마찬가지로 모기가 사람에게 해를 끼치는 것은 사실이지만 모기의 유충은 작은 물고기들에게는 아주 맛있는 먹이이고, 모기는 작은 새들에게 맛있는 영양식이랍니다. 물벼룩은 물고기에게, 벼룩은 지상의 작은 동물들의 먹이가 될 수 있어요. 쥐 역시 사람에게는 해만 끼치는 동물이지만 부엉이, 독수리, 너구리, 고양이, 솔개, 뱀과 같은 동물들에게는 매우 영양가 높은 식단이죠. 바퀴벌레는 원래 원시림에 살던 곤충인데 사람들이 숲속에 있는 나무를 베어다가 잘못 관리해서 사람이 사는 환경 속에 끼어들어 온 것이죠. 사실 바퀴벌레는 동물이 아주 좋아하는 먹잇감이랍니다.

셋째로, 하나님은 자연현상 때문에 입는 피해를 사람들이 미리 예방할 수 있도록 지혜와 능력을 주셨어요. 자연현상이 주는 위험을 예방하기 위하여 노력하고 연구하는 가운데 공학도 발달하고 의학도 발달했어요. 벼락이 위험하기는 하지만 피뢰침의 발견으로 가볍게 제압할 수 있었고, 바다에 아무리 파도가 크게 일어도 사람들은 여객선이나 배들을 파도에 견딜 수 있도록 제작하였지요. 그뿐만 아니라 우리 친구들이 싫어하는 모기와 벼룩을 퇴치하기 위하여 사람들은 모기약을 만들고, 바퀴벌레를 물리칠 수 있는 약도 만들어내고 있지요.

그런데 사실, 하나님이 만드신 피조물은 대개 인간에게 유익한 것들이고 해를 주지 않아요. 극히 일부가 해를 줄 수는 있으나 이것을 극복하는 과정에서 과학이나 의학이 발달하잖아요? 인체 안에는 약 1,000가지 이상의 미생물이 살아간다고 해요. 그런데 이 가운데 998가지는 모두 인체에 유익한 것이고 나머지 2가지 정도가 인체에 해로운 병원균이에요. 하나님이 1,000가지 모두 인간에게 유익한 것만 주셨다면 아마도 과학이나 의학이 발달하지 않았을 거예요. 이렇게 하나님은 998가지나 좋은 것을 주시고 2가지 정도는 나쁜 것을 주셔서 이것을 계기로 과학과 의학을 발달시킬 수 있도록 하신 거지요. 그런데도 하나님이 너무하셨다고 생각할 수 있을까요?

5

지구 외에 다른 별에도 생명체가 살고 있을까요?

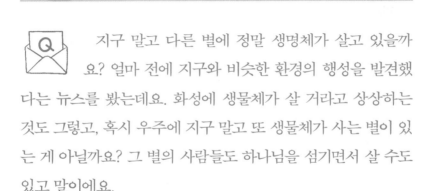

Q 　지구 말고 다른 별에 정말 생명체가 살고 있을까요? 얼마 전에 지구와 비슷한 환경의 행성을 발견했다는 뉴스를 봤는데요. 화성에 생물체가 살 거라고 상상하는 것도 그렇고, 혹시 우주에 지구 말고 또 생물체가 사는 별이 있는 게 아닐까요? 그 별의 사람들도 하나님을 섬기면서 살 수도 있고 말이에요.

A 　우리 친구가 한 질문은 우리 친구 또래의 학생들이 가장 궁금해하는 질문 가운데 하나예요. 이런 질문을 던지는 친구 중에는 단순한 과학적 호기심을 가진 경우도 있지만, 그보다도 신앙적인 문제 때문에 궁금해하는 경우도 있을 것 같아요. 혹시 외계 생명체가 살고 있다면 지금 우리가 믿는 성경이 오류일 수도 있다는 생각을 할 수 있는 거죠. 그러나 다른 행성에서 생물

체가 발견된다고 해도 성경이 틀린 말씀이 될 가능성은 전혀 없고, 우리 친구가 신앙생활을 하는 데도 아무런 지장이 없답니다. 그 이유를 말씀드릴게요.

우선, 우리 친구가 가진 막연한 오해부터 풀어야겠군요. 성경은 어느 본문에서도 하나님이 지구에만 생물체를 창조하셨다고 말하고 있지 않아요. 하나님이 지구에 생물체를 창조하신 사건에 대해서는 기록하고 있지만, 다른 행성에서 또 다른 생물체를 창조하셨는지는 아무런 말을 하고 있지 않죠. 따라서 다른 행성에 생물체가 산다는 것이 확인되어도 성경이 틀릴 이유가 없고, 다른 행성에 생물체가 살지 않는다는 것이 확인된다고 해도 성경은 틀릴 이유가 없어요. 이 문제를 좀 더 잘 알기 위해서는 성경에 무엇이 기록되었고, 어떤 방식으로 기록되었는지 잠깐 생각해 볼 필요가 있어요.

먼저 우리 친구들은 성경은 이 세계에서 일어난 일을 모두 다 기록한 것이 아니라는 점을 항상 기억하고 있어야 해요. 성경은 이른바 '선택과 집중'이라는 방식으로 기록되었어요. 이것은 성경의 기록목적과도 관련이 있죠. 성경의 가장 중요한 기록목적은 죄를 짓고 타락한 인간이 구원받는 길을 인류에게 제시하는 것이에요. 따라서 성경은 대부분 장을 할애하여 현재 인간이 어떤 상태에 있으며죄를 지어 죽어야 할 운명에 처해 있다, 이 상태로부터 구원받으려면 어떻게 해야 하는가예수님을 믿어야 한다에 대해서 비교적 자세하게 말하고 있어요. 그러나 우주와 인간이 어떻게 존재하게 되었는가에 대해서는 '하나님이 창조하셨다'라는 핵심적인 진리만 두 장에 걸쳐서 아주 간략하게 기록하고 있죠. 사실, 성경이 하나님의 창조사건을 기록한 이유도 구원의 진리를 말하는 데 서론으로 필요하기 때문이에요.

만약 하나님이 이 세상과 인간을 창조하신 과정을 자세하게 기록하려면 얼마나 많은 책이 필요할지 상상이 되나요? 예를 들어서 바늘 끝보다도 더 작은 생물체의 세포 안에 들어 있는 DNA에는 500페이지 분량의 책 5,000권에 해당하는 정보가 내장되어있어요. 세포 하나 안에 이 정도의 정보가 들어 있다면 이 우주와 인간에 관한 정보들을 다 기록하려면 수억 권의 책을 동원해도 모자랄 거예요. 그러므로 성경에 '인간의 구원과 관련된 진리'와 '하나님이 우주와 인간을 창조하셨다는 사실' 외의 모든 이야기가 기록되어 있다고 생각하기에는 무리가 있답니다.

그렇다면 외계 생명체에 대해서 우리는 어떻게 이해해야 할까요? 이 부분에 대해서 '창조과학자'들의 견해를 여러분과 나눠볼까 해요. '창조과학자'란, 하나님께서 세상을 창조하셨다는 사실을 믿는 과학자들이랍니다.

창조과학자들은 외계인의 존재를 생각하는 것은 진화론의 영향이라고 보고 있답니다. 진화론자들은 인간이 진화로 생겨났다고 보고 있는데, 그러다 보니 지구 외에도 어딘가에 진화에 의해 생명체가 생겨났을 거라고 믿게 되는 것이죠. 그래서 화성이나 다른 행성에 '물'이 존재하는지 관심을 두는 것이랍니다. '물'은 박테리아와 같은 미생물이 존재할 가능성을 보여주기 때문이에요.

하지만, 이미 많은 과학자는 지구처럼 생명체가 살 수 있는 환경을 갖춘 곳은 없다고 보고 있어요. 우주에는 헤아릴 수 없이 많은 별이 있지만 그 별이 생명체가 살 수 있는 환경을 갖추려면, 태양의 주위를 도는 행성이어야 하고, 태양과의 거리가 너무 가까워서도 멀어서도 안 되며, 자전과 공전의 속도도 매우 일정해야 하기 때문이죠. 기울기와 크기도 매우 이상적이어야 하고요, 참고로, 천문학자들이 지구에서 은하까지의 거리를 계산했는데요. 놀랍게도 모든 우주의 은하들이 우리가 속한 지구를 중심으로 동심원을 그리며 분포하고 있었다고 합니다.

그런데 이런 점을 고려하고 성경을 살펴보면, 의미 있는 것을 발견할 수 있답니다. 바로, 하나님께서는 지구를 중심으로 우주를 만드셨다는 점이에요. 즉, 우주의 중심은 지구이고, 하나님의 관심은 다른 행성이나 우주가 아닌 '지구'와 '거기에 사는 인간'에게 있다는 것이죠. 이것은 창조의 과정을 통해서도 알 수 있어요. 성경을 보면 하나님께서 지구를 먼저 만들고 넷째 날에 별들을 창조하셨다고 기록되어 있죠. 그리고 태양보다도 지구가 먼저 창조됐다고 말하고 있답니다. 지구는 빛이 창조된 첫째 날에, 태양은 넷째 날 창조되었죠. 또, 성경의 여러 곳에서 '하늘을 펴시었다'라고 기록되어 있고요. 즉, 하나님께서는 우리 인간이 사는 지구를 위해 우주와 많은 별과 태양 등을 만드셨음을 알 수 있습니다. 그렇게 특별한 존재이기 때문에 하나님의 하나밖에 없는 외아들인 예수님께서 직접 인간을 위해 돌아가실 수 있었던 거예요. 만약 외계에 다른 생명체가 존재한다면, 그들을 위해서도 예수님께서 여러 번 죽으셔야 하는데 그러실 수는 없는 거잖아요?

어떤가요? 외계 생명체에 대한 친구의 궁금증이 조금은 풀렸나요?

사실, 앞에서 말씀드린 것처럼 성경은 하나님이 다른 행성에 생물체를 창조하셨는지의 여부에 대해서 아무런 말도 하지 않고 있어요.

다만, 우리가 기억해야 할 것은 이것이에요. 하나님께서 아주 특별한 존재로 우리를 만드셨다는 사실우리를 하나님 자신의 형상을 따라 만드실 정도로 말이에요, 그리고, 그 인간이 살아갈 환경을 태초에 말씀으로 창조하셨고, 그 지구를 중심으로 아름다운 우주를 베풀어주셨다는 사실이에요.

그러므로 이제 우리가 해야 할 것은 주님께서 베풀어주신 아름다운 것들을 감사히 누리며, 예레미야 선지자가 그랬듯이 "크신 능력과 펴신 팔로 천지를 지으셨사오니 주에게는 할 수 없는 일이 없으시니이다"렘 32:17라는 고백을 드리는 것뿐이랍니다. 아셨죠?

6

죽으면 바로 천국이나 지옥으로 가나요?

 사람이 죽으면 천국이나 지옥에 가게 된다고 교회에서 배웠어요. 그럼 죽고 나서 바로 천국과 지옥으로 갈라지는 건가요? 만약 그렇다면 옛날에 죽었던 사람들은 지금 다 천국이나 지옥에 있는 건지 궁금해요. 그럼 심판은 언제 받는 건가요?

'가톨릭교회'천주교와 성경말씀을 그대로 믿고 따르는 '개신교 정통주의 교회'기독교가 서로 다르게 가르치는 중요한 교리 가운데 하나가 바로 육체적 죽음 이후 인간의 상태에 관한 교리라 할 수 있어요. 우리가 죽고 난 이후의 세계에 대한 견해가 서로 다른데, 먼저 카톨릭교회는 사람이 죽은 후에 가는 곳이 다섯 군데가 있다고 가르쳐요.

첫째는 지옥이에요. 이 지옥에는 세례받지 못한 어른들, 죽음에 이르는 죄 때문에 세례의 은혜를 잃어버린 자들, 교회와 대립하면서 죽은 자들이 간다고 보고 있어요. 둘째는 천국이에요. 천국에는 순교자들이나 성인들처럼 완전한 상태에 이른 자들이 간다고 보고 있죠. 셋째는 연옥이에요. 완전한 깨끗함에 이르지 못한 자들이 가는 장소로 천국과 지옥의 중간 장소라고 볼 수 있어요. 이곳에서 신자들은 죄를 지은 정도에 따라서 몇천 년, 또는 그 이상의 길고 긴 기간 동안 불을 통한 시련을 받아야 하지만, 천국에 들어가기 위해서는 이 과정을 꼭 거쳐야 한다고 가르치죠. 그리고 살아 있는 사람들이 연옥에 있는 사람을 위해 선행과 기도를 해주면 그 고통의 기간이 짧아진다고 말하기도 해요. 넷째는 선조림보라는 곳이에요. '림보'란 '가장자리'라는 뜻으로, 선조림보는 구약 성도들의 영혼이 머무는 곳이라고 해요. 마지막 다섯 번째는 유아림보에요. 유아림보는 세례받지 못하고 죽은 유아들이 영원히 머무는 곳이죠. 유아림보는 2007년 교황 베네딕토 16세의 지시로 폐기되었어요.

잘 이해되시나요? 그런데 사실 이런 가톨릭교의 가르침에는 문제가 있어요. 왜냐하면 첫째로, 연옥이나 선조림보, 유아림보는 성경에 나와 있지 않은 가르침으로서 당시 떠돌던 미신적인 민간신앙을 받아들인 혼합된 이론이기 때문이에요. 둘째로, 천국이나 지옥에 들어가는 기준도 성경적이 아니죠. 만약 가톨릭교회의 가르침을 그대로 받아들인다면 대부분의 성도들이 죽어서 천국에 가지 못하고 아주 긴 기간 동안 연옥의 고통을 받아야 한다는 말이 되지요. 이것은 위험한 생각이에요.

　그렇다면 성경은 뭐라고 말하고 있을까요? 가톨릭교회의 가르침과 달리 성경은 사람이 죽은 후에 갈 수 있는 장소로는 딱 두 군데, 즉 '천국'과 '지옥'만을 말하고 있어요. 천국과 지옥에 들어가는 조건도 아주 단순하죠. 예수님을 구주로 영접하면 예외 없이 천국에 가는 것이고, 그렇지 않으면 지옥에 가는 거예요. 그렇다면 이 천국행과 지옥행은 과연 언제 결정되는 걸까요? 그것은 '죽음 직후'에 바로 결정이 나요. 죽는 순간과 천국이나 지옥에 가는 순간 사이에 대기 시간이나 공간 같은 것은 없어요. 예를 들어 누가복음 23장에 보면 예수님이 십자가 위에서 죽으시는 장면이 나와요. 그때 예수님과 같이 십자가에 매달려 죽음을 기다리던 두 죄수 가운데 한 사람은 예수님을 비방했고, 다른 한 사람은 예수님을 구주로 받아들였어요. 예수님은 자신을 구주로 받아들인 죄수에게 이렇게 말씀하셨죠. "내가 진실로 네게 이르노니 오늘 네가 나와 함께 낙원에 있으리라"눅 23:43. 여기서 낙원은 천국을 의미한답니다. 즉 이 말은 이 죄수가 죽는 순간 즉시 천국낙원에 들어간다는 뜻이죠.

　그러면 죽은 후에 천국이나 지옥에 간 사람은 어떤 상태로 존재할까요? 이 질문에 대해서는 다양한 견해가 있어요.
　첫째로, 어떤 사람들은 곰이 겨울잠을 자다가 봄이 되면 깨어나는 것처럼 사람은 죽은 후에 예수님이 재림하실 때까지 무의식적인 수면 상태로 존재한다고 주장해요. 이 이론을 '영혼 수면설'이라고 해요. 그러나 성경은 죽은 후에도 사람들의 영혼이 깨어 있는 상태에서 활동하고 있음을 분명히 말하고 있어요. 이사야 14장에 보면 바벨론 왕을 섬기다가 죽어서 지옥에 간 신하들이 바벨론 왕도 지옥에 오는 것을 보고 이렇게 말해요. "너도 우리 같이 되었느냐"사 14:10. 왕도 지옥에 오는 것을 보니 별 볼 일이 없는 사람이라는 뜻이지요. 그 밖에도 순교자의 영혼들이 현세에서 자기들이 당한 억울한 일을 갚아 달라고 부르짖는 말씀도 있죠계 6:9-10.

둘째로, 어떤 사람들은 육체적 죽음을 맞은 직후에 새로운 몸을 입는다고 주장하기도 해요. 성경에 보면 죽음 후의 영혼들이 몸을 가지고 있는 것처럼 묘사한 본문들이 있는데, 이것은 모두 현세에 사는 우리가 알아듣기 쉽게 상징적으로 말하는 것에 지나지 않아요. 성경은 사람이 죽으면 몸은 썩어서 해체된 후 흙으로 돌아가고 영혼만이 살아남아 계속 존재한다는 것을 분명히 말하고 있어요전 12:7. 히브리서 12장 23절에 사후의 사람을 '영'이라고 말하고 있듯이 사후의 사람은 몸이 없는 영으로 존재하죠.

셋째로, 어떤 사람들은 죽은 후에 하나님을 믿는 사람은 천국에 들어가서 계속 존재하지만, 하나님을 믿지 않는 사람들은 아예 소멸하여 없어져 버린다고 주장하기도 해요. 이 이론을 '영혼 소멸설'이라고 하는데, 성경은 신자든 불신자든 모두 영원히 존재한다는 것을 분명히 밝히고 있어요. 마태복음 25장 46절에 보면, 믿지 않는 자들이 영원히 형벌을 받을 것이라고 말하죠. 만일 믿지 않는 자들이 소멸하여 없어져 버린다면 형벌을 받는다는 것 자체가 아무 의미도 없지 않겠어요? 만약 그렇다면 예수를 믿어야 하는 이유가 그렇게 절실하지 않을 수도 있겠죠. 그러나 유감스럽게도 우리의 존재가 아예 없어져 버리는 일은 절대 없어요. 왜냐하면 한번 창조된 영혼은 영원히 존재하기 때문이에요.

그런데 여기서 우리 친구들이 한 가지 알아둬야 할 점이 있어요. 조상에게 제사를 지내는 사람들이나 무당들은 사람이 죽으면 귀신으로 변한다고 말해요. 그러나 성경은 사람이 죽고 나면 천국이나 지옥에 가게 되고, 한번 들어가면 다시 현세로 돌아올 수 없다고 분명히 말씀하고 있어요. 그러면 사무엘상 28장의 말씀에 조금 의심이 생기죠? 사울이 죽은 사무엘을 불러내는 장면이 나오니까요. 그러나 이것은 하나님께서 불러내신 것이 아니라 귀신이 사무엘로 위장해 나타나서 장난을 친 거라고 봐야 해요. 여기서 귀신은 창세 전에 하나님께서 창조하신 천사들이 타락한 존재들일 뿐, 죽은 사람의 영은 아니에요.

이제 이해되시나요? 우리는 죽은 후에 몸은 땅에 묻히지만, 영은 살아서 천국이나 지옥으로 가서 여전히 활동하게 된답니다. 그래서 우리는 지옥의 끔찍한 고통을 영원히 받지 않기 위해서 예수님을 믿어야만 하는 것이죠.

그렇다면 언제까지 영으로 살아가게 될까요? 바로 예수님이 재림하실 때까지예요. 예수님이 재림하시면 신자나 불신자나 모두 하나님이 준비하신 새 몸을 입고 부활하게 돼요. 이때 신자들만 부활한다는 생각은 잘못된 생각이에요. 다니엘서 12장 2절을 보면 마지막 날에 부활하는 사람 중에는 "영생을 받을 자"는 물론 "수치를 당하여서 영원히 부끄러움을 당할 자" 곧, 불신자도 있다고 말하고 있지요. 이렇게 부활한 신자나 불신자들은 바로 하나님의 마지막 심판을 받게 돼요. 이 심판은 온 세상 모든 사람이 다 보는 앞에서 공개적으로 이루어지죠.

그러면 누가 심판을 받게 될까요? 첫째로, 악하고 타락한 천사들이 모두 하나님의 심판을 받아요. 유다서 1장 6절은 하나님은 자기 자리를 지키지 않은 천사들, 곧 사탄과 귀신들에 대하여 미루어 오던 심판을 마지막 날에 시행하신다는 것을 말하고 있어요.

둘째로, 사람들이 심판받아요. 불신자들은 물론 신자들까지도요. 이 심판은 요한계시록 20장 12-15절에 기록된 것처럼 "자기 행위를 따라 책들에 기록된 대로" 이루어져요. 이 심판으로 재림 전에 죽은 불신자들은 영혼만 지옥에 있다가 재림 이후에 영원히 썩지 않을 몸을 입고 영혼과 몸이 함께 지옥에 들어가게 된답니다. 그렇다고 신자들이 이 심판을 받지 않는 것은 아니랍니다. 신자들도 각자의 행위에 따라 심판을 받죠. 사실 누구도 하나님 앞에서 의롭지 않기 때문에 이 심판에서 죄가 없다는 판결을 받을만한 사람은 없어요. 하지만 예수 그리스도를 믿는 자는 예수 그리스도가 입혀주신 의의 옷을 입은 덕분에 의로운 자녀라고 인정을 받게 되고, 또 그 은혜로 천국에 들어가게 되는 것이죠. 그래서 우리에게 예수 그리스도를 믿는 믿음이 필요한 거예요.

조금 어려운 이야기인데 잘 이해되셨나요? 언제 천국에 가느냐, 어떤 상태로 천국에 가느냐 하는 것보다 중요한 것은 어떻게 천국에 가느냐 하는 것이에요. 우리가 천국으로 가는 길은 오직 믿음으로 말미암는다는 것을 꼭 잊지 않기를 바랍니다.

7

동물도 죽으면
천국에 가나요?

얼마 전에 집에서 키우던 강아지가 죽었는데요. 저를 정말 잘 따르고 잘 놀던 아이인데 죽어서 너무 속상했어요. 죽은 강아지를 묻으면서 생각했는데, 동물도 죽으면 사람처럼 천국으로 가는 건지 궁금해요. 만약 천국에 가지 못한다면 너무 슬플 것 같아요.

고린도전서 13장 11절에 이런 말씀이 있어요. "내가 어렸을 때에는 말하는 것이 어린 아이와 같고 깨닫는 것이 어린 아이와 같고 생각하는 것이 어린 아이와 같다가 장성한 사람이 되어서는 어린 아이의 일을 버렸노라." 귀엽고 충직한 강아지를 키우다가 잃게 되면 당연히 슬플 거예요. 그 마음은 어린아이나 어른이나 별 차이가 없죠. 하지만 슬퍼하는 마음이 너무 큰 나머지 강아지와 함께 영원히 살고 싶어 하는 마음을 갖는다면, 그건 아직 어린아이의 마음이라고 생각해요.

저는 지금부터 우리 친구의 바람과는 달리 강아지는 천국에 데리고 갈 수 없다고 말하려고 해요. 그것이 성경에서 분명하게 가르치는 진리이기 때문이지요. 우리 친구가 이런 답변을 듣게 되는 것은 분명 마음 아픈 일이겠지만, 이 아픔은 우리 친구가 어른이 되기 위해서 겪어야 하는 성장통과도 같은 거니까 잘 받아들일 수 있었으면 해요.

첫째, 예수 그리스도를 구주로 영접할 때, 우리는 첫 번째 단계의 천국 생활에 참여하게 된답니다. 즉, 이 세상에서 성도들과 함께 하나님 안에서 천국을 누리는 걸 말하죠. 하지만 이 세상에서 살면서 경험하는 천국 생활은 완전한 천국 생활이 아니랍니다. 왜냐하면, 영혼의 속사람은 거듭나서 하나님 안에서 천국을 누리게 되지만, 여전히 우리 겉사람은 썩어 없어질 몸 안에 갇혀있고, 죄로부터 자유롭지 못하기 때문이에요. 다만, 이 세상에서 신자들이 모이는 공동체, 곧 교회를 통해서 천국이 어떤 곳인지 부분적으로 체험할 수 있을 뿐이지요. 이 세상에 들어와 있는 천국은 교회 안에 보이지 않는 형태로 숨어있어요. 이렇게 부분적으로나마 천국에 참여하기 위해서는 반드시 예수님을 믿는 믿음이 있어야 해요. 이 믿음은 사람만이 가질 수 있죠. 이 세상에 있는 천국에는 믿음이 있는 사람들 외에는 그 어떤 동물도 참여할 수가 없어요. 인간과 동물은 다르답니다. 우리가 흔히 '사회적 동물' 등과 같이 말하지만, 이것은 진화론적 사고입니다. 인간은 동물 중 하나가 아니라, 동물과 구별된 하나님의 형상입니다.

둘째, 두 번째 단계의 천국은 사람이 죽을 때 시작된답니다. 우리가 죽을 때에는 어떤 일이 일어날까요? 우리 친구들은 사람이 몸과 영혼으로 구성되어 있다는 것을 잘 알고 있지요? 사람이 죽을 때 몸은 그 기능이 정지되고, 점차 부패하고 해체되어 흙으로 돌아가지요. 그러나 영혼은 달라요. 영혼은 죽지 않고 계속하여 살아 있지요. 문제는 죽은 후에 영혼이 어디에서 삶을 계속하느냐 하는 거예요. 우리 친구들은 이 질문에 대한 답을 잘 알고 있지요? 그래요. 예수님을 믿는 영혼은 천국으로 가고, 예수님을 믿지 않는 사람의 영혼은 지옥으로 가요. 이 모든 일은 극히 짧은 시간에 마치 번개가 잠깐 번쩍이는 것처럼 단번에 이루어집니다. 천국에 들어간 영혼은 다시는 천국 밖으로 나오지 않으며, 영원히 완벽한 천국 생활을 시작하게 되지요.

그렇다면 동물은 어떨까요? 만약 동물이 죽은 후에 천국에 들어갈 수 있으려면 그 동물에게도 '영혼'이 있어야 해요. 그런데 동물에게 영혼이 있을까요? 성경에 보면 동물에게도 영혼이 있다는 듯이 말하는 표현이 있어요. 전도서 3장 21절이 바로 그 말씀이에요. "인생들의 혼은 위로 올라가고 짐승의 혼은 아래 곧 땅으로 내려가는 줄을 누가 알랴." 이 말씀에서 우리는 두 가지 사실에 주목해야 해요.

한 가지 사실은, '짐승의 혼은 땅으로 내려간다'라고 했지요? 이 말이 무슨 뜻일까요? 짐승의 혼이 땅으로 내려간다는 말은 몸이 해체되어 흙으로 돌아갈 때 짐승의 혼도 같은 운명을 맞이한다는 뜻이에요. 짐승의 혼은 몸의 기능이 정지되어 해체될 때 같이 해체되지요. 이 말은 짐승의 혼이 소멸하여 없어져 버린다는 뜻이에요. 반면에 인생의 혼은 위로 올라간다고 했지요? 이 말은 사람의 경우에는 몸이 가는 길과 영혼이 가는 길이 다르다는 말이에요. 이것이 사람과 동물의 결정적인 차이죠. 사람의 경우에는 몸이 죽어도 영혼이 살아남아요. 그러나 동물의 경우에는 몸이 죽을 때 영혼도 같이 죽어 없어져 버리는 거예요.

죽음 이후에 사람의 혼과 짐승의 혼이 가는 길이 각각 다른 이유는 그 기원이 다르기 때문이에요. 창세기 2장 7절에 이런 말씀이 있어요. "여호와 하나님이 땅의 흙으로 사람을 지으시고 생기를 그 코에 불어 넣으시니 사람이 생령이 되니라." 이 말씀은 사람의 영혼이 어디에서 왔는지 말하고 있어요. '생기를 그 코에 불어 넣었다'라는 말은 하나님께서 흙으로 구성된 몸속에 영혼을 넣어 주셨다는 뜻이에요. 그러니까 사람의 영혼은 흙, 곧 몸에서 온 것이 아니라 몸과 상관없이 하나님으로부터 온 것이란 말이죠. 그 후 영혼이 몸과 긴밀하게 연합하여 하나의 살아 있는 인간으로 존재하게 되는 거예요. 그래서 몸이 아프면 영혼도 영향을 받고, 영혼이 아프면 몸도 아프게 되는 거죠. 그렇다고 해서 사람의 영혼이 몸과 운명을 같이 하지는 않아요. 사람의 경우, 몸과 영혼의 기원이 다르기 때문에 몸은 죽어도 영혼은 죽지 않죠. 한번 창조된 영혼은 영원히 살아 있는 거예요.

반면, 하나님이 동물에게 혼을 불어넣어 주셨다는 말은 성경 어디에도 없어요. 동물의 혼은 동물의 몸에서 온 거예요. 그러기 때문에 몸이 죽으면 혼도 죽는 거지요. 여기서 문제는 성경에서 '인생의 혼'이라는 말도 하고, '짐승의 혼'이라는 말도 했다는 점이에요. 즉, '동물에게도 혼이 있나'하는 문제를 제기할 수 있죠. 그런데 여러분, 이 본문에서 말하는 혼은 '정신적인 기능들'이라는 뜻으로 이해하면 된답니다. 인간은 물론 동물에게도 생각하고 판단하는 정신적인 기능들이 있어요. 그러나 인간과 동물의 정신기능은 비교 자체가 불가능할 만큼 차이가 나죠. 동물에게도 약간의 지능, 학습능력, 기쁨과 슬픔을 느끼는 능력이 있어요. 그것을 가리켜 성경은 '동물의 혼'이라고 말한 것이죠. 동물이 가진 이런 기능들은 본능과 뇌신경 세포의 작용으로 나타나는 현상이에요. 컴퓨터 스위치를 켜면 화면이 떠올라서 살아 움직이는 인터넷의 세계가 열리고, 스위치를 끄면 이 세계가 소멸하여 없어져 버리는 것처럼, 동물들이 가진 이런 정신적인 기능들은 몸이 죽으면 없어져 버리죠. 그러나 사람에게는 도덕적으로 판단하는 능력, 합리적으로 생각하는 능력, 엄청나게 많은 것을 기억하는 능력, 언어를 구사하는 능력, 더욱이 하나님과 대화하고 사랑의 교제를 나누는 능력까지도 있어요. 이런 엄청난 능력들은 본능이나 뇌세포의 작용만으로는 절대로 불가능해요. 이것은 하나님께서 인간의 영혼을 하나님의 형상으로 만드셨기 때문에 가능한 거예요.

셋째, 마지막 단계의 천국은 예수님이 재림하시는 날 시작되지요. 예수님이 재림하시는 마지막 날에는 모든 인간의 몸이 부활하게 돼요. 신자도 부활하고 불신자도 부활하죠. 그런데, 신자는 부활하여 몸과 영혼이 함께 천국에 들어가고, 불신자는 부활하여 몸과 영혼이 지옥에 들어가지요. 이때 부활하여 입게 될 몸은 세상에서 우리의 몸을 구성하고 있었던 흙 속의 물질들이 재활용되어 만들어진 몸이 아니랍니다. 이 몸은 하나님께서 특별히 준비하신 새 몸을 말하죠. 영원히 썩지 않고, 병에 걸리지도 않고, 늙지도 않는 신비의 몸이에요. 영혼이 이 몸을 입어야 천국에 들어갈 수가 있어요. 그러나 성경에는 하나님께서 동물을 위하여 몸을 준비하셨다는 말이 없어요.

결론적으로 말해서 사랑하는 강아지를 잃은 친구에게는 슬픈 이야기지만, 동물은 지금 우리가 세상에서 누리는 천국에도 들어갈 수 없고 우리가 죽어서 가는 천국에도 절대 들어갈 수가 없답니다. 물론, 하나님께서는 천국에도 어떤 형태로든 신기한 동물들을 두실 거로 생각해요 사 11:6-9. 하지만 그 동물들은 현세 안에서 죽은 동물들이 부활하여 들어가는 것은 결코 아니랍니다. 아무쪼록 우리 친구가 사랑하는 애완동물을 잃은 슬픔에서 헤어나와 다시 기쁘게 하루하루를 보낼 수 있기를 바랄게요.

8

왜 주님이 속히 오셔야 하죠?

Q　워십 밴드 '어노인팅'의 곡 중에 '할렐루야 마라나타'라는 곡이 있는데요. 그 곡에 보면 '마라나타 마라나타 주여 속히 오소서'라는 가사가 나와요. 그런데, 왜 주님이 속히 오셔야 한다고 찬양하는지 그 이유를 잘 모르겠어요.

A　'마라나타'라는 말은 '우리 주여 오시옵소서'라는 뜻이에요. 이 말은 고린도전서 16장 22절에 나오는 단어로, 아람어를 헬라어로 음역_{소리 나는 그대로 적는다는 뜻}한 것이지요. 참고로 아람어는 고대에 사용되었던 언어이고, 우리가 알고 있는 히브리어는 바로 아람어의 방언이었어요. 초대교회 당시 일반 서민들은 주로 헬라어와 아람어라는 두 개의 언어를 사용하고 있었기 때문에 신약성경 안에는 아람어가 많이 번역되거나 음역 되어 들어 있지요.

'마라나타'라는 단어 설명은 이 정도 하고, 우리 친구의 질문에 대해 함께 생각해볼게요. 저는 친구의 질문을 받고 친구가 예수님의 재림에 대해 어떤 마음을 가지고 있는 걸까 궁금했어요. 왜냐하면, 예수님을 믿는 성도라면 대부분 빨리 예수님을 만나고 싶어 할 텐데, 친구는 빨리 오시기를 바라는 찬양의 고백에 의문을 가지고 있으니까요. 그래서 혹시나 친구가 예수님의 재림에 대해 조금은 잘못된 생각을 하는 것이 아닌지 우려하는 마음으로, 이 부분에 관해 설명해 보려고 해요. 예수님의 재림을 기다리는 바른 태도는 무엇이고, 또 어떻게 기다려야 하는지 살펴본다면 우리 친구의 의문이 조금은 해소될 거예요.

먼저 주님의 재림을 기다리는 '바른 태도'에 대하여 알아보기로 해요.

예수 그리스도를 구주로 믿는 모든 성도는 예수님께서 다시 오시는 날을 간절한 마음으로 기다려야 해요. 이 사실은 마태복음 25장 1-13절에 기록되어 있는 '열 처녀 비유'를 보면 좀 더 분명해져요. 비유에는 열 명의 처녀들이 등불을 켜 들고 신랑이 오기를 간절히 기다리는 장면이 나와요. 여기서 신랑은 예수님을, 신랑이 오는 것은 예수님의 재림을, 열 처녀는 성도들을 뜻하죠. 중요한 사실은 기름을 준비한 다섯 처녀나 준비하지 않은 다섯 처녀나 모두 신랑이 오기를 간절히 기다리고 있었다는 점이에요. 우리는 이 비유처럼 신랑이신 예수님이 오시기를 간절히 기다리는 마음으로 살아가는 신부예요.

그렇다면 우리는 왜 예수님이 오실 것을 이렇게 간절한 마음으로 기다려야 하는 걸까요? 세 가지 이유를 말해주고 싶어요.

첫째, 아마도 우리 친구들이 예수님을 믿으면서 가장 힘든 문제 중 하나가 죄에 관한 문제일 거예요. 죄는 끊임없이 우리 친구의 마음과 생활 속에 찾아와서 친구의 마음을 더럽히고 생활을 망가뜨려 놓으려 하죠. 시시때때로 죄에서 멀어지려고 하지만 항상 무너지는 자기 자신이 실망스럽게 느껴질 때도 있을 거예요. 그만큼 우리는 이 세상에 사는 한 죄의 세력에서 벗어날 수 없어요. 그런데 이와 같은 영적인 싸움에서 완전히 벗어나는 일이 바로 예수님이 다시 오실 때 이루어져요. 그러니 그날을 기다리게 되는 것이지요.

둘째로, 죄의 영향을 받은 우리의 몸은 너무나 약해서 세균이나 바이러스가 침투하면 병이 들게 마련이고, 마침내 늙어서 죽고 난 후에는 흙으로 돌아가야 해요. 얼마나 슬픈 일이에요? 하지만 우리는 죽더라도 영원히 썩지 않고 다시 생명력이 넘치는 새 몸을 입게 될 거예요. 그런데 이 일이 언제 일어날까요? 바로 예수님이 다시 오실 때 일어난답니다. 그날이 되면 모든 믿는 성도들은 새로운 몸을 입고 하나님과 함께 살게 되지요.

셋째로, 우리가 세상을 살다 보면 억울하고 안타까운 일들을 많이 만나게 될 거예요. 특히, 하나님을 두려워하지 않고 나쁜 짓을 하는 사람이 떵떵거리고 잘 사는 경우가 너무나 많지요? 역사적으로 봐도 그런 일들은 많이 있어요. 예를 들어서 일본은 36년 동안이나 우리나라를 악랄하게 괴롭혔는데도 벌을 받기는커녕 세계 최고의 부자나라가 되기도 했어요. 북한에서는 70년이 넘는 긴 세월 동안 불쌍한 국민을 잔인하게 괴롭힌 김일성, 김정일, 김정은 일가가 호화로운 생활을 하고 있고요. 이런 일들을 볼 때 우리 친구 마음에는 분노가 생기기도 하고, 부조리한 세상에 대한 한탄도 나올 거예요. 만약 그런 일들이 바로잡히지 않는다면, 우리가 믿음을 지키며 바르게 살아야 할 이유가 뭐가 있겠어요? 하지만, 이런 일들은 예수님이 다시 오시는 날 모두 바로잡히게 될 거예요. 그분이 오셔서 죄에 대해 공평하고 정의롭게 심판하시고, 또 철저하게 벌하실 것이죠. 그러니 믿음이 있는 성도들이라면 그날을 당연히 기다리게 되지요.

그럼, 우리 친구가 사는 세상은 이렇게 힘들고 부조리한 곳이니 힘겹게 버티며 우울하게 살아야만 하는 것일까요? 그렇지 않아요. 예수님께서 다시 오신다는 사실을 믿고 기다리는 삶은 영적 싸움을 하는 우리에게 큰 소망을 준답니다.

먼저 친구가 고난 속에서 힘들고 어렵게 살아갈 때, 예수님이 다시 오신다는 약속을 생각하면 큰 위로와 힘이 될 거예요. 예수님이 다시 오시면 우리 친구들의 눈에서 눈물을 닦아 주실 것이고, 예수님과 함께 영원한 행복만이 있는 하늘나라에서 살게 될 것이기 때문이에요. 로마 시대에 무서운 핍박을 받고 '카타콤'이라는 지하 동굴로 피신해야 했던 성도들도, 북한에서 목숨을 걸고 신앙생활을 하는 성도들도 모두 시련과 고난 속에서도 예수님이 다시 오신다는 말씀에 위로를 받고 어려운 순간을 이겨냈고 지금도 견뎌내고 있어요. 하지만, 이와 반대로 우리 친구가 현실에서 아무 어려움 없이 편안하게 생활할 때는 게을러지고 타락하기가 쉬워요. 그런데 이때 예수님이 다시 오신다는 사실을 기억하면 친구의 삶을 다시 추스르고 바로잡을 수 있게 되지요. 예수님이 다시 오시면 우리 친구들이 현실 속에서 어떻게 살았는가를 모두 다 물어보시고 검사해 보실 것이기 때문이에요.

어떤가요? 친구가 들었던 찬양 가사처럼 왜 성도들이 예수님이 빨리 오시기를 바라는지 조금 이해가 되시나요? 그렇다면, 아마도 예수님이 다시 오실 그때가 언제일지 자연스럽게 궁금해질 거예요. 예수님이 오시는 날짜를 정확히 알면, 조금 삐뚤어지게 살다가도 예수님이 다시 오시기 열흘 전부터 집중해서 벼락치기로라도 준비하면 되니까요. 그러나 하나님은 인간이 예수님께서 다시 오실 날을 아는 것에 대해 엄격하게 금하셨어요. 마가복음 13장 32절에 "그러나 그 날과 그 때는 아무도 모르나니 하늘에 있는 천사들도, 아들예수님도 모르고 아버지만 아시느니라"라는 말씀처럼 예수님 자신도 그 날짜를 알려고 하지 않으시고, 이 지식을 오직 하나님께만 넘겨 드리셨죠. 그래요. 우리는 예수님이 다시 오시는 날을 간절한 마음으로 기다리되, 예수님이 오시는 날짜에 대한 호기심에 빠지지 않도록 주의해야 한답니다. 그런데 많은 이단이 예수님이 다시 오실 날짜를 정확하게 알려준다며 사람들을 현혹하고 있어요. 이들은 나중에 하나님 아버지만이 아는 특급 비밀을 알려고 한 죄로 인해서 하나님께 크게 혼나게 될 거예요.

그렇다면 어떻게 하는 것이 재림의 때를 잘 준비하는 것일까요? 마가복음 13장 33절은 이렇게 말하고 있어요. "주의하라 깨어 있으라 그때가 언제인지 알지 못함이라." 예수님이 언제 다시 오실지 모르므로 우리는 항상 깨어 있어야 해요. 항상 깨어서 준비하는 삶의 모습이란 어떤 것일까요? 마가복음 13장 34절에서는 오늘 나에게 맡겨진 일들을 충실하게 수행하는 삶을 살아야 한다고 말하고 있어요. 지금 우리 친구에게 맡겨진 일은 신앙생활과 학업이지요. 특별한 경우를 제외하고, 학생 시기에는 이 두 가지 생활을 열심히 하는 것이 바로 예수님이 다시 오시는 것을 준비하는 최선의 길이에요. 내일 세상의 종말이 온다고 해도 오늘 내가 심어야 할 한 그루의 사과나무를 심는다는 마음으로 오늘의 일에 성실하게 임하는 것이 바로 예수님이 다시 오심을 준비하는 삶이지요.

친구의 질문이 잘 해결되었나요? 예수님의 재림에 대한 기대는 고난 속에 있는 사람들에게는 위로와 힘이 되고, 게으르고 방탕한 삶을 사는 사람들에게는 경고가 되지요. 그러나 예수님께서 다시 오실 그날에 대한 호기심에 빠지지 말고, 현재 주어진 일을 충실하게 수행하며 부끄럽지 않은 모습으로 예수님을 만나는 친구가 되기를 바라요.

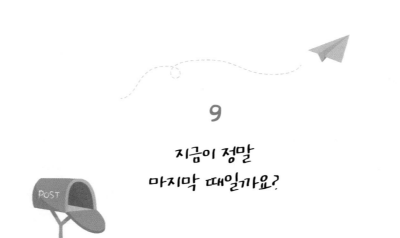

9

지금이 정말
마지막 때일까요?

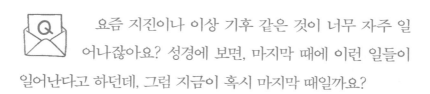

요즘 지진이나 이상 기후 같은 것이 너무 자주 일어나잖아요? 성경에 보면, 마지막 때에 이런 일들이 일어난다고 하던데, 그럼 지금이 혹시 마지막 때일까요?

지구 온난화 현상 등으로 자연재해가 부쩍 잦아지기 시작한 것은 어제오늘의 일은 아니지요. 중국 쓰촨성과 아이티에서 일어난 지진으로 수만 명에서 수십만 명의 사람이 목숨을 잃은 적이 있어요. 국토 대부분이 2,000m 두께의 만년설로 덮여 있는 아이슬란드에서는 이 만년설 밑에 있는 화산이 폭발해 열흘이 넘는 기간 동안 화산재가 유럽 하늘을 뒤덮은 일도 있었고요. 그 일로 유럽은 물론 전 세계의 항공기 운항에 큰 차질이 생겼었죠. 또, 지질학자들에 따르면 백두산도 조만간에 폭발할 조짐이 보인다고 해요. 백두산의 폭발력은 아이슬란드 화산의 1,000배에 달한다고 하니, 백두산이 폭발하면 동북아시아는 물론 전 세계적인 재앙이 초래될 수도 있겠죠.

이렇게 지진이나 화산폭발과 같은 자연재해, 혹은 1차 세계대전, 2차 세계대전과 같은 큰 전쟁이 발발하면 기독교인들은 본능적으로 '이러다 세상의 종말이 오는 것이 아닐까?' 하는 생각을 하곤 해요. 성경은 분명하게 하나님이 정하신 때가 되면 세상의 종말이 온다고 말하고 있기 때문이에요. 그런데 초대교회 시대부터 오늘날까지 기독교인들이 종말에 대해 생각해 온 역사를 살펴보면 재미있는 현상을 발견할 수 있어요. 기독교인들은 세상에서 사는 것이 재미있고 편안할 때는 세상의 종말이 늦게 왔으면 좋겠다고 생각했어요. 반면에 세상에서 사는 것이 고달프고 힘들면 세상의 종말이 빨리 왔으면 좋겠다고 생각했죠.

그렇다면 우리 친구들이 가지고 있어야 할 바른 종말관은 어떤 것일까요? 이 질문에 대답하기 위하여 저는 예수님이 말씀해 주신 종말에 관한 가르침을 함께 살펴보려고 해요. 종말에 관한 예수님의 교훈은 감람산에서 가르치셨다고 해서 '감람산 강화'라고 부르는데, 마태복음 24장, 마가복음 13장, 누가복음 21장에 기록되어 있어요. 여기서는 마가복음 13장을 중심으로 말씀드려 볼게요.

하루는 예수님이 제자들과 함께 예루살렘 성전에 들어가셨다가 나오는데, 제자들이 예루살렘 성전을 가리키면서 이렇게 질문했어요. "선생님이여 보소서 이 돌들이 어떠하며 이 건물들이 어떠하나이까"^{막 13:1}. 당시 예루살렘 성전은 건축술의 대가였던 헤롯 대왕이 지은 건물이었는데, 너무나 웅장하고 아름다워서 모든 사람이 자부심과 긍지를 갖고 있었죠. 제자들 역시 예수님께 예루살렘 성전의 아름다움을 자랑하고 싶었던 거예요.

그런데 예수님께서 예루살렘 성전의 아름다움에 대해 동조해 주실 거로 생각했던 제자들의 예상은 완전히 빗나갔어요. 예수님은 "네가 이 큰 건물들을 보느냐 돌 하나도 돌 위에 남지 않고 다 무너뜨려지리라"^{막 13:2}라고 말씀하셨거든요. 즉, 아름다운 예루살렘 성전이 처참하게 파괴될 것이라고 말씀하신 거예요. 제자들은 큰 충격을 받았죠.

그때 제자들은 예루살렘 성전이 무너지는 것과 같은 엄청난 재앙이 일어난다면, 그날이 바로 세상 종말의 날이라고 생각했어요. 그때가 언제이며, 세상 종말이 오기 직전에는 예루살렘 성전이 무너지는 것 외에 또 어떤 징조들이 나타날지 궁금해했죠. 그래서 "어느 때에 이런 일이 있겠사오며 이 모든 일이 이루어지려 할 때에 무슨 징조가 있사오리이까"^{막 13:4}라고 예수님께 질문했어요.

이 질문에 대한 예수님의 답변이 마가복음 13장 5-13절에 기록되어 있는데, 이 본문 중에서 오늘의 주제와 관련된 중요한 구절은 7절과 8절이에요. "난리와 난리의 소문을 들을 때에 두려워하지 말라 이런 일이 있어야 하되 아직 끝은 아니니라 민족이 민족을, 나라가 나라를 대적하여 일어나겠고 곳곳에 지진이 있으며 기근이 있으리니 이는 재난의 시작이니라."

우리 친구들! 이 본문을 잘 보세요. 본문에 난리, 민족과 나라 간의 전쟁, 기근이나 지진과 같은 자연재해가 소개되고 있지요? 이런 일들이 나타나면 세상의 끝이라고 말씀하셨나요? 아니에요! 예수님은 분명히 "아직 끝은 아니니라"라고 말씀하셨어요. 또 이런 일들이 "재난의 끝"이 아니라 오히려 "재난의 시작"이라고 말씀하셨어요.

당시를 생각하면, 예루살렘 멸망도 로마제국과 유대국 사이에서 벌어진 난리였고, 참혹한 전쟁이었죠. 하지만 그 전쟁으로 모든 것이 끝나지는 않았어요. 또 그 후로도 기근, 화산폭발은 계속되어왔고요. 이를 통해 알 수 있는 건, 자연재해나 전쟁 등과 같은 재난이 단순히 세상의 종말을 예고하는 징조는 아니라는 점이에요.

그러면 세상의 종말이 다가왔음을 알려주는 징조들은 없는 걸까요? 물론 있어요. 이 징조들이 마가복음 13:24-27에 기록되어 있죠. 24절에서 25절에는 세상 종말 바로 직전에 나타날 징조들에 대해 기록하고 있어요. "그 때에 그 환난 후 해가 어두워지며 달이 빛을 내지 아니하며 별들이 하늘에서 떨어지며 하늘에 있는 권능들이 흔들리리라." 그리고 26-27절에는 예수님의 재림하시는 모습이 기록되어있어요. "그 때에 인자가 구름을 타고 큰 권능과 영광으로 오는 것을 사람들이 보리라 또 그 때에 그가 천사들을 보내어 자기가 택하신 자들을 땅 끝으로부터 하늘 끝까지 사방에서 모으리라."

이 본문을 주의 깊게 살펴볼까요? 24-25절에는 재림 직전에 세 가지 징조가 나타난다고 되어있어요. 첫째는 해가 어두워지는 거예요. 둘째는 달이 빛을 내지 않는 거예요. 셋째는 별들이 하늘에서 떨어지고 하늘에 있는 권능들이 흔들리는 거예요. 이 징조들은 단순히 우리가 아는 일식이나 월식, 또는 별똥별 현상을 뜻하는 것이 아니라, 지금까지 한 번도 본 적이 없는 엄청난 하늘의 격변을 말하는 거예요. 이런 현상들은 지진이나 화산폭발과 같은 자연재해와는 차원이 다르죠. 참혹한 전쟁과도 분명히 다르고요.

여기서 우리가 또 한 가지 주목할 점이 있어요. 종말 때에 일어날 일을 기록한 본문 24절과 세상이 종말을 고하고 예수님이 재림하시는 사건을 기록한 본문 26절 둘 다 "그 때에"라고 시작한다는 점이에요. 이것이 무엇을 뜻할까요? 세상 종말을 알리는 징조들이 나타나는 시점과 세상 종말 그 자체, 곧 예수님의 재림이 '같은 시점에,' '동시에' 일어난다는 거예요. 그러니까 세상의 종말, 혹은 예수님 재림의 징조는 없는 것이나 마찬가지예요. 왜냐하면, 세상 종말의 징조와 세상 종말은 동시에 일어나기 때문이에요.

그러면 세상 종말, 또는 예수님의 재림의 때는 언제일까요? 마가복음 13장 32절에 기록되어있어요. "그러나 그 날과 그 때는 아무도 모르나니 하늘에 있는 천사들도, 아들도 모르고 아버지만 아시느니라." 세상 종말은 반드시 와요. 그런데 그 때는 철저하게 비밀이죠. 천사들도 모르고, 심지어 재림하시는 예수님 자신도 몰라요. 그 날은 아무도 예상하지 못했던 때 갑작스럽게, 한밤중에 도적이 예고 없이 찾아오는 것처럼 올 거예요. 세상 종말의 때는 성부 하나님만 아실 수 있는 영역이기 때문에 인간이 알려고 해서는 안 돼요.

그렇다면 우리는 어떤 태도로 재림을 맞이해야 할까요? 마가복음 13장 33절에서 37절에 그 답이 있어요. 특히, 33-35절을 읽어보세요. "주의하라 깨어 있으라 그 때가 언제인지 알지 못함이라 가령 사람이 집을 떠나 타국으로 갈 때에 그 종들에게 권한을 주어 각각 사무를 맡기며 문지기에게 깨어 있으라 명함과 같으니 그러므로 깨어 있으라." 이 본문은 현실 속에서 주어진 삶에 충실하게 임하며 항상 깨어 있는 것이 가장 훌륭한 종말 준비법이라고 알려주고 있어요. 그래요. 우리 친구들이 열심히 공부하다가 뭔가 소란이 있는 것 같아 눈을 들어보니 주님이 재림하신 거예요. 그때 "어, 어느 틈에 주님이 오셨지?"하고 맞이하는 것, 그것이 가장 훌륭한 재림준비예요!

2^부

술, 담배, 여가

10

핸드폰을 손에서 놓을 수가 없어요, 어떡하면 좋죠?

요즘 들어 핸드폰만 하다가 하루를 날려버릴 때가 많아요. 그럴 때마다 핸드폰에 중독된 것 같은 제 모습에 죄책감이 들어요. 기도하거나 예배드리고 나서 은혜를 많이 받았다가도 핸드폰을 하다 보면 받은 은혜가 없어지는 기분이 들기도 하고요. 핸드폰과 멀어지려고 마음먹었다가도 언제 그랬냐는 듯이 금세 집어 드는 제 모습에 화가 나기까지 해요. 어떻게 하면 좋을까요?

아마도 우리 친구와 같은 고민을 많은 친구가 하고 있을 거예요. 하지만 중독된 것 같은 자기 모습이 문제라고 인식하지 못하는 경우가 많은데, 친구는 자신의 상태를 잘 알고 있고 고치려고 노력한다는 점에서 참 기특하네요.

우리 친구의 고민은 두 가지인 것 같아요. 하나는 핸드폰 사용을 절제하기 힘들다는 것이고, 다른 하나는 핸드폰에 푹 빠지다 보면 기도나 예배를 통해 받은 은혜가 금세 없어지는 기분이 든다는 것이에요. 저는 친구의 고민에 대해 세 단계에 걸쳐 답변해 보려고 해요. 첫 번째로 우리 친구가 핸드폰 사용을 절제하기 힘든 이유에 대해 생각해 보고, 두 번째로 핸드폰을 너무 많이 사용할 때 정말로 은혜가 떨어지는지에 대해 생각해 본 후, 세 번째로 핸드폰을 유용하게 사용하면서도 사용하는 시간을 절제하는 방법은 무엇인가에 대해 의견을 나눠볼게요.

먼저 우리 친구가 핸드폰 사용을 절제하기 힘든 이유를 살펴볼까요?

핸드폰 사용 시간을 조절하는 것은 사실 우리 친구의 마음에 달린 문제예요. 물론 마음 같아서는 핸드폰을 적당히 사용하고 딱 중단하고 싶은데 그게 잘되지 않지요? 왜 그럴까요? 첫 번째 이유는 우리의 마음이 연약하기 때문이에요. 아담과 하와가 선악과를 따먹고 타락한 이후에 그 영향이 가장 먼저 나타난 곳이 인간의 마음이에요. 하나님의 형상을 닮았던 우리의 마음에 불순물이 들어와 망가지기 시작했고, 결국 선한 것보다는 악한 생각에 지배받는 부패한 마음이 되고 말았어요. 이에 대해 야고보는 타락한 인간의 마음속에 "지옥 불"이 들어앉아 있다고 표현하고 있어요약 3:6. 야고보가 말하는 "지옥 불"은 악한 사탄의 지배를 받는 부패한 본성을 뜻해요. 인간이 자신의 의지로 무언가 좀 선한 일을 하려고 하면 이 "지옥 불" 곧, 부패한 본성이 집요하게 방해하며 우리 친구의 의지를 약하게 하고 원하지 않는 방향으로 막 끌고 가는 거예요. 이 사정을 바울이 다음과 같이 잘 말하고 있어요. "내가 원하는 바 선은 행하지 아니하고 도리어 원하지 아니하는바 악을 행하는 도다"롬 7:19. 맞아요. 우리 친구가 핸드폰 사용 시간을 조절하고 싶어도 뜻대로 잘 안 되는 이유는 사람이 마음으로 결단한 선한 일들을 실행하지 못하도록 악한 힘이 친구의 마음속 의지를 흔들고 약하게 만들기 때문이에요.

두 번째 이유는 핸드폰이나 TV, 인터넷, 게임 등의 매체들은 우리들의 시선을 빼앗기 위해 여러 전문가가 머리를 맞대고 연구한 결과물이기 때문이에요. 그것들이 처음 만들어진 이유는 정보를 제공하고 편의를 주기 위해서였지만, 시대가 발전할수록 다양한 기능들로 시선과 마음을 사로잡는 데 치중되었어요. 사람들의 심리적인 부분, 행동 패턴, 의식의 흐름 등을 면밀하게 연구해서 매력적으로 만들어 놓았기 때문에 사용하는 우리가 주의하거나 절제하지 않으면 무의식적으로 끌려갈 수밖에 없어요. 그래서 핸드폰을 비롯해 여러 대중 매체들이 발전할수록 그로 인한 피해사례들이 점점 더 많아지고 있는 것이지요.

그러면 우리 친구가 느끼는 것처럼 핸드폰을 오래 사용할수록 정말로 기도나 예배를 통해 받은 은혜가 떨어질까요? 결론부터 말씀드리면, 맞아요! 핸드폰을 지나치게 많이 사용하거나 나쁜 용도로 사용하면 실제로 하나님께 받은 은혜가 떨어지게 되어있어요.

하나님이 주시는 은혜에는 두 가지 유형이 있어요. 하나는 예수 님을 구주로 영접할 때 우리를 죄와 사망의 세력으로부터 구해주 시고, 거듭나게 하시고, 하나님의 자녀 삼아 천국 백성이 되게 해 주시는 '구원의 은혜'예요. 이 은혜는 한 번 받은 후에는 우리가 하 나님 앞에서 바르지 못한 생활을 한다고 해도 우리를 떠나지 않 아요. 그런데 또 다른 은혜가 있어요. 이 은혜는 우리가 이 세상을 사는 동안 생활 속에서 날마다 주어지는 '일상의 은혜'예요. 일상 의 은혜는 하나님이 우리 삶 속에 계심을 실제로 느끼고 경험하는 것을 뜻해요. 그런데 이 일상의 은혜는 우리가 경건하고 바른 삶 을 살면 풍성히 누릴 수 있지만 그렇지 않으면 느낄 수도 누릴 수 도 없어요.

핸드폰을 지나치게 사용할 때 은혜가 떨어지는 이유가 여기에 있어요. 우리가 핸드폰을 통해서 접할 수 있는 정보는 무궁무진하 게 많아서 이 정보를 다 섭렵하려면 평생 핸드폰에만 매달려도 불 가능할 거예요. 그러나 현실적으로 핸드폰에 투자할 수 있는 시간 은 제한되어 있지요. 하나님과의 시간도 마찬가지예요. 하나님께 서 우리에게 주신 시간은 매우 짧은데 우리가 알아야 할 하나님은 알면 알수록 끝이 없는 분이세요. 우리는 하나님께서 베푸신 것 들, 그분의 일하심, 그분의 계획, 그리고 우리 친구를 향한 비전 등 에 관해 말씀을 통해 아주 조금 헤아려 알 뿐이죠. 그래서 우리는 일상에서 늘 민감하게 하나님을 묵상하고 생각하고 기대해야 해요. 그래야 우리를 만드신 분의 목적과 뜻을 알 수 있으니까요. 하지만 세상에는 우리 친구가 하나님을 묵상하지 못하도록 방해하는 것들이 너무나 많아요. 대표적인 것이 바로 '핸드폰'이에요. 그러므로 핸드폰을 이용하는 데에 너무 많은 시간을 쓰는 것은 하나님 앞에서 잘못된 시간 사용인 것이 분명해요. 게다가 핸드폰에서 접하는 정보 중 많은 부분이 검증되지 않은 것들이어서 우리 친구에게 해를 끼칠 수도 있고요.

성경에는 "사람이 무엇으로 심든지 그대로 거두리라 자기의 육체를 위하여 심는 자는 육체로부터 썩어질 것을 거두고 성령을 위하여 심는 자는 성령으로부터 영생을 거두리라"갈 6:7-8라는 말씀이 있어요. "육체를 위하여 심는다"라는 것은 경건과 동떨어져 사는 삶을 말하고 "썩어질 것을 거둔다"라는 것은 지옥에 간다는 뜻이 아니라 하나님의 은혜가 떠난 시간을 보내게 된다는 뜻이에요. "성령을 위하여 심는 것"은 경건하고 바른 삶을 사는 것을 뜻하고 "영생을 거둔다"라는 것은 생활 속에서 영원한 생명이 충만한 하나님의 은혜를 넉넉하게 경험하게 된다는 뜻이에요. 그러므로 불필요한 일에 핸드폰을 너무 오래 사용한다든가, 핸드폰을 통해 유익하지 않은 것들에 너무 깊이 빠져 있거나 하게 되면 우리의 마음과 생각에는 하나님이 머물러 계실 자리가 점점 사라지게 돼요. 그러면 하나님의 '일상의 은혜'도 우리의 삶에서 떠나는 거예요.

이제 우리는 어떻게 해야 할까요? 핸드폰 사용 시간을 조절하는 문제는 전적으로 마음의 문제예요. 우리 친구가 마음을 굳게 다지고 의지를 세워서 딱 결단을 하는 것이 시작이에요. 잠언 기자는 "모든 지킬 만한 것 중에 더욱 네 마음을 지키라 생명의 근원이 이에서 남이니라"잠 4:23라고 권고하고 있어요. 그런데 우리 친구가 경험한 것처럼 마음먹은 것을 지키는 것은 너무나 어려워요. 우리 친구의 마음속에 친구의 선한 생각을 방해하는 악한 세력이 작용하고 있기 때문이에요. 이 악한 세력을 물리치고 마음을 지키는 일은 사람의 힘으로는 할 수 없어요. 그러면 어떻게 해야 할까요?

첫째로 우리 마음속에 계시는 성령님을 의지해야 해요. 마음에 유혹이 찾아올 때, 곧바로 하나님께 친구의 마음을 있는 그대로 고백해 보세요. 유혹을 물리치는 것은 우리 힘으로 할 수 없어요. 성령님께서 도와주셔야만 가능하죠. 둘째로, 하나님의 말씀을 많이 읽고 묵상하고 공부하여 마음을 말씀으로 가득 채워야 해요. 친구의 마음속에 성령의 능력과 말씀의 능력이 가득 들어차 있다면 악한 생각과 행동을 잘 분별하게 될 거예요. 우리 친구가 어떤 유혹의 상황에서도 능력 있게, 지혜롭게 잘 이겨낼 수 있을 거고요.

아무쪼록 우리 친구가 하나님의 말씀과 성령의 충만한 능력 안에서 바르고 경건한 생활을 할 수 있으면 해요. 핸드폰은 유익한 것이지만 잘못 사용하면 그것의 노예가 된다는 것을 기억하고, 무엇이든 지혜롭게 분별할 수 있는 건강한 하나님의 사람이 되기를 바랄게요.

11

록 음악을 들으면
안 되나요?

Q　제가 요즘 '핀란드 록'을 듣고 있는데요. 가사를 대충 해석해 보면 '밤이 내 이름을 부른다. 죽는 것은 훌륭한 것이다. 한 번 더 사는 것도, 그들의 노예가 되느니 차라리 살인하겠다'라는 등의 가사들이어서 왠지 좋지 않은 것 같아요. 이런 내용이 아니더라도 록 음악을 듣는 게 영적으로 좋지 않은 건가요?

A　여러분은 성경에 처음 나오는 노래가 무엇인지 아시나요? 창세기 4장 23절에 있는 라멕의 노래예요. 이 노래 내용은 이렇게 되어있어요. "아다와 씰라여 내 목소리를 들으라 라멕의 아내들이여 내 말을 들으라 나의 상처로 말미암아 내가 사람을 죽였고 나의 상함으로 말미암아 소년을 죽였도다." 이 노래는 라멕의 검가劍歌, 곧 칼의 노래라고 알려져 있어요.

이 노래가 왜 성경에 기록으로 남았을까요? 이 노래의 운율과 멜로디가 너무 아름다워서 당시 사람들이 많이 즐겨 불렀기 때문이에요. 말하자면 우리나라의 동요 가운데 '반달'이나 '고향의 봄'이 가사와 멜로디가 아름다워서 사람들이 많이 불렀던 것과 같아요. 그런데 어떤가요? 라멕의 검가 가사 내용은 아주 무시무시하죠? 전쟁터에서 칼을 들고 싸우다가 내가 상처를 입었는데, 그런데도 굴복하지 않고 적들을 잔인하게 죽인 것을 자랑하는 내용이 왠지 섬뜩하기도 해요. 치열하게 싸워 시신이 널려 있는 참혹한 전쟁터의 풍경을 묘사했는데, 운율과 멜로디가 너무 아름다워 사람들이 즐겨 부른다니 여러분은 이해가 되나요? 이처럼 성경 기록상 처음으로 등장하는 아름다운 노래의 주제가 살인이었다는 사실이 충격적이지요?

또 한 가지, 칼의 노래가 기록되어 있는 창세기 4장과 그다음 장인 5장을 같이 읽다 보면 이해되지 않는 내용이 나와요. 4장에는 가인의 족보가 나와 있고 5장에는 셋의 족보가 나와 있죠. 가인의 족보는 하나님을 반역하고 떠난 이방인들의 족보이고, 셋의 족보는 하나님의 백성의 족보예요.

두 족보의 차이점이 무엇일까요? 가인의 족보는 아주 화려하고 찬란해요. 가인이 에녹을 낳았어요. 이 에녹은 셋의 족보에 나오는 에녹과 이름은 같아도 다른 사람이에요. 에녹은 성을 쌓는 기술이 뛰어나 인류 최초의 건축가가 되었어요 창 4:17. 야발은 육축 치는 자의 조상, 곧 축산업의 조상이 되었고창 4:20, 유발은 수금과 통소를 잡는 모든 자의 조상, 곧 음악의 원조가 되었어요창 4:21. 두발가인은 동철로 날카로운 기계를 만드는 사람들의 조상, 곧 기계공업의 원조가 되었고요창 4:22. 그리고 앞에서 말한 검가를 지었던 라멕은 시, 곧 문학의 원조가 되었죠. 이 모든 문화가 하나님을 반역하고 떠난 가인의 후손에게서 나왔어요.

그럼, 하나님의 백성들의 후손인 셋의 족보는 어떨까요? 창세기 5장에는 아담에서 셋을 거쳐서 노아까지 이르는 경건한 하나님 백성의 족보가 나오는데, 이 족보를 잘 읽어 보면 셋의 후손들이 한 일은 애를 낳아 기른 것밖에는 없어요. 너무 초라하죠.

이 두 족보가 갖는 의미는 무엇일까요? 원래 인류 문화는 하나님의 백성들에게서 발달한 것이 아니라 이방인들이 발달시키기 시작한 거예요. 하나님의 백성들은 하나님을 바르게 예배하는 법을 전수한 반면에 이방인들은 문화를 발달시킨 것이지요. 하나님은 공평하신 분이에요. 하나님은 셋의 후손에게는 하나님을 바르게 예배하는 축복을 주신 대신에 문화적인 능력은 적게 주시고, 하나님을 바르게 예배하는 법에서 떠난 이방인들에게는 문화를 발달시키는 능력을 주셔서 삶이 너무 황폐하지 않도록 배려하셨어요.

사람이 가진 시간과 능력에는 한계가 있어요. 예배하는 일에 관심과 노력을 집중하다 보면 문화를 발달시킬만한 시간이나 여력이 부족할 수밖에 없죠. 따라서 하나님의 백성이 문화를 발달시키려면 이방인들로부터 기술적인 도움을 받아야 해요.

예를 들어볼게요. 컴퓨터 문화가 교회에서 발달했나요? 아니에요! 교회 밖에서 발달했어요. 그런데 교회도 컴퓨터를 사용하지 않을 수 없어요. 사회가 고도로 발달시킨 컴퓨터 기술을 무시해 버리고 '기독교적인 컴퓨터 기술'을 별도로 창조해낼 수는 없죠.

음악도 마찬가지예요. 대중음악이든 고전음악이든 표현기법으로서의 음악문화는 대체로 교회 밖에서 발달했고, 교회는 이방인들이 발달시킨 음악기법을 받아들여 교회음악을 발달시켰어요. 이방인들이 고도로 발달시킨 음악기법을 무시하고 기독교음악을 발달시킬 수는 없죠. 그런데 하나님의 백성들이 이방 문화를 기독교 문화 발달을 위하여 이용할 때 반드시 지켜야 할 원칙이 있어요. 그 원칙은 바로 기법은 받아들이되 내용은 철저하게 비판한다는 것이죠.

그러면 이제 록 음악 얘기를 해볼게요.

사실상 록 음악은 가사의 내용에 있어서 문제가 많은 음악이에요. 록 음악은 보통 로큰롤Rock'n Roll이라고 부르는데, '록Rock'이라는 단어는 미국 속어로서 남성 성기의 일부인 고환을 뜻한답니다. '롤Roll'은 '굴러다닌다'라는 뜻으로서 자동차를 가리키지요. 그러니까 로큰롤은 차 안에서 하는 성행위를 뜻합니다. 또, 록은 바위를 뜻하므로 '바위를 흔들다'라는 뜻도 가지고 있어요. 이 경우에 바위는 기독교를 상징하기 때문에 기독교를 흔든다는 뜻이 되지요. 이처럼 록 음악은 출발 동기가 난잡한 성행위를 찬양하고 기독교를 공격하려는 의도에서 시작되었고, 따라서 영적으로 보면 사탄의 계략의 도구가 된 것이 사실이에요.

실제로 록 음악의 가사나 록 음악의 대가들의 생활을 보면 너무나 뚜렷하게 사탄적인 특징들을 보여주는 경우가 많아요. 하나님을 노골적으로 모독하고, 동성애를 포함하여 문란한 성행위를 조장하고, 마약, 폭력, 자살을 찬양하는 내용의 가사들이 주류를 이루고 있고, 가수들이 실제로 이런 생활을 하기도 했어요.

예를 들어, 이글스의 노래 '호텔 캘리포니아'는 '사탄경'의 저자인 '안톤 라베이'를 찬양한 것이고요. 비틀즈의 멤버였던 조지 해리슨의 노래 '나의 사랑하는 주님'은 해리슨이 힌두교의 신 크리슈나를 주님으로 설정하고 찬양한 것이죠. 또, 레드 채플린의 '천국으로 가는 계단'에서는 666으로 표현되는 사탄을 찬양했고, 마이클 잭슨을 비롯한 금세기 최고의 록 가수들이 연합하여 만든 곡 'We are the world' 역시 돌을 떡으로 변화시키는 사탄을 노래한 것이랍니다. 이처럼 록 음악을 통해 하나님을 노골적으로 모독하는 내용을 많이 찾아볼 수 있어요. 특히, 록 음악의 가사들 가운데는 백마스킹Backmasking이라는 것이 있어요. 백마스킹이란 테이프를 거꾸로 틀어보면 사탄을 찬양하는 내용이 들리는 것을 말하지요. 비틀즈, 롤링 스톤즈, 마이클 잭슨 등의 노래들 가운데 백마스킹을 가진 것들이 많답니다. 이 음악들을 자주 들으면 무의식중에 사탄을 찬양하는 내용이 머릿속에 각인되지요.

데보라 해리는 '로클롤은 100% 섹스다'라고 노골적으로 말하고 있고, 마돈나는 '성sex은 내 이미지의 일부'라고 공공연히 말하고 다니지요. 데위빗 보위의 노래 '음란한 여왕'은 유명한 동성애 찬양 노래이며, 컬처 클럽의 보이 조지는 '나는 실패하지 않을 것이다'라는 곡에서 동성애를 찬양하고 있고, 여장남자들로 구성된 그룹 퀸이나 17세기의 변태성욕자인 앨리스가 환생했다고 주장한 앨리스 쿠퍼 등이 동성애를 노골적으로 찬양하고 있어요. 덧붙여서 가룟 유다의 추종자들이라고 자처하는 주다스 프리스트나 사탄의 기사들Knights in Satan's Service의 약자인 키스KISS라는 명칭을 지닌 그룹은 폭력을 조장하고 있으며, 오지 오스본은 '자살해결책'이라는 노래를 통하여 자살을 찬양하고 있어요. 린다 론스태드는 헤로인을 복용하고 노래를 불렀으며, 두비 브라더스는 마약을 좋아해서 자신의 이름에도 마약을 뜻하는 두비라는 이름을 덧붙였지요. 비지스는 마약을 상용하고 가성음을 내려고 노력하는가 하면 사이먼 앤 가펑클의 노래 '험한 세상에 다리가 되어'에 등장하는 실버걸은 백색 분말이 들어 있는 마약을 뜻하기도 하죠.

그러므로 록 음악을 들을 때는 이와 같은 가사의 내용에 세뇌당하지 않도록 매우 주의를 기울여야 해요. 노래를 한번 들어보고 가사가 이런 내용임이 분명하면 듣지 않아야 하죠. 자기 자신도 모르는 사이에 이런 내용에 세뇌당할 수 있으니까요.

그러면 우리는 록 음악을 아예 가까이해서는 안 되는 것일까요?

물론 가사에는 동의하지 않지만 록의 멜로디나 선율에 매력을 느낄 수는 있어요. 특히 대중음악은 그 시대의 감성을 가장 잘 나타내는 선율을 지니기 마련이기 때문에 젊은이들이 그 선율에 매력을 느낄 수가 있고, 이 점은 믿는 친구들이라고 해서 예외는 아니에요. 이런 경우에 믿는 친구들이 건전한 가사의 내용이 담긴 록 음악을 듣는 것은 잘못된 것이라고 볼 수 없어요.

예를 들어, 연인 간의 그리움, 친구 사이의 우정, 또는 기성세대의 잘못되고 부패한 행동에 대한 비판, 스트레스가 많고 삭막한 도시 생활에 지친 마음 등을 록 음악에 담아 표현하는 경우도 있죠. 미국에서는 록 음악이 청소년들에게 호소력이 있다는 점을 간파한 많은 신실한 기독교인들이 록 음악에 기독교 복음을 담아서 앨범을 제작하거나 콘서트를 적극적으로 하는 사람들이 많은데, 이것은 적극적인 전도전략으로 평가되고 있답니다.

록 음악만이 사탄의 도구로 사용되는 것이 아니에요. 정통음악을 포함한 모든 음악이 사탄의 도구로 사용될 수도 있고 하나님의 영광을 드러내는 도구가 될 수도 있어요. 예를 들어서 2차 대전 때 독일 나치 국가에서는 헨델의 메시야의 백미인 '할렐루야'를 사탄적인 독일국가를 찬양하는 곡으로 사용하기도 했지요. 그러므로 크리스천들은 하나님을 욕하거나 난잡한 성생활을 조장한다거나, 마약, 폭력, 자살을 찬양하는 가사를 가진 록 음악은 한두 번 들어

보고 분별해서 더는 듣지 않는 것이 좋아요. 그러나 록의 선율 그 자체에 매력을 느껴서 건전한 내용이나 복음을 담은 록 음악을 가려서 듣고 작곡하고 부르는 것을 잘못되었다고 볼 수는 없어요.

또한, 록 음악에 친숙한 청소년들에게 복음을 전하는 방편으로 록 음악을 활용하는 것도 훌륭하고 적극적인 태도라고 생각해요. 그러나 록 음악과 같은 대중음악보다는 정통음악이 인간의 감성을 건강하게 만드는 일에 훨씬 더 효과적인 것이 사실이기에 가능한 한 정통음악을 듣는 시간을 늘려나가는 노력도 아울러 하는 것이 좋을 것 같아요.

12

판타지 소설을 읽으면 안 되나요?

Q 얼마 전에 친구한테 해리 포터 시리즈 책을 빌려서 읽었는데, 푸~욱 빠져버렸어요. 그랬더니 엄마가 다시는 빌려보지 말라고 하시더라고요. 다른 분들도 크리스천은 해리 포터 같은 판타지 책은 보지 않는 게 좋다고 하시던데, 믿지만 않으면 괜찮은 거 아닌가요? 꼭 답변 부탁드려요.

A 저에게 딸이 세 명 있어요. 세 아이가 모두 해리 포터 전문가들이죠. 세 아이 모두 초등학교 때 시립 도서관에서 해리 포터를 시리즈로 빌려다가 다 읽었고, 영화도 모조리 봤어요. 해리 포터 각 권의 내용이 무엇인지 말하라고 하면 줄줄이 다 꿰고 있을 정도죠. 영화는 영화관에 가서 보고 텔레비전에서 방영하는 것까지 아마 3번 정도는 봤을 거예요. 그런데 셋이 다 교회생활을 착실하게 하고 있어요. 처음에는 저도 우리 아이들이 해리 포

터에 빠져서 믿음생활에 문제가 생기지 않을까 염려했는데 걱정하지 않아도 될 것 같아요. 셋이 모두 다 그저 재미있는 동화 시리즈 이야기 정도로 생각하고 신앙생활에 아무런 지장을 받지 않고 있으니까요. 세 딸이 모두 해리 포터 이야기가 재미는 있지만, 상상 속에서나 일어나는 공상적인 이야기에 지나지 않는다는 것을 다 알고 있답니다.

저는 살아계신 하나님을 믿는 크리스천 학생들이라면 해리 포터와 같은 정도의 상상 이야기를 읽는 것 때문에 신앙생활에 큰 어려움을 겪을 것으로 생각하지 않아요. 그러나 해리 포터와 같은 판타지fantasy 소설, 곧 공상 소설을 읽을 때 얻어야 할 것이 무엇이며, 주의해야 할 것이 무엇인가를 알고 읽으면 훨씬 더 잘 읽을 수 있을 거예요. 지금부터 제가 그 몇 가지를 말하려고 해요.

우선, 상상력은 하나님께서 주신 소중한 은사라는 점을 기억해야겠어요. 인간은 상상력을 지니고 있다는 점에서 다른 동물들과 달라요. 상상력은 인류문화발전의 원동력이 되지요. 우리의 생활 전반에 걸쳐서 상상력을 잘 사용하는 것이 필요해요.

해리 포터도 인간이 지닌 상상력을 최대한 동원하여 쓴 이야기예요. 그러므로 해리 포터를 읽으면서 우리는 인간의 상상력이 놀라울 만큼 넓고 깊다는 사실을 알게 돼요. 인간이 놀라운 상상력을 가지고 있다는 것은 우리의 영혼이 하나님을 닮았다는 의미예요. 하나님의 상상력은 크기도 제한이 없고 시간도 제한이 없어요. 하나님은 끝도 없이 거슬러 올라가는 무한한 과거의 일까지 상상할 수 있고 무한히 펼쳐진 미래의 일도 상상할 수 있어요. 인간이 하나님만큼 완전한 상상력을 지니고 있지는 않지만 그래도 하나님이 인간에게 주신 상상력은 놀라운 것이에요.

다음으로 해리 포터의 이야기는 해리와 볼드모트 사이에서 이루어지는 대결을 중심으로 전개되지요? 해리는 선의 세력을 대표하고 볼드모트는 악의 세력을 대표해요. 한마디로 말해서 선악의 싸움이라는 것이지요. 해리와 볼드모트의 싸움은 이 세상이 어떤 곳인지를 우리에게 알려 줍니다.

이 세상은 선과 악의 싸움터라는 것이지요. 기독교적으로 말한다면 세상은 선하신 하나님과 악한 사탄의 싸움터예요. 세상은 선하신 하나님을 믿는 사람들과 악한 사탄의 하수인 노릇을 하는 사람들 사이에서 벌어지는 치열한 전투장이지요. 질문을 한 학생도 해리 포터를 읽다 보면 어느덧 자신이 해리의 편에 서 있는 것을 발견하게 되지요? 그리고 해리가 어려움을 당할 때 같이 힘들어하고 해리가 승리할 때 같이 기뻐하지요? 이런 과정을 통하여 우리는 세상이 어떤 곳인가를 더 잘 배울 수 있어요. 그리고 악의 세력을 물리쳐야 한다는 정의감을 갖기도 하지요. 이런 경험들은 매우 좋은 거예요.

또한, 해리 포터 1권에 나오는 마법의 돌은 인간에게 영생을 가져다주는 돌로 소개되고 있어요. 사실, 기독교적인 관점에서나 상식적인 관점에서 돌멩이 하나가 영생을 가져다준다는 것은 말도 안 되죠. 그렇지만 이런 상징이 무엇을 의미할까요? 바로 모든 인간의 마음속에는 영생을 향한 강한 열망이 있다는 것을 상징해요. 그 옛날 중국의 진시황도 영생을 얻고 싶어서 영원히 늙지 않게 하는 풀인 불로초를 구하려고 그토록 필사적으로 애쓰지 않았어요?

이처럼 모든 인간에게는 본능적으로 영생을 사모하는 특성이 있어요. 우리는 해리 포터를 읽으면서 모든 인간에게는 영생을 향한 열망이 있다는 점을 다시 한번 깨닫게 되지요. 이런 열망을 영생을 주는 마법의 돌이라는 상징물에 담아서 표현한 거예요. 그러나 해리 포터는 영생을 주는 방법을 제대로 말하지는 못했어요. 마법의 돌이 영생을 준다는 것은 잘못된 것이지요. 우리는 해리 포터를 읽으면서 인간에게는 영생을 향한 열망이 있다는 사실을 알게 되고, 또 마법의 돌이 줄 수 없는, 우리가 아는 영생에 이르는 길을 사람들에게 소개해야겠다는 결심을 해야 해요. 그러면 예수님을 소개하게 되는 것이지요. 왜냐하면, 예수님을 믿어야 영생을 얻으니까요. 마법의 돌은 바로 예수님이 되어야 해요.

그뿐만 아니라 해리 포터의 세계 안에는 악마의 세력들이 등장하고 주인공 해리는 집요하게 달려드는 악마의 세력과 끊임없는 싸움을 전개하고 있어요. 해리는 이른바 퇴마사엑소시스트로 일해요. 곧 악마의 세력을 쫓아내고 제압하기 위하여 치열한 싸움을 전개하지요. 이 점에서도 우리는 해리 포터를 통하여 얻을 수 있는 게 있어요. 현대인들은 사탄이나 귀신과 같은 영적인 존재들을 믿지 않으려는 경향이 있어요. 현대인들은 눈에 보이는 것이나 이성적으로 이해되는 것만을 믿으려고 하지요. 이런 현대인들을 향하여 해리 포터는 '이성이나 경험으로 받아들일 수 없는 세계도 존재할 수 있다! 악마나 귀신이나 사탄도 존재한다!'라고 외치고 있어요. 이런 해리 포터의 외침은 성경적으로 볼 때도 틀린 말은 아니에요. 성경은 분명히 사탄과 귀신이 존재한다고 말하고 있으니까요.

지금까지 예수님을 믿는 우리는 해리 포터를 어떻게 봐야 할지를 알아봤어요. 그런데 해리 포터를 읽을 때 주의해야 할 점도 있어요. 해리 포터는 이 세상의 모든 문제를 해결하는 열쇠가 마법에 있다는 인상을 우리에게 주지요. 해리 포터는 이 세상이 마법의 운명의 사슬에 사로잡혀 있고, 이 세상을 구원하는 열쇠도 마법을 이용하여 마법의 사슬을 풀어주는 데 있다고 말하고 있어요. 마법을 절대적인 힘으로 숭배하는 마법의 종교를 은연중에 보여주고 있는 것이죠. 예수님을 믿는 우리 친구들은 이 점을 받아들여서는 안 돼요.

이 세상은 하나님의 주권적인 섭리와 다스림 안에 있어요. 사탄과 귀신의 세력은 하나님의 주권과 섭리와 계획을 능가할 수 없어요. 이 세상에서 극성스럽게 활동하는 사탄과 귀신의 세력을 이기는 '진정한 마법'은 하나님을 믿는 믿음 안에서 하나님을 사랑하고 성경말씀을 주의 깊게 읽고, 성경말씀이 가르쳐 주는 대로 열심히 사는 거예요. 그러면 사탄과 귀신의 세력을 넉넉하게 이길 수 있어요.

크리스천들은 세상 문화에 적극적으로 대응할 필요가 있어요. 해리 포터 같은 이야기가 많은 학생을 매혹하고 있다면 크리스천들도 겁내지 말고 읽어서 무슨 내용인지 알고 이 내용을 기독교적 관점에서 어떻게 평가해야 하는지 생각해야 해요. 성경말씀을 사랑하고, 살아계신 하나님을 믿고 사랑하는 기독교인의 입장에서 보면 아마도 해리 포터를 다 읽고 나서 "별것 아니구나"라고 말할 수 있을 거예요. '지피지기면 백전불태'라는 말이 있지요. 적을 알고 나를 알면 백번 싸워도 위태롭지 않다는 손자의 격언이에요. 이 격언대로 세상 문화에 대하여 적극적으로 알고 연구하고 비판하는 태도가 우리 크리스천들에게 필요해요.

13

공포영화를 보는 게
안 좋은 건가요?

저는 스릴러물이나 공포영화를 종종 보는데요. 스릴 있고 재미있긴 하지만 순간순간 잔인한 장면들이 떠오르기도 하고 기억에서 지워지지 않아요. 정말 그런 영화나 만화 등이 저에게 좋지 않은 영향을 미치는 건가요?

어느 신학자가 이런 말을 했어요. "나쁜 생각이 마음속에 떠오르는 것을 막을 수는 없다. 그러나 그 나쁜 생각이 마음속에 둥지를 틀게 하지는 말아라." 또, 한 심리학자의 조사에 의하면, 사람의 마음속에는 하루에도 5만 가지가 넘는 많은 생각의 단편들이 스쳐 지나간다고 해요. 우리의 마음을 스쳐 지나가는 많은 생각 가운데는 좋은 생각, 좋지도 않고 나쁘지도 않은 생각, 나쁜 생각들이 있다고 해요. 이와 같은 다양한 생각의 단편들이 마음속을 스쳐 지나가는 것은 막을 수는 없어요. 그러면 우리가 할 수 있는 일은 무엇일까요? 좋은 생각이 지나갈 때는 우리 마음의 창고 속에 받아들여서 차곡차곡 채워 넣고, 나쁜 생각이 스쳐 지나갈 때는 울타리를 쳐서 그런 생각들이 마음속에 들어오지 못하도록 막아내는 거예요.

　나쁜 생각이 마음에 들어와서 둥지를 틀지 못하도록 해야 하는 가장 중요한 이유는 하나님이 그렇게 명령하셨기 때문이에요. 잠언에 이런 말씀이 있어요. "모든 지킬 만한 것 중에 더욱 네 마음을 지키라 생명의 근원이 이에서 남이니라"잠 4:23. 잠언 기자는 하나님의 백성들이 지켜야 할 것들 가운데 가장 중요한 것이 마음이라고 말하고 있어요. 인간의 모든 생활은 언제나 마음에서 시작되기 때문이지요. 항상 마음으로 먼저 생각을 하고, 그 생각이 생활을 통해 나타나기 마련이에요. 마음이 악하면 행동이나 생활도 악하고, 마음이 착하면 행동이나 생활도 선하게 나타나는 거예요. 따라서 마음을 깨끗하고 바르게 유지하는 것은 기독교인에게 있어서 삶의 첫 출발점이자 가장 중요한 부분이 되는 것이랍니다.
　예수님도 마음을 깨끗하고 바르게 유지하는 것이 중요하다는 점을 거듭거듭 강조하셨어요. 예를 들어볼까요? 사람들은 사람을 죽이는 행동만 하지 않으면 그 밖에 다른 것은 크게 잘못이 아니라고 생각해요. 하지만 예수님은 마음속으로 사람에게 화를 내거나 형제에게 욕을 해도 이미 살인한 것이나 다름없다고 가르치셨어요. 또, 남자들은 여자를 보고 실제로 성관계를 갖지만 않으면 간음하지 않은 것이니까 죄가 없다고 생각하곤 해요. 하지만 예수님은 여자를 보고 마음으로 성적인 욕구를 품는 것도 이미 간음한 것이나 다름없다고 가르치셨어요. 그 밖에도 하나님이 마음을 얼마나 중요하게 생각하는지는 사무엘이 다윗 왕을 세우는 모습속에 잘 나타나 있어요. 사무엘이 이새의 여덟 아들 가운데서 왕을 택할 때 왕을 세우는 원칙에 대해 하나님은 이렇게 말씀하셨어요. "그의 용모와 키를 보지 말라 내가 이미 그를 버렸노라 내가 보는 것은 사람과 같지 아니하니 사람은 외모를 보거니와 나 여호와는 중심을 보느니라"삼상 16:7. 시편 기자도 "주께서는 중심이 진실함을 원하시오니"시 51:6라며 하나님이 마음을 얼마나 중요시하시는지에 대해 노래했어요.

 그러면 이제 본격적으로 우리 친구가 질문한 공포영화에 대해 생각해볼까요?

 영화를 보면, 우리의 의지와는 상관없이 영화의 장면들이 우리 마음의 도화지에 그대로 새겨진답니다. 좋은 장면이나 나쁜 장면이나 모두 마음속에 여운으로 남게 되죠. 그런데 라디오를 들을 때나 책을 읽을 때는 조금 달라요. 라디오를 들을 때는 소리를 듣고 청취자가 구체적인 장면에 대해 스스로 상상을 하게 되지요. 책을 읽을 때는 상황은 물론 소리까지도 독자가 나름대로 상상하게 된답니다. 어떻게 보면, 라디오보다도 책을 읽을 때 더 내 의지로 통제할 수 있는 것이 많다고 볼 수 있어요.

영화는 직접 모든 이미지를 제공하는 매체예요. 그래서 보이는 모든 것이 나의 마음속 도화지에 그대로 영향을 끼치죠. 그러기 때문에 우리는 선하고 유익한 장면들로 우리의 마음을 풍요롭게 해주는 좋은 영화를 많이 봄으로써 좋은 장면들로 마음을 가득 채워가야 해요. 제가 중고등학교 시절에 본 영화는 〈벤허〉, 〈십계〉, 〈바람과 함께 사라지다〉, 〈전쟁과 평화〉, 〈닥터 지바고〉와 같은 명화들이었는데, 이런 명화들은 정말로 아름답기 이를 데 없는 영상과 음악, 그리고 아름다운 사람들의 이야기로 가득 차 있어서 지금도 제 마음을 따뜻하게 해주고 있답니다.

그런데 요즘에 나오는 영화 중에는 아름답고 선한 장면보다는 잔인하고 어두운 장면이 빠지지 않고 등장하는 영화들이 있어요.

이런 영화는 대체로 두 가지 종류가 있어요. 하나는 공포를 일으키는 잔인한 장면들로 이루어져 있지만 중요한 교훈을 주는 영화들이에요. 예를 들어서 〈쉰들러 리스트〉라는 영화가 있는데, 이 영화는 2차 대전 때 나치군의 유태인 학살사건을 그린 영화로서 사람들을 잔인하게 죽이는 매우 무서운 장면들이 많이 등장해요. 하지만 그런 잔인한 장면들을 통해 인간과 역사의 진실을 알리고 우리가 앞으로 이 사회를 어떤 사회로 만들어 갈 것인지에 대해 이야기하는 의미 있는 영화예요. 몇 해 전에는 〈패션 오브 크라이스트〉라는 예수님의 수난을 실감이 나게 그려 사람들에게 충격을 준 영화도 있었죠. 또 한 가지 예를 들면, 제가 초등학교도 들어가기 전에 〈지옥〉이라는 제목의 영화를 본 적이 있는데, 그때 본 지옥의 풍경이 너무나 무서워서, 사후세계와 하나님의 심판에 대해 생각하게 되었고 마침내 저를 기독교 신앙으로 인도하는데 그 영화가 조금은 도움이 된 것 같아요.

반면에, 단순히 관중을 두려움 속으로 몰아넣으려는 목적으로 비정상적이고 엽기적인 장면을 담은 영화도 있어요. 이른바 '공포영화,' '스릴러영화' 등이 그 예죠. 이런 영화들은 대체로 어떤 유익이나 교훈을 담고 있지 않아요. 똑같이 사람을 죽이는 장면을 스크린에 비춰 주어도 인간과 사회에 대하여 많은 것을 생각하게 하고 삶의 소중함을 일깨워 주는 영화가 있는가 하면, 인간 생명의 존엄성을 무너뜨리는 영화가 있어요.

제가 텔레비전을 통해 본 것 중에 아무리 죽여도 죽지 않는 괴력을 가진 어떤 괴물 같은 사람이 흰 가면을 쓰고 손에는 칼을 들고 나타나서 아주 잔인한 방법으로 사람들을 죽이는 영화가 있었어요. 이런 영화는 어떤 교훈을 주는 것도 없이 잔인한 장면만이 마음에 남아 생명의 소중함과 인간의 존엄함에 대한 인식만 약화시키지요. 이런 종류의 영화는 가능한 한 피하는 것이 좋아요. 이런 영화들에는 사람을 엽기적이고 잔인한 방법으로 죽이는 장면이 많이 등장하는데, 처음에는 그런 장면을 보며 충격도 받고 놀라지만 이런 장면을 계속 보게 되면 결국엔 일상생활에서도 그런 잔인함을 아무렇지 않게 받아들이게 될 위험이 있어요. 잘못하면 나중에는 도덕적인 분별 의식마저 흐려질 우려가 있죠. 잔인한 장면들에 나도 모르게 중독되면, 그런 마음의 성향이 언젠가는 행동으로 나타날 수 있답니다. 평소에는 멀쩡하던 사람이 어느 순간 태연하게 범죄를 저지르거나 폭행을 하거나 심지어는 살인까지 아무렇지 않게 하게 될 수 있다는 것이죠. 실제로 사람을 엽기적으로 죽여서 사회적으로 문제가 된 사람들을 조사해 보면 대부분 공포 영화에 심취했던 사람이라고 해요. 이처럼 어떤 일이 습관이 되고 중독이 된다는 것은 무서운 거예요. 그러므로 우리 친구들은 공포 영화에 심취하는 일이 없도록 특별히 조심할 필요가 있어요.

모든 인간은 하나님의 형상이에요. 겉모습이 하나님의 형상으로 창조되었다는 것이 아니라 겉모습과 마음, 생각이 다 하나님의 형상을 반영하고 있어요. 나의 마음과 생각을 그런 나쁘고 잔인한 것들로 채운다는 것은 말이 안 되겠죠? 특히, 우리 그리스도인들이 마음을 더럽혀서는 안 될 더 중요한 이유가 있어요. 그것은 성도들의 마음이 삼위일체 하나님이신 성부와 성자와 성령이 거주하시는 거룩한 성전이기 때문이에요. 우리 친구들은 자신의 마음이 하나님의 형상일 뿐만 아니라 삼위일체 하나님이 거하시는 집이라는 사실을 항상 기억하기를 바라요. 그러면 어떤 장면들로 마음을 채워야 할지 잘 분별하게 될 거예요.

14

야동을 보는 것도
죄가 되나요?

Q   고등학교 다니는 남학생인데요. 사실은 제가 요즘 야동에 너무 끌려요. 음란한 걸 멀리하라고 배워서 어떻게든 참아 보려고 하는데 그게 너무 힘이 드네요. 혹시 야동을 보는 것도 죄가 되나요? 그리고 자위행위 하는 것도 죄인지 궁금해요. 정말 욕구가 심할 때는 어떻게 해야 할지 모르겠어요. 교수님의 도움이 필요해요!

A   누구에게나 이성에게 끌리는 마음이 있고, 그 중심에는 성적인 행위에 대한 욕망이 자리 잡고 있어요. 하나님께서는 최초의 인간인 아담이 혼자 사는 것을 좋지 않게 보시고 아담을 돕는 배필로 하와를 만들어 주시며 두 사람이 한 몸이 될 것을 명령하셨어요. 사람이 이성을 그리워하고 이성을 향하여 성적 욕구를 느끼는 것은 한 몸이 되기 위해 꼭 필요한 본능이에요.

성적 욕구는 하나님이 사람에게 주신 많은 선물 중 하나로 볼 수 있어요.

우리 친구는 어느 때 가장 행복하고 마음이 두근거리나요? 많은 경우가 있겠지만 특히 이성에 관해서 생각할 때 그렇겠죠. 물론 이성과 성적인 관계를 맺는 것을 상상할 때도 포함해서요. 그런데 친구에게 질문을 하나 해볼게요. 친구는 아주 소중한 선물을 받으면 그 선물을 어떻게 다루나요? 아무 데나 두나요? 그렇지 않죠. 귀한 선물일수록 조심조심 다루고, 아무 데나 내놓지 않고, 꼭 필요할 때만 아껴서 쓰겠지요?

성욕은 남자와 여자가 한 몸이 되게 하려고 하나님이 주신 아주 소중한 선물이에요. 따라서 우리는 때와 장소를 가리지 않고 아무 때나 성적인 욕구를 사용해서는 안 돼요. 꼭 필요할 때 매우 조심해서 써야 하지요. 좋아하는 사람에게 애정을 표현할 때, 많은 사람이 보는 앞에서 공개적으로 표현하기보다 보이지 않는 비밀의 공간에서 조심스럽게 하는 것처럼요. 성적인 관계를 비밀의 장소에서 조심스럽게 해야 하는 이유는 그것이 부끄럽고 나쁜 일이기 때문이라서가 아니에요. 오히려 함부로 내보이기에는 너무나 좋고 귀중한 선물이기 때문이죠. 그러면 이토록 소중한 관계를 맺을 수 있는 비밀의 공간은 어디일까요? 바로 '결혼'이라는 공간이에요. 이성 간의 성적인 행위는 결혼이라는 공간 안에서라야 깨지지 않고, 상처받지 않고, 온전하고, 아름답고, 축복된 모습을 드러낼 수 있어요.

이제 친구가 궁금해하는 '야동'에 대해서 이야기해 보기로 해요. 잘 알고 있듯이 야동은 '야한 동영상'의 줄임말로, 성관계를 보여 주는 영상물을 가리키죠. 이 야동에는 내용상 몇 가지 문제점이 있어요. 첫 번째 문제점은 야동에 등장하는 성관계가 대부분 결혼 이라는 비밀의 방 밖에서 이루어지고 있다는 거예요. 야동에서 성관계를 가지는 사람 중에 합법적인 부부는 거의 없지요. 그렇다고 사랑하는 관계도 아니고, 아무런 인격적인 관계도 없는 사람들이 돈을 벌기 위해, 혹은 성적인 쾌락을 맛보기 위해 하는 행위들이 죠. 야동에 등장하는 관계는 대부분 불륜 관계이고 간음을 하는 것이라고 볼 수 있어요.

야동의 내용이 보여주는 두 번째 문제점은 그 안에서 행해지는 성관계가 실제와 매우 다르다는 점이에요. 그것은 시청자의 흥미를 자극하기 위해 어느 정도 부풀려져 있어요. 야동에 등장하는 여성과 남성의 모습 역시 필요 이상으로 과장되어 있고요. 이런 것들은 사실 상당 부분 시각적인 자극을 위해 연출된 모습이고, 보는 사람들이 성적인 행위에 대해 잘못된 상상과 가치관을 갖게 만들지요. 결혼하여 실제 부부생활을 하는 부부들 가운데 야동에 등장하는 사람들처럼 성적 매력이 넘치는 경우는 드물답니다. 그렇게 과장된 모습 역시 찾아보기 힘들고요. 만일 우리 친구가 야동에서 본 장면으로 머릿속이 꽉 차 있는 상태에서 결혼한다면 문제가 생길 수 있어요. 야동에서 본 것과 똑같지 않은 현실에 실망할 수 있으니까요. 이런 실망은 자칫하면 결혼생활에 어려움을 안겨 줄 수도 있어요.

이렇게 잘못된 환상을 심어 주는 야동을 보는 것 자체가 잘못된 일인지에 대해 생각해보기로 해요. 저도 야동을 몇 번 본 적이 있어요. 야동을 볼 때 가슴이 막 두근거리는 경험도 했고요. 우리 친구도 야동을 보았고 저도 야동을 보았으니 우리는 같은 입장이네요. 하나님 앞에서 죄송스러운 마음을 가지고 있는 것도 같고요. 그럼 같은 입장에서 우리가 한 행동이 과연 바른 행동이었는가에 대해서 생각해보기로 해요.

비록 야동으로 보는 것들을 실제 행동으로 옮기지는 않았지만, 그런 것들을 보면서 우리의 마음을, 좀 더 정확하게 말하자면 상상의 세계를 잘못된 성에 대한 환상으로 가득 채웠고, 그러면서 내심 은밀하게 즐기기도 했죠. 즉 행동으로는 죄를 범하지 않았지만, 마음으로는 죄를 범한 것이 분명해요. 그런 마음을 품는 것은 분명히 죄랍니다. 왜냐하면 예수님께서 이렇게 말씀하셨기 때문이에요. "또 간음하지 말라 하였다는 것을 너희가 들었으나 나는 너희에게 이르노니 음욕을 품고 여자를 보는 자마다 마음에 이미 간음하였느니라"마 5:27-28. 예수님 당시에 예루살렘 종교 지도자들은 행동으로만 간음하지 않으면 죄를 범하지 않은 것으로 생각했어요. 그러나 예수님은 마음속에서 잘못된 성적인 상상을 하는 것만으로도 이미 간음한 것이나 다름없다고 말씀하셨지요. 따라서 야동을 보면서 우리 마음속을 잘못된 성관계로 채워 넣고 은밀히 즐긴 것은 엄연히 하나님 앞에 죄가 되는 것이죠. 하나님은 우리가 외부로 드러나는 행동뿐만 아니라 마음속까지도 하나님이 원하시는 것으로 가득 채우는 생활을 하길 원하시거든요. 또 예수님은 이렇게 명령하셨어요. "네 마음을 다하고 목숨을 다하고 뜻을 다하여 주 너의 하나님을 사랑하라"마 22:37. 이 명령에서 가장 중요한 것은 마음으로 하나님을 사랑하라는 것이에요. 즉, 예수님께서는 마음을 중요하게 생각하신다는 것이지요. 이런 사실을 알고 있다면 우리는 우리 마음을 항상 하나님이 기뻐하시는 일들로 가득 채우기 위하여 혼신의 힘을 다 기울여야 해요.

갑자기 마음속에 야동에 대한 호기심이나 보고 싶다는 생각이 떠오를 때가 있을 거예요. 우리 친구의 의지와 상관없이 이런 생각이 떠오르는 것 자체가 잘못된 일은 아니에요. 그러나 그 생각을 처리하는 것은 우리 친구의 책임이죠. 그 생각이 들 때는 단호하게 쫓아내 버려서 마음속에 오래 머무르지 못하도록 해야 해요. 쫓아내 버리지 않고 그냥 마음속에 들어오도록 내버려 두면 그것으로 인해 하나님 앞에 죄를 범하게 된답니다.

우리는 좋은 생각이든 나쁜 생각이든 이러한 생각의 단편들이 떠오르는 것 그 자체를 막을 수는 없어요. 단, 떠오르는 생각을 마음에 품고 점점 키워나가는 건 꼭 막아야 해요. 이때 우리는 하나님께 기도하고 성령님의 도움을 간구하면서 단호하게 물리칠 필요가 있어요. 내 힘으로는 그런 것들을 완전히 물리치고 조정할 수 없으니까요. 우리의 연약함을 담당하시고, 약할 때 강함이 되시는 주님께 의지할 때, 성령님께서 내 안에 있는 부적절한 생각들을 물리칠 수 있도록 도와주실 거예요.

마지막으로 때로는 이런 성적 욕구를 참기 힘들어 자위행위를 하는 경우가 있어요. 성경은 자위행위에 대하여 구체적으로 말하지 않아요. 또 자위행위는 이성을 상대로 한 간음 행위가 아니라는 점에서 간음죄만큼 심각한 죄는 아니라고 할 수 있죠. 하지만 하나님이 우리에게 주신 성은 자기 자신을 위하여 쓰도록 주어진 것이 아니라 이성과의 관계 안에서 이성을 위하여 쓰게 되어있는 것이기 때문에 자기 자신의 욕구 충족만을 위하여 성행위를 하는 것은 잘못된 거예요. 이런 성적인 욕구는 얼마든지 절제할 수 있다는 점을 알아두면 자제하기 쉬워요. 또 절제해도 건강상 아무 지장도 없어요. 어떤 경우에는 마음먹기에 따라서 평생 성관계를 하지 않기로 결단할 수도 있답니다. 승려나 신부처럼 말이죠. 그렇다고 해서 그들의 건강에 이상이 있거나 하지는 않잖아요. 또 자위행위를 하고 싶은 생각이 들 때, 그런 생각을 운동이나 건전한 취미 활동으로 돌리는 것도 좋은 방법이에요.

질문에 대한 답이 되었나요? 성적인 욕구는 얼마든지 이겨낼 수 있는 욕망이라는 사실, 그리고 잘못되고 왜곡된 성적인 가치관에서 친구의 마음과 영혼을 잘 지켜야 한다는 사실을 꼭 기억하시길 바랄게요.

15

CCM이나 영화를 무단 다운로드 하는 것이 왜 잘못이죠?

저는 평소 CCM을 좋아하고 즐겨 들어요. 그런데 일일이 다 돈 내고 다운로드하기에는 아직 학생이라 돈도 없고 좀 아깝기도 해요. CCM뿐만 아니라 요즘에는 영화나 각종 음원을 무료로 다운로드해서 쓰는 친구들이 많은데요. 그런 것도 잘못일까요?

예전에는 새로운 정보를 얻으려면 외국에서 책을 주문해서 몇 주 혹은 몇 개월을 기다려야 겨우 접할 수 있었어요. 하지만 요즘 같은 정보산업 시대에는 클릭 한 번만으로 최신 정보를 얻을 수 있지요.

우리가 누리고 있는 정보 중에는 소설, 시, 논문, 영화, 음악, 만화 등 창의적인 노력을 통해 만들어낸 작품들이 많아요. 이런 것들은 우리들의 삶과 문화를 풍요롭게 해주는 소중한 자산들이에요. 따라서 사회는 작품을 만드는 사람들을 위해 일정 기간 저작권을 인정하고 적절한 보상을 받을 수 있게 해서 창작활동에 집중할 수 있도록 격려하고 있지요.

최근에는 많은 사람이 인터넷을 사용하는 만큼, 이런 작품들을 인터넷상에서도 쉽게 만날 수 있게 공개하고 있어요. 대신 저작권자에게 일정한 보상이 돌아갈 수 있도록 유료 다운로드를 통해 이용하게 하지요. 아주 유익한 앱이나 프로그램 중에 무료로 다운로드해서 사용할 수 있는 것들도 많아요. 무료로 사용할 수 있는 것들을 다운로드 받는 것은 문제가 없죠. 그러나 어떤 정보나 앱들은 유료로 다운로드를 받도록 규정하고 있는데, 이 경우에 불법으로 다운받을 수 있게 하는 경로들도 많이 생기고 있어요. 특히, 청소년들은 호기심도 많고 알고 싶고 즐기고 싶은 것이 많은데 돈이 없기에 유독 이런 경로에 쉽게 빠질 우려가 있죠. 하지만 공의와 정의를 아는 우리 믿음의 친구들은 이런 문제를 좀 더 높은 도덕적 차원으로 바라보고 실천하는 습관을 길러야 해요. 불법 다운로드를 이용하면 원하는 것을 공짜로 마음껏 즐길 수는 있겠죠. 그렇지만 불법 다운로드를 습관적으로 하는 친구들은 아주 소중한 것들을 잃어버릴 수 있어요. 불법 다운로드해서 우리 친구가 잃을 수 있는 것은 무엇이고, 그런 불법적인 행위들을 통제하는 훈련을 통해 얻을 수 있는 것은 무엇인지 한번 알아볼까요?

먼저 불법 다운로드는 다른 사람의 소유물을 훔치는 도둑질이라고 이미 사회적 합의가 된 점을 알아야 해요. 남의 것을 함부로 가지려 하는 것은 하나님께서 제8계명에서 엄격하게 금하신 사항이죠. 우리 친구도 불법 다운로드가 다른 사람의 소유물을 무단으로 가져다 쓰는 잘못된 행동이라는 것을 이미 짐작하고 있을 거예요. 다만 한쪽에서는 잘못된 행동이라고 말하는데, 다른 쪽에서는 그 정도는 괜찮다고 하니까 혼란스러운 거겠지요. 그러나 우리 친구는 이쪽에 설까, 저쪽에 설까 망설여서는 안 돼요. 이제부터는 '불법 다운로드는 다른 사람의 소유물을 훔치는 잘못이다'라고 단순명료하게 생각하고 딱 끊어버려야 하죠. 하나님을 믿는 친구들이라면, 아닌 것은 완전히 정리하고 딱 끊어야 해요. 머뭇거리거나 타협할수록 우리 친구의 도덕적인 감각이 조금씩 무뎌질 수 있고, 그러다가 다른 법규들까지 쉽게 범하게 될 우려가 있죠. 무엇보다 그렇게 사소한 일 하나에 도덕과 양심이 무너져버리면, 그것이 결국 신앙적인 면에도 영향을 끼칠 수 있어요. 한번 생각해보세요. 불법으로 다운로드한 음원이나 영상 때문에 바이러스가 침투해 컴퓨터가 망가지듯이 무너진 양심과 도덕 때문에 영혼이 망가진다면, 그게 얼마나 심각한 일인지 말이에요.

그러면 불법 다운로드를 철저하게 절제할 때 우리에게는 어떤 유익이 있을까요? 저도 인터넷을 필수적으로 이용하긴 하지만 영화나 음악 같은 것은 유료든 무료든 다운로드한 적도 없고, 특히 불법이다 싶으면 딱 중단해 버려요. 물론 저처럼 다운로드를 거의 하지 않는 것은 드문 경우이지만, 그렇다고 해서 제가 살아가는 데 큰 지장을 느끼는 건 아니에요. 우리 친구 역시 무언가를 불법으로 다운로드하지 않는다고 해도 할 일을 하는 데는 아무 지장이 없을 거예요. 오히려 불법 다운로드한 것들이 할 일을 하는 데 방해될 때가 많죠. 돈이 없다거나 상황이 안 되어서 하고 싶은 것을 하지 못할 때는 '하지 않는 것이 답이다'라고 받아들이는 법도 배워야 해요. '안 되는 것은 안 되는 것이다' 하며 포기할 줄 아는 것도 중요한 공부니까요. 지금 이슈가 되는 사회 문제들 가운데도 안 되는 것을 억지로 되게 하려고 무리하게 부정한 방법을 동원해서 생긴 것이 많지요.

신자들이 하나님의 뜻대로 잘 살려면, 하나님이 주신 법을 지켜야 해요. "너희가 나를 사랑하면 나의 계명을 지키리라"요 14:15. "나의 계명을 지키는 자라야 나를 사랑하는 자니"요 14:21. "너희는 나의 모든 규례와 법도를 지켜 행하라"레 20:22. 특히 구약성경에 보면 나의 규례와 법도를 지키라는 명령이 수백 번 이상 나와요. 불법 다운로드에 대한 것도 여기에서 예외가 될 수 없죠. 이 법은 "도둑질하지 말라"라는 하나님의 법에 근거한 정당한 법이에요. 그러니까 신자들은 조건을 달지 말고 이 법을 지켜야 해요. 이렇게 작은 법 하나라도 어김없이 지키는 생활을 습관화할 때, 크리스천으로서 우리의 삶이 깨끗하고 당당해져요. 법을 지키는 것이 불편하고 잃는 것이 많게 느껴질 수 있지만, 그것은 잠시뿐이고 장기적으로는 얻을 수 있는 것이 정말 많죠.

여러분, '법 안에 자유함이 있다'라는 말을 들어보셨나요? 많은 사람이 법을 지키면 손해만 보고 자유를 상실한 채 구속당한다고 생각해요. 그러나 이것은 매우 잘못된 생각이에요. 오히려 법을 철저히 지킬 때 그 안에서 엄청난 자유와 행복을 누릴 수 있어요.

교통신호를 생각해볼까요? 교통신호를 지키는 것이 참 답답하고 자유가 없는 것처럼 보이지요? 어떤 사람이 운전의 자유를 누리겠다고 교통신호를 무시하고 운전한다고 가정해 볼게요. 교통신호를 무시하고 운전하는 것이 의미가 있으려면 사고를 내지 말아야 해요. 사고를 내지 않으면서 교통신호를 무시하고 운전하려면 어떻게 해야 할까요? 보행자가 건너는지, 교차로에선 좌우에서 차가 오는지, 어느 지점에 경찰이 서 있는지를 시종일관 다 살펴야 해요. 이렇게 운전하려면 신경을 바짝 곤두세워야 하고요. 아마 이런 방법으로 장시간 운전하면 엄청난 스트레스를 받게 될 거예요. 반면, 교통신호를 철저하게 지키면 어떻게 될까요? 빨간 불이 들어오면 고민할 필요 없이 딱 서면 돼요. 파란 불이 들어오면 역시 아무런 고민 없이 가면 되고요. 아주 단순하죠. 얼마나 마음이 편해요? 교통신호 때문에 목적지에 가는 길에 지장이 있나요? 전혀 그렇지 않아요. 운전하는 내내 바짝 긴장하면서 좌우를 살펴야 하는 사람과 그저 신호에 따라 단순히 서고 가는 운전자 중에서 누가 더 자유롭게 보이나요? 네, 후자예요. 법을 지키는 사람은 철저히 법을 지키는 일에 엄청난 자유가 숨어있음을 알아요.

이제 정리할게요. 우리 친구가 불법 다운로드를 해서는 안 된다는 정당한 법을 단순한 마음으로 지키는 훈련을 할 수 있기를 바랄게요. 비록 남들이 다 하듯이 불법으로 음악이나 영화, 웹툰 등을 다운로드하면 그 순간은 재미있게 즐길 수 있을 거예요. 하지만 그것은 이미 누군가에게 돌아가야 할 정당한 권리를 빼앗은 것이 되고 말아요. 하나님께서는 아주 사소한 일 하나에 양심적이고 도덕적이기를 바라신다는 걸 잊지 않았으면 해요. 불법 다운로드가 잘못인 것을 알았다면, 그런 행위를 딱 끊어버릴 때 영혼의 깨끗함, 당당한 양심, 그리고 자유함이라는 놀라운 축복을 맛볼 수 있어요. 그렇게 하나씩 실천할 때 우리 친구는 주어진 인생을 바르게, 잘 살아낼 수 있을 거예요.

16

술 판매하시는 부모님 때문에
마음이 찔려요

저희 부모님은 음식점을 하고 계세요. 저녁이 되면 술을 찾는 분들이 많아서 자연스럽게 술도 함께 팔고 계시죠. 그러다 보니 아무래도 술에 취한 손님들을 많이 보게 되는데요. 그럴 때면 술 취하지 말라는 말씀이 생각나서 불편하기도 해요. 세상의 눈으로 볼 때는 음식점에서 술을 파는 것은 당연한 일이지만, 왠지 제 마음이 편하지 않아요. 이 불편한 마음을 어떻게 해야 하죠?

질문에 답하기에 앞서 일상에서 말씀을 기억하는 우리 친구를 칭찬하고 싶어요. 하나님께서 우리 친구의 중심을 아주 기쁘게 받으셨을 거예요. 결론부터 말하자면 부모님께서 술을 판매하시는 것에 대해 불편해하는 마음을 조금은 내려놓아도 좋다고 말해 주고 싶어요. 그 이유를 설명하려면 술에 대해서, 그리고 술을 마시는 행위에 대해서 기독교적인 관점으로 어떻게 봐야 하는지를 알아야 해요. 그 이야기를 하면서 차근차근 문제를 풀어가 볼게요.

먼저, '술' 자체에 대해 살펴볼까요?

우리가 섭취하는 음식에는 자연 상태 그대로를 섭취하는 것들이 있는 반면에 요리, 발효, 숙성 등과 같은 다양한 방법으로 가공하여 섭취하는 것들이 있어요. 단단한 곡물을 가공하면 부드럽게 섭취할 수 있고, 육류나 생선을 가공하면 병원균이나 기생충에 감염되는 것을 막을 수 있어요. 우리가 좋아하는 김치나 치즈는 발효를 통해 장기간 보관할 수 있을 뿐만 아니라 맛과 영양까지 향상시킨 대표적인 음식이지요. 이처럼 나라마다, 지역마다 다양한 음식문화가 있는데, 자연에서 채취한 것이 하나님께서 주신 선물인 것처럼 음식문화 또한 하나님께서 주신 지혜로 터득한 결과물이기 때문에 하나님께서 주신 선물이라고 볼 수 있어요.

술도 그런 경우예요. 늘 물이 부족한 팔레스타인 지방이나 물에 석회가 많이 녹아 있는 서유럽에서는 식수를 얻기가 쉽지 않아서 포도주를 담가 식수 대신 마셨어요. 성경에도 예수님께서 포도주가 떨어진 잔칫집에서 기적적인 방법으로 포도주를 공급해 주시는 장면이 나오죠요 2:1-12. 또한 술은 요리할 때 맛을 더 좋게 해주는 식재료로 사용되거나, 의술이 발달하지 않았을 때는 약으로 쓰이기도 했어요. 예수님이 십자가에서 고통받으실 때 사람들이 포도주를 주었는데^{마 27:34}, 이는 포도주가 통증을 줄여주는 효과가 있기 때문이에요. 바울도 디모데에게 "물만 마시지 말고 포도주를 조금씩 쓰라"라고 디모데전서 5장 23절에서 권면하기도 했죠.

그렇다면 이렇게 유용한 술을 왜 조심스러워하고 금지하기까지 하는지 이유를 알아볼까요?

하나님이 주신 모든 음식은 어떻게 섭취하느냐에 따라 유익이 되기도 하고 해가 되기도 해요. 커피를 예로 들면, 적정량을 마실 때는 간암과 동맥경화, 치매를 예방하고, 심장을 보호하며 숙취 해소와 다이어트 등에 도움을 줘요. 하지만 너무 많이 마시면 심근경색과 불면증, 위궤양을 일으키고, 콜레스테롤 수치를 증가시켜서 여러 합병증을 유발하죠.

술도 마찬가지라서 적정량을 마시면 약이 되기도 하지만 그렇지 않으면 인체에 치명적인 부작용이 나타나요. 가장 치명적인 부작용은 뇌 조직에 손상을 가하는 거예요. 이로 인해 방향감각 상실, 기억장애 등 치매 증상이 나타나게 돼요. 정신적인 통제력을 상실하게 돼서 주위에 해를 끼치는 행동도 서슴지 않게 되죠. 그뿐만 아니라 간이나 위, 췌장 등에도 치명적인 해를 끼칠 수 있어요. 또한 술은 중독성이 있어서 적정량까지 마시고 스스로 딱 중단하기가 매우 어려워요. 한번 마시게 되면 자연스럽게 적정량을 넘겨 취하기 쉽죠. 그래서 성경에서도 취하는 것에 대해 경고하고 있는 거예요_{엡 5:18}.

특별히 우리나라 기독교에서는 금주를 강조하는데요. 이는 19
세기 말 우리나라에 복음이 들어오던 때부터 세워진 방침이에요.
선교사님들이 처음 한국에 와보니 한국인 대부분이 가난으로 고
통받으며 술로 현실을 잊으려 했다고 해요. 특히 가정을 거느린
가장들이 술 중독에 빠지다 보니 가정도 함께 망가져 가고 있었
죠. 선교사님들은 우리나라 사람들을 술 중독에서 해방시키지 않
으면 한국에 미래가 없다는 것을 확인하고 아예 술을 마시지 못
하게 금한 거예요. 술은 중독성 때문에 아무리 적정량을 마시려
해도 일단 몸 안에 들어가기 시작하면 그때부터 미세한 정도지만
중독이 시작되거든요. 술을 마시는 횟수가 늘어날수록 중독의 정
도는 자기도 모르게 깊어지고요. 그러다가 어느 단계에 이르면 술
을 마시는 것을 통제할 능력까지 상실하게 되지요. 그렇게 알코올
중독이 찾아오는 거예요. 이는 매우 심각한 질병이라 전문적인 치
료가 필요하죠.

사실 우리나라의 경우, 식수가 풍부하고 질이 좋아서 술을 식
수 대신 마실 필요가 없어요. 또 좋은 약도 너무나 많이 개발되어
있어서 술을 약으로 써야 할 이유도 없고요. 더욱이 우리나라에
서는 술을 마시는 문화가 그리 건전하게 정착되어 있지 않기 때문
에 주의해야 할 필요가 있어요.

따라서 저는 기독교인이 적정량의 술을 마시는 것이 기독교 윤

리적인 관점에서는 죄라고 말할 수 없으나 술이 지닌 중독성과 음주문화를 고려하면 아예 마시지 않기를 강하게 권하고 싶어요. "악은 어떤 모양이라도 버리라"살전 5:22라는 말씀처럼 시험에 들 수 있게 하는 일이라면 스스로 절제하고 주의하는 것이 좋겠죠?

물론 술을 금하는 우리나라 기독교 고유의 문화가 시대에 뒤떨어진다고 말하는 사람이 있을지 몰라요. 하지만 저는 술의 폐해를 생각할 때 "너희는 이 세대를 본받지 말고"라는 로마서 12장 2절 말씀을 유념하면서 금주 문화를 지켜가는 자세가 필요하다고 생각해요. 물론 이 문화를 불신자들에게까지 강요할 수는 없어요. 기독교인들은 하나님과 동행하기 때문에 이 같은 문화를 지킬 수 있는 힘이 있지만 불신자들에게는 그런 힘이 없으니까요.

따라서 기독교인이 음식점을 하며 술도 함께 판매하는 것에 대해 친구가 힘들어하지 않았으면 좋겠어요. 앞에서 말한 것처럼, 모든 것은 하나님께서 주신 선물이에요. 다만 아무리 좋은 것이라도 우리가 어떻게 사용하느냐에 따라 악이 될 수도 있고, 선이 될 수도 있다는 것을 기억해야겠죠. 이 선물들을 어떻게 사용하느냐 하는 문제는 선물을 주신 하나님의 책임이 아니라 어디까지나 이 선물을 사용하는 사람들의 책임이거든요. 물론 가장 좋은 것은 술을 판매하지 않고, 술 취한 사람들을 보는 일 없이 영업하는 것이 겠지요. 하지만 지금 친구는 부모님의 가게 운영에 개입할 수 없는 상황이기 때문에 그런 마음의 부담이 있을 때마다 조용히 기도하면서 부모님을 도와드릴 수 있으면 좋겠어요. 부모님이 기독교 신앙 안에서 가게 운영을 잘하시도록, 가게 안에서 술 취하는 일 없이 모든 사람이 건전하고 즐겁게 음식을 즐기는 문화가 형성되도록, 부모님이 운영하시는 가게가 언젠가는 그곳에 들어가는 사람들 모두에게 선한 영향력과 따뜻함을 줄 수 있는 공간이 되도록 기도하면 어떨까요?

자, 이제 정리할게요.

술은 다른 음식들과 마찬가지로 인류의 지혜가 담긴 가공 음료 중 하나로, 적정량만 섭취하면 인체에 유익을 주기도 해요. 하지만 술이 지닌 중독성이 크고, 술을 마시는 문화 속에서 자신을 스스로 절제할 수 있는 사람은 드물죠. 그러므로 우리의 분별력을 잃게 만드는 유혹의 불씨들을 경계하기 위해서라도 친구들은 술 마시는 문화에 빠져들지 않았으면 해요. 하지만 내가 이러한 좋은 생활 습관을 지니고 있다고 해서 적정량의 술을 마시는 기독교인들을 정죄하거나 불신자들에게까지 나의 생활방식을 강요하는 것은 주의할 필요가 있어요.

17

술 마시지 말라는 건 이해되는데
담배는 왜 안 되나요?

Q 술 먹지 말라는 말은 성경에 나와 있어서 이해되지만, 솔직히 금연하라는 건 성경에도 쓰여 있지 않은데 왜 금지하는 건지 이해가 안 돼요. '내 몸은 하나님의 성전'이라는 말씀 때문이라고 하는데, 그렇게 따지면 담배 외에도 GMO 식품 섭취나 전자파에 노출되거나 교통사고 같은 게 더 해로운 거 아닌가요? 왜 유독 담배 가지고 그러는 건지 이해가 안 돼요.

A 질문에 대답하기 전에 담배를 피우는 것에 대해 두 가지 점을 먼저 분명히 해 둘 필요가 있어요.

첫째는 담배를 피우느냐 마느냐 하는 문제는 천국에 가느냐 지옥에 가느냐를 결정하는 문제는 아니라는 거예요. 천국을 가게 될지, 지옥을 가게 될지는 예수님을 구주로 영접했느냐의 여부에 따라서 결정되는 것이기 때문이죠. 이것 외에 다른 조건을 내세운다면 잘못된 가르침이에요. 따라서 우리 친구가 담배 피우는 것을 괘씸하게 여겨 하나님께서 구원을 취소하고 지옥에 떨어뜨리실 일은 없어요.

둘째로 우리 친구의 얘기처럼 담배에 관한 언급이 성경에 없어요. 하지만 담배를 피워도 좋다는 말씀 또한 성경에 쓰여 있지 않아요. 따라서 성경 말씀을 근거로 담배를 피우면 안 된다거나, 피워도 된다거나 하는 문제를 말하기는 곤란해요.

그렇다면 흡연은 우리를 지옥에 떨어뜨리는 행위도 아니고, 또 성경 어디에도 그에 대한 명백한 금지 명령이 없으니 자유롭게 피워도 되는 일일까요? 혹시나 우리 친구가 어쩌다가 한번 호기심으로 우연히 담배를 피운 게 아니라 습관적으로 담배를 피우고 있다면, 친구에게 이런 예를 들어볼게요. 만약 어떤 친구가 PC방에 가서 게임을 하는데, 어쩌다 우연히 한번 간 게 아니라 거의 날마다 출석 체크를 하다시피 가서 밤새 게임에 중독되어 있다고 해 보죠. 이때 우리는 이 친구의 상황을 어떻게 판단해야 할까요? 예수님을 믿는 친구가 PC방에 간다고 해서 천국에 가지 못하는 것은 아니니까, 또 성경에 PC방에 들어가지 말라는 분명한 지시도 없으니까 자유롭게 가도록 놔둬도 되는 걸까요? 그렇지 않죠! 당연히 친구에게 절제하도록 권해야겠죠.

이런 경우처럼 우리는 일반적인 상식을 통해 옳은 것과 옳지 않은 것을 구별할 수 있어요. 즉, 하나님께서는 '성경'을 통해서만이 아니라 우리 일상에서 옳고 그른 것을 분별할 수 있는 여러 가지 방법을 허락하셨지요.

하나님께서 당신의 뜻을 알려주시는 방법에는 두 가지가 있어요. 하나는 '특별계시'예요. 특별계시는 '성경말씀'을 뜻하죠. 하나님은 '구원의 길이 무엇인가?' 그리고 '하나님의 백성이 어떤 원리에 따라 살아야 하는가?'와 같은 문제에 대해서는 성경말씀을 통해서만 가르쳐 주신답니다. 사랑의 원리라든가, 황금률, 십계명 등 성경이 제시하는 생활 원리들 말이에요.

다른 하나는 '일반계시'예요. 일반계시는 성경 밖에 있는 다양한 방법들을 통하여 하나님이 당신의 뜻을 보여주시는 거예요. 예를 들면 자연현상이나 사람들과의 관계를 통해서도 하나님의 뜻을 알 수 있죠. 다양한 자연과학적인 연구천문학, 물리학, 화학, 유전학, 의학 등와 사회과학적인 연구사회학, 정치학, 경제학 등 또 인문학적인 연구철학, 문학, 윤리학 등나 예술미술, 음악 등을 통해서 나타나기도 하죠. 물론 이런 일반 학문 안에는 구원에 관한 하나님의 뜻이 나타나 있지 않아요. 그렇지만 사람들이 이 세상에서 어떻게 판단하고 살아가야 하는가에 대해서는 많은 지침을 주고 있죠. 그리고 이 법칙들 속에 하나님이 원하시는 뜻이 들어 있어요. 그러므로 하나님의 자녀들은 일반계시를 통해서 나타나는 여러 가지 정보들을 신중하게 살펴서 어떻게 행동하는 것이 우리 자신과 이웃에게 최선의 길인가를 결정해야 해요. '성경이 아무 말도 하지 않는데 왜 쓸데없이 하지 못하게 하는 거야?'라고 생각하는 것은 하나님의 뜻을 너무나 좁게 생각하는 경솔한 태도예요.

그렇다면 담배를 피우는 것에 대해서 일반계시의 차원에서 파악해 보고 옳고 그름을 판단해 볼까요?

사실 예전에는 담배 피우는 것을 멋으로 여기기도 했고, 예술을 하는 사람들이 작품 활동할 때 생각을 정리하는 수단으로 삼기도 했어요. 그러나 이러한 일은 담배에 관한 의학적인 연구가 미처 충분히 이루어지지 않았던 때에나 가능했던 일이죠. 담배에 관한 의학적 부작용이 완전히 드러난 오늘날에는 그런 논리를 내세우는 것이 무의미해요.

담배에는 약 4,000가지의 화학물질이 들어 있는데, 그 가운데 수십 종류의 화학물질이 암을 비롯한 질병과 연관되어있어요. 그것도 암을 일으키는 데 직접적으로 관여하는 A급 발암물질이 들어 있죠. 또 담배를 피울 때 100%의 일산화탄소, 90%의 니코틴, 70%의 타르가 연기를 통하여 같이 몸속으로 들어가요. 일산화탄소는 연탄가스 중독의 주범으로서 인체 안에 들어갈 경우, 혈액의 산소 운반 능력을 감소시켜 두통을 유발해요. 니코틴은 중독성 물질로서 소량이 들어갈 때는 일시적으로 기분이 좋아지는 효과가 있어서 계속 담배를 피우게 만들지요. 이 때문에 담배를 마약의 일종이라고 보는데, 그 중독성은 대마초보다도 강한 것으로 알려져 있어요. 이 니코틴이 많이 들어가면 신경을 마비시키고, 환각 상태에 빠뜨리며, 말초혈관을 수축시켜 맥박을 빠르게 해요. 결국에는 콜레스테롤을 증가시켜 심혈관계의 질병을 초래하죠.

그뿐만 아니라 연기와 함께 들어가는 타르 안에 수많은 발암물질이 들어 있어요. 대표적인 물질이 역사상 최초의 발암물질로 알려진 '벤조피렌'이에요. 그 밖에도 나프틸아민, 니켈, 비닐 클로라이드, 비소, 카드뮴 등이 들어 있지요. 담배가 폐암 발병의 원인이라는 사실은 말할 필요도 없고, 담배 연기가 반복해서 지나가는 통로인 후두, 그리고 간접적인 영향을 받는 신장이나 방광에도 암 발생의 위험이 있어요. 더욱이 담배 연기를 간접적으로 마시게 되면 담배를 직접 피운 사람보다 암 발생 확률이 3배나 높다고 하니 담배 피우는 것은 이웃에게도 심각한 피해를 주는 것이죠.

담배의 위험성은 더 있어요. 사람의 몸은 끊임없이 새로운 세포들을 생성해 내는데, 새로운 세포들이 생겨날 때 복제가 잘못되어 DNA가 고장 나는 세포들이 생겨나곤 해요. 그런데 우리 세포 안에는 P53이라는 유전자가 있어서 망가진 세포를 수리하거나 죽여 암세포가 자라는 것을 막아주는 일을 하죠. 이것은 우리 몸에 대한 하나님의 놀라운 섭리예요. 그런데 담배 연기에서 나오는 물질이 바로 이 P53을 파괴한답니다. 따라서 담배를 지속해서 피우는 것은 암세포 씨앗을 계속해서 몸속에 심는 것이나 마찬가지예요.

어떤가요? 담배가 나와 이웃의 몸을 이렇게 망가뜨리는데도 담배를 계속 피우고 싶은 생각이 드나요? 우리 친구가 담배의 위험성을 GMO유전자 조작 식품과 전자파 그리고 교통사고의 위험성과 비교했는데, GMO 식품과 전자파도 인체에 치명적인 해를 준다면 담배와 마찬가지로 금지시키는 것이 맞아요. 지금 유럽에서는 GMO 식품을 일체 금지하고 있어요. 또 교통사고 역시 당하지 않도록 철저하게 예방 조치를 취하고 있고, 무단횡단도 철저하게 금하도록 규제하고 있어요. 이런 GMO 식품이나 전자파, 무단횡단에 대해서 관대한 태도를 보이는 것 역시 잘못된 일임이 분명해요. 그러나 이런 것들을 강제로 금지하지 않는다고 해서 담배에 대해서도 관대하게 하라는 것은 이치에 맞지 않는 논리예요.

일반계시뿐 아니라 특별계시인 성경에서는 흡연을 꼭 짚어서 금하고 있지는 않지만, 몸을 해롭게 하는 것들에 대해서는 단호하게 금지하고 있어요. "너희 몸은 너희가 하나님께로부터 받은 바 너희 가운데 계신 성령의 전인 줄을 알지 못하느냐 너희는 너희 자신의 것이 아니라"고전 6:19라고 말씀하시죠. 그러므로 하나님의 소유인 몸을 흡연을 포함한 위험 요소들로 경솔하게 망가뜨리는 것 역시 하나님 앞에 죄가 되는 행동임을 잊지 말아야 해요. 그뿐만 아니라 담배 연기를 가지고 아무런 죄도 없는 이웃에게 해를 끼치는 것도 이웃을 사랑하라고 하신 하나님의 명령을 어기는 행동이고요. 따라서 하나님을 믿는 친구라면 이 같은 사실을 알고 백해무익하고 사실상의 마약이나 다름없는 담배를 호기심으로나, 습관적으로 피우는 것 모두를 잘 절제하고 끊을 수 있기를 바랍니다.

3 부

비전, 진로

18

과학을 전공하고 싶은데
진화론이 마음에 걸려요

저는 진로 때문에 고민이 많은 고등학교 1학년 남학생입니다. 고등학교에 와서 공부하다 보니 과학이 제 적성에 잘 맞더라고요. 진로도 과학 쪽으로 정하고 싶어요. 그런데 문제는 진화론이에요. 진화론은 과학에서 빠지지 않는 부분인데, 이게 잘못된 것인 줄 알면서도 공부하자니 마음이 너무 힘들어요. 과학이 너무 좋은데, 저 다른 쪽으로 진로를 알아봐야 하는 건가요?

우리 친구가 정말 중요한 질문을 해줬어요. 과학을 공부하고 싶어 하는 친구들에게 가장 큰 걸림돌이 되는 것이 바로 진화론이거든요. 현재 자연과학계, 그중에서도 특히 생물학과 관련된 분야에는 진화론이 배경으로 깔려 있는 경우가 많아요. 하지만 우리 친구도 잘 알다시피 진화론은 기독교적 세계관과

정면으로 충돌하지요. 그래서 진화론이 지배하고 있는 자연과학계에서 기독교적 관점을 유지하면서 공부하기란 결코 쉽지 않아요. 그러나 저는 우리 친구에게 큰 부담과 함께 큰 희망을 동시에 품고 과감하게 자연과학계에 뛰어들라고 말하고 싶어요. 물론 큰 부담이 따르겠지만 이 부담을 인내로 잘 극복하면 과학 영역에서 새로운 길을 여는 개척자가 될 수 있으니까요.

예수님께서는 제자들에게 이렇게 말씀하셨어요. "누구든지 나를 따라오려거든 자기를 부인하고 자기 십자가를 지고 나를 따를 것이니라"막 8:34. 이 말씀은 특별한 사명을 가진 몇몇 사람에게만 주신 명령이 아니라 친구를 포함한 모든 기독교인에게 하신 명령이에요. 주님을 따르는 우리 모두에게는 각자 지고 가야 할 "자기 십자가"가 있어요. 이 십자가는 모든 기독교인이 처해 있는 상황에 따라서 아주 다양하게 나타날 수 있지요. 저는 그중에서 두 가지를 뽑아 우리 친구와 함께 생각해 보려고 해요.

먼저 교회의 역사를 살펴보면, 많은 기독교인에게 예수님을 믿는 것 자체가 자기 십자가였어요. 그들은 신앙 때문에 가혹하게 핍박받아야 했고 심지어 죽임을 당하기도 했어요. 지금도 예수님을 믿는다는 이유 하나만으로 핍박과 순교를 각오해야 하는 곳이 많아요. 우리와 아주 가까이에 있는 북한이나 이슬람이 지배하는 나라 등에 대한 소식은 우리 친구도 뉴스를 통해 많이 들었을 거예요. 반면, 우리나라는 정말 감사하게도 헌법으로 종교의 자유를 보장하고 있어요. 물론 믿지 않는 부모님이나 선생님, 친구들 때문에 개인적인 어려움을 겪는 일이 있기는 하지만, 예수님을 믿고 주일에 예배드린다는 이유로 공적인 핍박을 받지는 않아요.

그러면 자유롭게 예수님을 믿을 수 있게 된 한국의 기독교인들에게는 지고 가야 할 자기 십자가가 없을까요? 아니에요. 우리에게는 다른 형태의 "자기 십자가"가 기다리고 있어요. 한국의 기독교인들은 학교나 직장과 같은 교회 밖의 일상생활 영역에서 세상 사람들이 추구하는 가치관을 따르지 않고 하나님의 말씀에 순종하면서 살고자 할 때 무거운 "자기 십자가"를 만나게 돼요. 우리 친구의 경우처럼, 진화론이 지배하고 있는 자연과학계에서 창조론의 관점으로 공부할 때 오는 핍박과 어려움 그리고 불이익도 이에 해당하지요. 이것은 그 길을 선택한 사람이 지고 가야 할 자기 십자가예요.

사실, 많은 사람이 기독교와 과학은 서로 대립하고 있다고 생각하는데요, 기독교가 과학연구 자체를 반대하는 것은 결코 아니에요. 과학이란, 인간과 세계에 대해 성실하게 관찰하고 실험한 결과를 잘 정리하여 제시하고, 이를 통해 인간과 세계에 대해 더 잘 알도록 우리의 시야를 넓혀 주는 훌륭한 학문이죠. 과학이 본연의 임무에 충실하기만 하면 기독교 신앙을 발전시키는 데도 큰 도움을 줄 수 있어요. 인간과 세계는 하나님께서 만드신 것이고, 그 안에 하나님의 성품이 녹아 있어서 이를 잘 연구하면 하나님께서 얼마나 놀랍고 지혜로우며 경이로운 분이신지 알 수 있으니까요.

그러나 중요한 것은 진화론은 결코 과학이 아니라는 거예요. 진화론은 관찰이나 실험이 불가능한 수천만 년, 수억 년, 혹은 그보다 먼 수십억 년 전의 일을 마치 관찰과 실험을 통해 증명된 사실인 것처럼 말하고 있는데, 이것은 매우 잘못된 거예요. 특히 진화론은 인간과 세계를 설명할 때 하나님과 관련하여 설명하는 것을 비논리적이라며 아주 싫어해요. 그러면서 하나님을 외면한 채 인간의 이성이라는 이름으로 제멋대로 상상의 날개를 펴서 먼 과거의 상황을 유추하죠. 증명된 것도 거의 없이 말이에요. 그렇게 따진다면 진화론은 일종의 신화와도 같아요. 그러니 바른 기독교 신앙을 가진 친구라면 진화론을 받아들여서는 안 돼요. 다만, 진화론을 과학이라고 오해하는 사람이 너무 많고, 이미 과학계에서 진화론의 토대 위에 쌓인 이론이 많아서 우리 친구가 과학을 공부하다 보면 때때로 불이익을 당하거나 힘든 순간을 맞이하게 될 수도 있죠. 하지만 그런 어려움 때문에 과학 공부를 포기하는 것은 너무나 소극적인 태도예요. 그것이 친구에게 있어서 "자기 십자가"라는 것을 안다면, 끝까지 그 십자가를 지고 자기의 길을 가야 해요. 그것이 바로 예수님께서 명령하신 크리스천의 삶이에요. 또 우리 친구가 그렇게 힘든 과정을 견디면서 연구해야 할 영역이 과학계 안에 정말 많답니다.

여기까지 들어보면 친구가 가는 길이 쉽지만은 않겠다는 생각이 들지요? 그러나 다행히 과학계 안에도 창조론을 믿는 신실한 과학자들이 많이 있어요. 이들은 힘을 모아 '창조과학회'와 같은 단체를 결성해 진화론을 비판하고 바른 창조과학관을 세우기 위해 기도하며 노력하고 있어요. 과학계 안에서 이런 분들과 함께 교제하면 큰 힘이 될 거예요.

정말 소중하고 값진 보물은 찾기 어려운 곳에 숨겨져 있기 마련이에요. 또한, 개척자의 길은 항상 외롭고 힘들어요. 이 외롭고 힘든 길을 인내하는 가운데 굳은 의지로 끝까지 걸어간다면 우리 친구는 정말 소중하고 값진 보물이 가득한 새로운 길을 열게 될 거예요.

우리 친구에게 힘내라는 의미에서 이 길을 훌륭하게 걸어간 한 인물을 소개할게요. 미국의 명문 학교인 예일 대학교 철학과의 '알빈 플란팅가' 교수님이에요. 플란팅가 교수님은 신실한 기독교 신앙을 바탕으로, 기독교적 관점에서 철학 활동을 하고 계세요. 철학과는 기독교 신앙에 대해 가장 비판적이고 적대적인 학과로 악명이 높아요. 이런 상황에서도 플란팅가 교수님은 예일 대학교 철학과에서 학생들을 가르치기 시작했어요. 외롭고 힘들었겠지만 수십 년 동안 기독교적인 관점에서 철학을 가르치는 일을 멈추지 않았고, 이제는 그분의 제자들이 미국 각 대학의 철학과 교수가 되어 학생들을 가르치고 있죠. 그리고 오늘날에는 미국 전역의 철학과 교수 가운데 30%가 기독교인이 되었어요. 어때요? 놀랍지 않나요? 한 사람의 신실한 기독교 철학자가 기독교에 적대적인 철학과에 들어가서 어려움을 이겨내고 꾸준히 자기 십자가를 감당한 결과, 이런 엄청난 열매를 거둔 거예요. 우리 친구도 한번 플라팅가 교수님 같은 가슴 벅찬 일을 감당해보지 않겠어요?

과학적 근거가 없음에도 불구하고 무려 천년의 시간 동안 중세를 지배했던 천동설이 결국 갈릴레오 갈릴레이에 의해 무너진 것처럼 과학적 근거가 빈약한 진화론도 언젠가 무너지게 돼 있어요. 이미 미국의 과학계 일각에서는 진화론이 비판의 대상으로 떠오르고 있고, 일부 이론은 무너지고 있지요. 이런 흐름은 앞으로 더 거세질 거예요. 과학은 하나님께서 허락하신 소중한 학문이에요. 진화론이라는 암세포가 붙어 있다고 해서 과학 자체를 외면하는 것은 옳지 않아요. 친구가 의지를 굳게 세우고 용기를 내서 진화론에 물든 과학자들을 두려워하지 않고 당당하게 맞서기를 바랄게요. 그래서 우리 친구가 과학계를 변화시키는 과학계의 플라팅가 교수님이 되기를 응원합니다.

19

심리학은 반기독교적인 학문인가요?

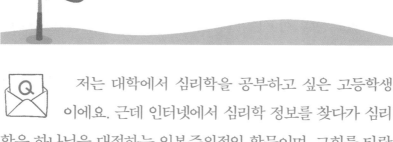

저는 대학에서 심리학을 공부하고 싶은 고등학생이에요. 근데 인터넷에서 심리학 정보를 찾다가 심리학은 하나님을 대적하는 인본주의적인 학문이며, 교회를 타락하게 한다는 글을 보게 되었어요. 정말인가요? 그러면 저는 전공하려는 학과를 바꿔야 하는 건가요?

우리 친구가 진로를 결정하면서 하나님의 뜻에 어긋나지 않는지를 고민하는 모습이 참 예뻐 보이네요. 사실 친구가 심리학을 하느냐 마느냐의 문제는 우리 친구의 마음가짐에 달려 있어요. 피아노 한 대로 하나님을 찬양할 수도 있고, 악한 의도가 담긴 노래를 할 수도 있는 것과 마찬가지죠. 우리에게 주어진 모든 것들을 감사함으로 받고, 하나님의 영광을 위해서 한다면 얼마든지 선한 것이 될 수 있어요딤전 4:4. 그럼, 본격적으로 친구가 질문한 심리학에 관해서 이야기 나눠볼까요?

심리학은 인간의 내면적인 심리상태를 체계적으로 연구함으로써 인간과 사회를 더 깊이 연구하는 학문이에요. 인간에 관해 연구하는 학문이기 때문에 사람을 만드신 하나님에 대한 이해 없이 인간에 관해서만 연구하게 된다면 우리 친구가 보게 된 글처럼 인본주의적이고 반기독교적인 학문이라고 여겨질 수 있지요. 하지만 심리학을 통해 인간의 내면세계를 깊이 들여다보게 되면 하나님과 구원의 진리에 대해서도 더 잘 이해할 수 있답니다. 그런데 문제는 인류가 타락하면서 학문에도 그 영향이 나타나고 있다는 점이에요. 그래서 자연과 인간과 사회에 관한 이야기를 다루는 데 있어서 사람의 얕은 지식이나 생각이 첨가되고, 또 그러다 보면 오류가 포함될 수밖에 없어요. 오류가 포함되어 있다고 해서 다 쓸모없다고 볼 수는 없죠. 하나님을 바르게 알고 믿는 믿음의 눈으로 대한다면, 세상의 모든 학문은 하나님과 인간을 이해하고 섬기는 데 유익하게 사용될 수 있어요.

이 글에서는 우리 친구가 참된 기독교 신앙을 가진 심리학자로서 첫 발걸음을 떼어 놓는 데 도움이 될 수 있도록 심리학에 대한 정보들, 그리고 그 한계에 관해 이야기를 나눠보고자 해요.

먼저, 심리학의 중요한 인물로 '지그문트 프로이트'를 꼽을 수 있어요. '심리학의 아버지'라고 불리죠. 이 사람이 중요한 이유는 인간의 정신세계가 모두 생각하고 판단하는 '이성'에 의해 지배를 받는다고 주장해왔던 학자들의 이전 생각을 전부 뒤집었기 때문이에요. 프로이트는 인간의 정신세계에는 이성적으로 설명할 수 없고 인식할 수도 없는 무의식의 세계가 존재한다고 주장했어요. 그가 이런 주장을 하게 된 이유는 정신질환자들을 대상으로 관찰하던 중에, 기존에 가지고 있던 학설로는 도저히 이해할 수 없는 일들을 접하게 됐기 때문이에요. 예를 들어, 정신질환자들이 앞뒤가 맞지 않는 비이성적인 말들을 하는 것이었죠. 그뿐만 아니라 꿈에서는 사람들의 이성과 의식으로는 이해할 수 없는 아주 희한하고 신기한 광경들이 나타나기도 하죠. 프로이트는 이성적으로 생각하고 행동한다고 알려져 있던 사람에게 이런 현상들이 나타나는 이유에 대해 고민했어요. 그리고 사람들의 정신세계 속에 각자가 느끼지 못하는 무의식의 세계가 있다고 생각하고 이런 결론을 내렸죠. '인간의 영혼은 이성적인 의식의 세계보다 훨씬 더 깊고 넓다'라고요.

그런데 여러분, 성경은 프로이트가 그것을 발견하기 전부터 이미 인간에게는 겉사람과 속사람이 있다고 말했어요고후 4:16. 즉 우리가 눈으로 보고 느낄 수 있는 내 모습 외에도 보이지 않는 영적인 세계가 내 안에 존재한다는 것을 우리에게 말해주고 있죠. 단지 사람들이 알지 못했고 깊이 생각해보지 않았을 뿐이에요. 그런데 프로이트의 발견으로 인해 우리는 인간의 정신세계와 영혼에 대해서 한 발 더 깊이 들어가서 생각해 볼 수 있게 되었어요. 그런 면에서 프로이트의 연구와 그의 학설들은 인류에 큰 공헌을 했다고 할 수 있어요. 우리에게 보이지 않는 영적인 세계에 대해 생각해 볼 수 있도록 길을 열어준 것이니까요.

그뿐만 아니라 인간의 내면에 대해 이해하게 되면서 마음으로부터 오는 여러 질병을 발견한 것 역시 심리학이 인류에게 끼친 공헌이라고 할 수 있어요. 우울증이라든지, 조울증, 공황장애 등과 같은 정신적인 질병들을 비롯해 예전에는 귀신의 장난으로 간주하였던 정신적인 이상 현상들이 무의식에서 나오는 정신적인 질병이라는 사실을 알게 되고 치료할 수 있게 되었죠.

하지만 아무리 그렇다 해도 이 심리학만으로 인간의 영혼에 관한 문제에 해답을 주기에는 한계가 있어요. 왜냐하면, 심리학에서는 주로 이성적인 분석과 관찰로 사람들의 심리를 분석하는데, 겉으로 나타나지 않는 무의식의 세계는 정확하게 관찰하고 분석할 방법이 없으니까요. 다만 어떤 가정이나 추측을 해볼 수 있을 뿐이지요. 그런데 친구도 잘 아는 것처럼, 추측은 맞을 수도 있지만 틀릴 수도 있어요.

게다가 프로이트를 비롯해 많은 심리분석학자가 연구 대상으로 삼은 사람들은 대부분 정신적으로 이상 증상을 보이는 환자들이나 특수한 상황에 있는 사람들이기 때문에 이 연구 결과를 일반인에게 동일하게 적용하는 것은 무리가 있어요. 예를 들어서 정신적으로 건강한 사람이 어떤 특정한 상황에서 우울한 기분을 느낀다든지, 화를 참지 못했을 경우, 그 사람에게 "이 증상은 우울증 환자에게서 나타나는 증상이므로 당신은 우울증입니다"라고 단정할 수는 없지 않겠어요? 물론 현대의 심리학자들은 일반적인 사람을 대상으로 많은 연구를 하고 있지만 제한된 환경에서 제한된 사람을 대상으로 한 연구가 대부분이고, 또 사람마다 서로 다른 환경과 개성, 생각을 가지고 있어서 그 연구 결과를 일반화시키거나 확대해서 적용하는 것은 주의해야 하죠.

얼마 전에 어느 대학에서 입학시험을 치르면서 정신적으로 건강한 학생들을 뽑겠다는 목적으로 모든 수험생에게 'MMPI^{다면적인성} 검사'라는 이름의 인성검사를 한 적이 있어요. MMPI 검사는 국제적으로 권위를 인정받는 매우 유명한 검사방법이에요. 그런데 이 검사결과를 가지고 심층 면접을 담당했던 면접관들이 공통으로 내린 결론은 검사결과가 학생의 실제 성격과 정확히 들어맞지는 않는다는 것이었어요. 이처럼 심리검사는 어느 정도 맞는 부분도 있지만, 항상 정확하게 들어맞는 것은 아니기 때문에 그것을 일반화시키거나 맹신하는 것에는 문제가 있어요. 앞으로 친구가 심리학을 전공하게 된다면 이 문제를 항상 염두에 두어야 해요.

앞서 살펴본 대로 심리학은 인간을 더 깊게 이해하는 데 도움을 줄 수 있는 학문임이 분명해요. 특히 정신적으로 문제가 있는 사람들을 이해할 수 있고, 치료할 때 매우 큰 도움을 줄 수 있죠. 그러므로 친구가 이러한 분야에 대해 특별한 비전이 있다면 열심히 공부하고 연구해서 좋은 심리학자가 될 수 있기를 바랄게요. 하지만 이 공부를 하는 데 있어서 친구가 중요하게 생각할 것이 있어요.

우리 친구의 관심이 사람과 이론에만 있는 것이 아니라, 사람을 만드신 하나님께 있어야 한다는 점이에요. 하나님이 창조하신 인간의 영혼은 너무나도 깊고 신비로워서 심리학이 아무리 발달해도 들여다볼 수 없는 영역이 분명히 존재하거든요. 특히 죄와 관련된 문제라거나 하나님의 특별한 섭리 안에서 일어나는 일들은 더더욱 그렇죠. 그런 일들 앞에서 우리 친구는 크리스천으로서 인간의 영혼을 창조하시고 내면 깊은 곳까지 속속들이 아시는 하나님의 능력을 볼 수 있어야 해요. 심리학적 분석으로 드러난 정신적인 문제라 하더라도 심리적인 기술만으로 해결하려 하기보다는 하나님의 능력과 은혜를 구하는 일 또한 잊어서는 안 되겠죠.

심리학이 지닌 이런 한계를 늘 유념하면서 기도하는 가운데 하나님 말씀의 인도를 받으면서 공부한다면 심리학도 얼마든지 공부할 가치가 있는 학문이라고 생각해요. 앞으로 우리 친구가 성경적인 가치관으로 공부하고 연구해서 많은 사람을 유익하게 하는 좋은 심리학자가 될 수 있도록 응원할게요.

20

제 비전은 주일성수를
하지 못하는 일인데 어쩌죠?

 고3이 되면서 진로를 고민 중이에요. 그런데 제가 하고 싶은 직업은 주일에도 일할 수밖에 없어서 고민이 돼요. 그 일을 간절히 하고 싶은데, 주일예배에 제대로 참석하지 못해 죄를 짓게 되는 건 아닌지, 또 주일성수를 하기 힘든 직업은 하나님께서 원하시지 않는 직업인지도 너무 궁금해요.

질문에 답하기 전에 주일성수에 대해 먼저 알아보는 것이 좋을 것 같아요. 주일성수란 6일 동안 일하고 7일째 되는 날에는 '일을 중단하고 쉬면서' 하나님께 예배드리는 것을 뜻해요. 이 두 가지 모두를 해야만 주일을 제대로 지키는 거라고 말할 수 있어요. 일하지 않고 쉬어도 예배를 드리지 않으면 주일을 지키지 않는 것이고, 예배는 드려도 일을 중단하지 않으면 그것도 주일을 제대로 지키지 않는 거예요.

우리가 주일날 이 두 가지를 행하는 이유는 하나님의 명령이기 때문이에요. 하나님께서는 십계명 가운데 네 번째 계명을 통하여 주일날에 이 두 가지를 행하라고 명령하셨어요. 십계명은 출애굽기 20장과 신명기 5장에 두 번 기록되어 있는데, 흥미롭게도 네 번째 계명의 경우에는 기록된 내용이 각각 다르답니다.

출애굽기 말씀을 보면, 6일 동안은 일하고 일곱째 날에는 쉬라고 명령하고 있어요. 안식일에 대한 율법은 창조의 법칙에서 시작되었어요. 하나님은 6일 동안 천지를 창조하시는 '일'을 하시고 일곱째 되는 날에는 하시던 모든 일을 중단하고 쉬셨어요. 인간들이 쉬지 않고 일에만 전념하다가 몸을 망가뜨리는 일이 없도록 하나님께서 직접 6일 동안 일하시고, 7일째 되는 날에 쉬시며 안식의 본을 보여주신 거예요. 이처럼 안식일의 첫 번째 목적은 몸에 정기적인 쉼을 주는 데 있어요.

하지만 참된 쉼은 몸의 쉼만을 말하지 않아요. 진짜 쉼이 되려면 몸뿐만 아니라 마음과 영혼도 쉬어야 하죠. 우리 마음이 쉬지 못하도록 계속해서 힘들고 지치게 하는 것이 있다면 무엇일까요? 바로 죄예요. 세상을 살아가다 보면 알게 모르게 크고 작은 죄를 범하며 하나님에게서 멀어지고 마음이 온통 더럽혀지게 돼요. 하나님 자녀로서의 거룩함을 잃게 되는 것이죠. 그래서 우리는 정기적으로 몸과 마음의 거룩함을 회복할 필요가 있어요. 어떻게 거룩함을 회복할 수 있을까요? 오직 하나, 내 죄의 문제를 해결해주신 예수님 앞에 나아가 회개하고 자유를 얻는 방법밖에 없어요.

그럼, 구약시대에는 예수님이 오시기 전인데 어떻게 죄 사함을 얻을 수 있었냐고요? 구약시대에 예수님의 구원을 상징하는 사건이 바로 '출애굽 사건'이에요. 출애굽 사건은 하나님께서 애굽이집트에서 노예 생활을 하던 이스라엘 백성을 구해서 약속의 땅인 가나안에 들어가게 하신 일을 말해요. 즉, 죄의 노예가 된 우리를 구원하셔서 약속된 하나님 나라로 인도하신 것을 상징하는 사건이죠. 그래서 신명기 말씀에서는 7일째 되는 날, 모든 일을 중단하고 쉬면서 '출애굽 사건'을 기억하라고 명령하신 거예요. 그러다 예수님이 이 땅에 오셔서 십자가에 못 박혀 돌아가시고 부활하셔서 인류 모두의 죄를 다 사하신 후로는 예수님의 부활을 기념하는 주일에 안식일에 대한 명령을 실행하게 된 것이고요. 사실, 예수님으로 인해 우리는 이미 죄 사함을 받아서 매일 그분 안에서 안식을 누리고 있기는 하지만, 정기적으로 몸과 마음이 쉼을 누리면서 회복해야 할 필요가 있어서 하나님께서는 특별히 하루를 구별하신 거예요. 그런 목적에 비추어 볼 때, 주일에는 두 가지를 반드시 지켜야 해요. 첫째로 모든 일을 중단하고 쉬는 것, 둘째로 거룩한 공동체 안에서 함께 예배하며 몸과 마음을 회복하는 것이에요.

그런데 주일성수보다 더 중요한 이유가 있을 때는 예외가 될 수 있어요. 교회는 다음 세 가지 경우에는 주일날에도 일을 할 수 있도록 허용하고 있어요.

첫째로 목사님이나 전도사님처럼 교회를 섬기는 사람은 주일날에도 일하는 것이 허용돼요. 물론 여기서 말하는 일은 일반적인 직업의 일이 아니라 교회를 위한 일이에요. 사역자들은 주일날 교회를 위해 일하는 분들이지요. 교회 성도들이 하나님 안에서 주일을 잘 지키려면 그분들의 섬김이 필요해요. 설교한다든지, 교육한다든지, 교회 행정업무를 본다든지 하는 일들을 원활히 해주어야만 성도들이 주일날 예배를 드릴 수 있으니까요.

둘째로 교회 안에서 긍휼을 베푸는 일은 주일에도 행할 수 있도록 허용되어있어요. 예를 들어 주일날 병자를 찾아가서 위로하는 일이나, 감옥에 있는 사람들을 찾아가서 돌보는 일이나, 가난한 사람을 구제해주는 일들은 주일에도 할 수 있답니다. 예수님이 주일날 예배드리는 시간임에도 불구하고 손이 말라붙어 힘들어하는 환자를 고쳐 주셨던 것처럼요눅 6:6-10.

셋째로 사람의 생명을 지키기 위해서 주일에도 꼭 해야만 하거나 아니면 주일에 그 일을 하지 않으면 사회에 심각한 피해가 있을 수 있는 경우에는 주일에도 일할 수 있답니다. 몇 가지 예를 들어볼게요.

1. 생사를 오가는 응급환자가 늘 발생하기에 주일 근무를 해야 하는 의사, 간호사의 경우
2. 언제 일어날지 모를 화재를 진압해 사람의 생명과 재산을 보호해야 하는 소방관의 경우
3. 인간의 생명을 위협하고 사회의 안정을 해치는 범죄를 막아야 하는 경찰관의 경우

4. 항시 전쟁이 일어날 수 있어서 경계 근무를 서야 하는 군인의 경우

5. 한 번 기계를 가동하면 계속해서 가동해야 하는 원자력발전소나 제철공장 같은 곳에서 일하는 경우

6. 주일에도 운행하는 버스, 기차, 비행기, 선박 등과 같은 대중교통 서비스업에 종사하는 운전기사, 기관사, 조종사, 스튜어디스, 항해사, 정비사의 경우

7. 자연재해 등으로 인한 피해 현장에서 시급한 복구를 하는 사람의 경우

우리 친구가 하고 싶어 하는 일이 이처럼 인간의 생명을 지키거나 사회의 안녕을 지키기 위한 일인가요? 이런 성격의 일이라면 주일날 근무를 피할 수 없어요. 그런데 중요한 것은 이런 이유로 주일에 일하게 된다고 하더라도 주일성수를 하지 못하는 것을 당연한 것으로 생각하는 습관을 지니면 안 된다는 점이에요. 주일을 지키지 않는 것이 계속되다 보면 우리 자신의 영적인 감각이 점점 무뎌져 마침내 주일을 지키지 않아도 마음에 아무런 부담을 느끼지 않는 지경에 이를 수 있거든요. 이런 상태에 빠지는 것은 위험해요. 우리 친구가 만약 위에 언급한 직업 중 하나를 택하게 되어서 주일을 지키지 못한다면 다음의 두 가지 노력이 꼭 필요해요.

첫째로 직장 생활을 하면서도 할 수만 있으면 주일을 지킬 수 있는 길을 적극적으로 찾아보는 게 좋아요. 뜻이 있는 곳에 길이 있

는 법이거든요. 예를 들어서 직장의 동료들에게 잘 이야기해서 근무 시간을 조정해 보는 거예요. 믿지 않는 직장 동료에게 주일날 대신하여 근무해주도록 요청하고 다른 방면에서 편의를 베풀어 그 동료를 적극적으로 도와주는 것이지요.

둘째로 아무리 노력해도 주일날 일터에서 빠져나올 수 없을 때는 작업 현장에서 적은 숫자라도 혹은 혼자라도 하나님께 기도하고 예배드리는 시간을 갖는 거예요. 주일날 그런 시간을 갖는 것이 힘들다면 평일에 하루를 정해 쉬면서 예배시간을 가져도 돼요. 물론 이런 방법이 성경이 명령하는 주일예배를 대체할 수는 없어요. 그렇지만 하나님을 향한 믿음을 잃지 않고 최소한이라도 유지하는 데는 도움이 될 거예요.

혹 인간의 생명이나 사회의 안녕을 위하여 필요한 일이 아닌 다른 일을 우리 친구가 꼭 하고 싶다면 어떻게 해야 할까요? 이 경우는 정말로 진지하게 깊이 생각할 필요가 있어요. 우선 친구가 하고자 하는 일이 하나님의 법을 범하면서까지 추구할 만큼 가치 있는 일인가를 깊이 따져 본 후에 신중하게 결정해야 할 거예요. 때로는 신앙을 지키기 위하여 자신이 정말로 좋아하는 일을 포기해야 할 때도 있다는 것을 알아두었으면 해요. 어쨌든 불가피하게 주일날 일해야만 하는 상황에 부닥치게 되더라도 주일성수는 이 세상이 끝나는 날까지 신자들이 반드시 지켜야 하는 하나님의 법이라는 진리를 항상 마음에 두기를 바랄게요.

21

하나님의 안무가가 되고 싶은데
세상적인 춤을 추는 게 힘들어요.
어쩌죠?

Q 저는 안무가나 댄서를 꿈꾸는 학생입니다. 그런데 학원에서 수업을 받을 때도 그렇지만 앞으로 안무가나 댄서가 되고 나서도 성경적인 가치관에 반하는 가요에 맞춰 춤을 춰야 한다는 생각에 혼란스럽고 믿음이 흔들리기도 해요. 교회에서 하는 CCD도 배워봤지만 제가 원하는 장르의 춤은 아니었어요. 하나님이 사용하시는 안무가가 되고 싶은데 어떻게 하면 저의 믿음을 지키면서 꿈을 이룰 수 있을까요?

A 우리 친구가 안무가나 댄서를 꿈꾼다는 것은 아티스트artist로 연예계에 진출하고 싶다는 뜻 같아요. 제가 아는 분 중에도 아이돌이 되고 싶어 하는 자녀를 둔 부모님이 계세요. 그런데 아주 걱정이 많으시죠. 아무래도 연예계는 대중에게 민감해서 인기 경쟁이 심하고, 조금이라도 인기가 떨어지면 크게 스

트레스를 받곤 하니까요. 더욱이 예술 분야에 진출하려는 친구들은 감정이 섬세한 경우가 많아서 일찍 상업화된 세계에 뛰어들었다가 상처받기도 쉽고요. 그렇다고 해서 우리 친구가 연예계의 꿈을 접어야 한다는 말은 아니에요. 연예 활동하는 아티스트 중에서도 믿음을 잘 지키며 건강하게 활동하면서도 대중에게 사랑받는 사람들이 많으니까요. 우리 친구가 그런 선배들의 뒤를 잘 따라가면 좋겠죠? 그럼 이제 친구가 질문한 춤에 관한 이야기를 나눠볼게요.

하나님이 만드신 피조물 가운데 가장 아름다운 것이 사람이에요. 피조물 중 유일하게 '하나님의 형상'으로 창조되었으니까요 창 1:27. 사람이 하나님의 형상으로 창조되었다는 말은 주로 영혼을 가리키는 것이기는 하지만, 영혼을 담고 있는 몸에도 하나님의 형상이 나타나기 때문에 인간의 몸은 참으로 아름답죠. 그런 면에서 춤은 세상에서 가장 아름다운 사람의 몸으로 하나님과 하나님이 만드신 세계의 아름다움을 찬양하고 표현하는 예술의 한 장르라고 할 수 있어요. 춤은 표현 방식에 따라 크게 두 가지로 나눠볼 수 있어요.

어떤 사람들은 하나님의 구원의 은혜를 춤을 통해 상징적으로 표현해요. 겟세마네 동산에서 겪으신 예수님의 고뇌, 십자가에 달리신 예수님의 고통과 사랑, 그리고 부활, 많은 믿음의 조상에 대한 감동적인 이야기 등을 춤으로 표현하면서 하나님을 찬양하고, 사람들에게는 메시지를 던지는 거예요. 대표적인 것이 바로 CCDContemporary Christian Dance예요. 반면, 어떤 사람들은 사랑, 우정, 고뇌, 희망, 슬픔, 환희 등 사람의 감정은 물론 일상에서 일어나는 다양한 일들을 춤을 통해 표현하지요. 친구가 하고 싶어 하는 춤이 바로 이쪽일 거로 생각해요. 이렇게 우리는 성경에 대한 것을 표현하지 않더라도 인류의 주인이신 하나님을 일상에서 얼마든지 표현하며 찬양할 수 있어요. 다만 바른 신앙을 가진 크리스천 아티스트라면 성경적이지 않은 가치관, 도덕적으로 문제가 있는 내용은 잘 분별해서 피할 수 있어야 하죠. 하나님을 모욕하거나 사탄을 숭배하거나 동성애나 불륜적인 내용을 아름답게 표현하거나 하는 것들이 바로 그런 거예요.

아마 우리 친구는 이런 질문을 하고 싶을지도 모르겠어요. "연예계에서 살아남으려면 자극적인 주제나 춤을 거부할 수 없어요. 대중이 그런 걸 좋아하니까요!" 이 질문에 대해 저는 "전혀 그렇지 않다"라고 대답하고 싶어요. 건전하고 건강한 주제로도 얼마든지 대중의 사랑을 받으면서 활동할 수 있으니까요. 요즘 전 세계를 주름잡고 있는 BTS방탄소년단를 잘 아시죠? 뛰어난 가창력과 세계 최고라 해도 될 만한 춤 솜씨를 갖춘 친구들이죠. 가요 역사에서 가장 뜨거웠던 비틀즈의 등장 때보다 더 큰 인기를 끌고 있다고 하니 그 인기가 엄청나지요. 그런 BTS가 다루는 주제 중에는 10-20대라면 공감할 만한 진지한 삶의 문제가 많아요. 성장하는 세대의 고민, 어긋난 세태에 관한 생각, 진취적이고 희망적인 메시지에 아름다운 곡을 붙여 노래하고 춤을 추죠. 그런 곡들이 전 세계적으로 통하고 있어요. 이런 좋은 예들은 또 얼마든지 있고요. 그러니까 저는 친구가 '살아남으려면 어쩔 수 없이 해야 해'라는 생각을 하기보다는 지금처럼 어떻게 하면 좋은 방향으로 문제를 풀어낼 수 있을까를 고민하고, 기도하면서 답을 찾을 수 있으면 해요.

그러기 위해서는 다음 세 가지를 꼭 준비해야 한다고 말해 주고 싶어요.

첫째로, 다른 친구들보다 성경말씀을 훨씬 더 많이 읽고 공부하고 묵상하고, 기도와 예배생활도 더 열심히 하는 등 경건훈련을 철저히 해야 할 필요가 있어요. 아마 이렇게 반문할지도 모르겠네요. "목사님이 되는 거면 몰라도 아티스트가 되려는데 왜 경건훈련이 필요하죠?" 그 이유를 말해줄게요. 목사님은 주로 하나님을 잘 믿는 사람들과 지내는 시간이 많아요. 그래서 믿음을 지키기가 더 쉬울 수 있어요. 그러나 아티스트들은 하나님을 믿지 않는 사람들, 세상 속에서 자유를 만끽하려는 사람들과 많은 시간을 보내게 돼요. 믿음을 지키기가 훨씬 더 어렵죠. 그뿐만 아니라 춤 같은 '표현예술'은 관객에게 평가받아야 하므로 늘 스트레스 속에 있을 수밖에 없고, 또 경쟁을 피할 수 없어서 상처받기 아주 쉬워요. 그래서 더 영적으로 단단하게 무장할 필요가 있는 거예요.

둘째로, 자극적인 주제는 빼고 건전한 주제만으로 승부를 걸기 위해서는 관객을 끌어들일 만한 빼어난 실력을 갖춰야 해요. 그러기 위해서는 더욱 철저한 연습이 필요하죠. 자극적인 요소를 내세울 때는 춤 실력이 조금 모자라도 관객의 관심을 끌 수 있지만, 그것도 그때뿐이죠. 결국에는 실력이 있어야 인정받게 돼요. 그러므로 춤을 익히는 지금 단계에서는 할 수만 있다면 다양한 장르의 춤을 익히고 연습하는 것이 좋아요. 그래야 나중에 나만의 특색을 만들고 창작하는 데 도움이 될 테니까요. 설령 원하지 않는 장르의 춤이어도 기초적인 부분을 숙지해 놓는다면 훗날 친구에게 좋은 선택이 될 거예요.

셋째로, 신앙적으로나 도덕적으로 좋지 않은 주제는 절대 다루지 않겠다는 결심을 단단히 하고 이 결심을 지킬 필요가 있어요. 아무리 대세라 해도 크리스천 아티스트라면 하나님의 영광을 가리는 것이나 성경적 가치관에 반하는 것들을 철저히 분별하고 피할 수 있어야 하죠. 아무리 대중에게 사랑받는다고 해도 하나님께서 인정하지 않으시면 그 춤이나 인기가 무슨 소용이겠어요? 저는 우리 친구가 사람을 높이는 것도, 낮추는 것도 하나님의 손에 있다는 것을 잊지 말고 사람이 아닌 하나님을 바라볼 수 있으면 해요.

성경에 그런 좋은 예가 있어요. 바로 다니엘과 세 친구죠.

유다가 바벨론에게 멸망했을 때, 바벨론 왕 느부갓네살은 젊은 유대인 청년들을 자기 나라로 데려갔어요. 그중에서 똑똑한 친구들을 뽑아 왕궁에서 시중드는 사람으로 쓰기 위해서였죠. 그 청년 중에는 다니엘과 다니엘의 세 친구도 있었어요. 느부갓네살은 이 청년들을 왕립학교에 입학시켜서 바벨론의 언어와 문화를 배우게 했고, 특별히 이들에게는 왕궁에서 먹는 맛있는 고기와 포도주를 먹게 했어요. 하지만 당시 바벨론에서 유통되는 고기와 포도주는 이방 신에게 제사한 것들이었어요. 율법에서는 이것을 먹지 말라고 했기 때문에 다니엘과 세 친구는 과감하게 왕의 명령을 거부하고 고기 대신 채식을, 포도주 대신 물을 마시겠다고 했지요. 이때 왕립학교 책임자인 환관장은 그들이 제대로 먹지 않아 얼굴이 상하면 자신이 곤란해질까 염려했어요. 그러자 다니엘은 열흘 동안 채식을 해보고 얼굴이 더 나빠지면 환관장의 말을 따르겠다고 제안했죠. 열흘 후에 다니엘과 세 친구의 얼굴을 본 환관장은 안심할 수 있었어요. 왜냐하면 그들의 얼굴이 왕립학교의 다른 학생들보다 더 아름다울뿐더러 피부도 윤기가 흐르고 더 좋아 보였기 때문이에요단 1:15.

바로 이거예요. 우리 친구가 기독교인 아티스트로서 원칙을 세우고 끝까지 지키면 다니엘을 축복하신 하나님께서 우리 친구도 축복하셔서 아름답고 빛나는 퍼포먼스를 지속해서 할 수 있도록 길을 열어주시고 축복해 주실 거예요. 우리 친구가 다니엘과 세 친구와 같은 담대한 믿음의 사람이 되기를, 춤으로 하나님께 영광을 돌리는 꿈을 이루기를 응원해요.

22

제 꿈인지 하나님이 주신 비전인지
어떻게 구분해요?

Q 제가 되고 싶은 꿈이 있는데요. 그게 하나님이 주신 비전인지 아니면 제 욕심으로 하려는 건지 잘 모르겠어요. 그걸 어떻게 구별할 수 있나요? 만약 하나님의 뜻이 아닌 저의 뜻이라면, 아무리 노력해도 이루어지지 않을 것 같아 걱정돼요.

A 우리 친구의 이 질문에 대해서는 '교회의 일'을 하고자 하는 꿈과 '일반 사회의 일'을 하고자 하는 꿈의 경우를 나누어서 답변해야 하겠네요. 왜냐하면, 그 두 가지 경우는 성격이 다르기 때문이에요.

먼저 '교회의 일'을 꿈꾸는 경우를 생각해 보겠어요. 제가 여기서 '교회의 일'이라고 하는 건, '목사'가 되어 교회를 섬기는 것을 말해요.

우리 친구들이 교회 목사님들을 잘 관찰하다 보면 일반적인 직업을 가진 분들과 뚜렷하게 다른 점을 발견할 수 있을 거예요. 예를 들어서 의사들은 거의 대학교에서 의학을 공부한 사람들로만 구성되어 있어요. 초등학교 교사들은 대학에서 초등학교 교육을 전공한 사람들만으로 구성되어 있죠. 그러나 목사의 경우는 조금 다르죠. 법학을 하다가 목사가 된 분도 있고, 의학을 하다가, 공학을 하다가, 사업을 하다가, 농사를 짓다가 목사가 되신 분도 있지요? 목사가 되는 꿈을 이루고자 할 때 문제가 되는 것은 그가 어떤 교육을 받고, 어떤 재능을 가지고 있고, 어떤 개인적인 꿈을 가지고 있느냐 하는 것이 아니라는 점이에요. 목사가 되려는 사람은 반드시 '하나님으로부터 부르심'을 받아야 해요. 하나님은 개인적인 꿈이나 재능, 상황과 상관없이 필요하시면 언제든지, 또 누구든지 부르셔서 교회 일을 맡기시거든요.

이 점은 성경에도 잘 기록되어 있어요. 예수님의 열두 제자들이나 모세, 사사들, 사무엘, 다윗, 엘리야, 엘리사, 이사야, 예레미야 등과 같이 하나님의 말씀을 전하는 사역자들은 개인적인 꿈과 처지와는 관계없이 하나님으로부터 부르심을 받고 사역의 길에 들어섰어요. 물론 하나님이 부르시는 방법은 사람에 따라 다 달라서 어느 한 가지 방법만이 하나님이 부르시는 유일한 방법이라고 할 수는 없어요.

하나님의 특별한 부르심을 받은 사람이 목사가 될 수 있는 이유는, 목사라는 일이 인간의 꿈이나 재능으로 하는 일이 아니기 때문이에요. 그것들보다도 하나님이 주시는 특별한 은혜와 능력을 받아야만 할 수 있는 일이죠. 그래서 앞으로 목사가 되고자 하는 친구들은 반드시 하나님으로부터 특별한 부르심이 있는가를 생각해 보고, 그런 부르심이 있다면 그 음성에 순종할 수 있어야 해요. 물론, 이 부르심이 없다면 목사의 길을 가는 것에 대하여 다시 한번 생각해봐야 하죠.

다음으로 '일반 사회의 일'을 하고자 하는 꿈을 가진 친구들의 경우를 생각해 보겠어요. 먼저 우리 친구가 유념해야 할 점은 교회를 위하여 일하는 꿈을 꾸든, 아니면 일반 사회에서 일하는 꿈을 꾸든, 모두 하나님을 기쁘시게 하도록 일해야 한다는 거예요. 다만 꿈을 이루어가는 방법이 다를 뿐이죠. 일반 사회에서 일하려는 친구들에게 그것이 하나님의 뜻에 합당한 것인지를 알아보는 방법을 몇 가지 알려드릴게요.

첫째로, 그 일을 하고 싶어 하는 '간절한 소원'이 있는가를 점검해 봐야 해요. 빌립보서 2장 13절을 보면, "소원을 두고 행하게 하신다"라는 말씀이 있죠. 시편 21편 2절에는 "그의 마음의 소원을 들어 주셨으며 그의 입술의 요구를 거절하지 아니하셨나이다"라는 말씀이, 또 시편 37편 4절에는 "그가 네 마음의 소원을 네게 이루어 주시리로다"라는 말씀이 있답니다. 즉, 친구의 비전을 생각할 때 마음에 '간절한 소원'이 있다면, 위의 말씀들에 근거하여 그 소원을 들어주실 거라고 확신해도 좋아요.

우리 친구는 무엇보다도 일평생 열정을 다하여 자신이 하고 싶은 일, 그 일을 하면 정말로 행복할 거라고 생각되는 일, 일생을 바쳐도 후회하지 않을 그 일이 무엇인가를 스스로 묻고, 그 일을 하면서 일생을 보낼 수 있기를 바라요. 비록 돈을 많이 벌지 못하고, 사회적으로 크게 인정받지 못하더라도 자기가 좋아하는 일을 하는 사람이 가장 행복한 사람이에요. 아무리 돈을 많이 벌고, 사회적으로 인정받아도 그 일에 대한 열정과 기쁨이 없다면 그 사람은 불행한 사람이죠.

둘째로, 하나님이 원하시는 소원은 '선한 소원'이라야 해요. 잠언 11장 23절에 이런 말씀이 있어요. "의인의 소원은 오직 선하나 악인의 소망은 진노를 이루느니라." 만약 우리 친구가 하고자 하는 일이 다른 사람에게 피해를 주는 일이라면 그건 악한 소원이에요. 그 일을 통해 돈을 많이 벌어서 잘 살려고 한다거나 자기를 드러내거나 높은 지위에 올라가려고 한다면 그것도 악한 소원일 수 있으니까 주의해야겠지요. 예를 들어서 어떤 친구가 의사가 되고자 하는 꿈을 가졌다고 해요. 그런데 그것이 병들어 죽어가는 사람들을 불쌍히 여기고 도우려는 순수한 마음 때문이 아니라, 돈을 잘 벌고 사회적으로 인정받으면서 살고 싶은 생각 때문이라고 한다면 이 소원은 악한 소원이 될 수 있어요.

셋째로, 잠언 19장 2절에 아주 중요한 말씀이 있어요. "지식 없는 소원은 선하지 못하고 발이 급한 사람은 잘못 가느니라." 이 말씀에서 '지식 없는 소원이 선하지 못하다'라고 하는 것은 무슨 뜻일까요? 참된 소원은 지식이 뒷받침되어야 한다는 뜻이에요. 즉, 누구든지 꿈을 이루려면 자신에게 그 꿈을 이룰 수 있는 재능이 있는가를 살펴보아야 해요.

예를 들어서 운동선수가 꿈이라면 자신에게 선천적인 운동신경이 있는가를 살펴볼 필요가 있어요. 예술가가 꿈이라면 예술적 감각이, 법률가가 꿈이라면 냉철한 분석적 사고의 능력이 있는가를 살펴보아야 하죠. 만약 내가 하고자 하는 일에 대한 재능이 나에게 없다면 어떻게 해야 할까요? 그럴 때는 성실한 훈련과 연습을 통해 약점을 보완할 수 있어요. 재능이 없어도 열정을 가지고 연습을 하다 보면 어느 정도까지는 도달할 수가 있으니까요. 우리가 잘 아는 운동선수 중에는 몸이 너무 약해서 건강 때문에 운동을 시작했다가 세계적인 스타가 된 예도 있답니다. 물론, 세계적인 스타가 되어야만 반드시 성공한 것은 아니에요. 세상에는 다양한 재능을 갖춘 사람들이 활동할 수 있는 분야가 많고, 그런 사람도 꼭 필요하니까요. 무엇이든 철저한 교육과 훈련과 연습이 없다면 재능은 사장되어 버리고 말아요.

문제는 우리 친구가 가진 꿈이 공부를 더 많이 하고, 나이가 들어가면서 바뀌는 경우가 매우 많다는 점이에요. 그래요. 더 많은 공부를 하고, 세계를 바라보는 안목이 넓어지고, 나이가 들어 성숙해지면서 꿈은 얼마든지 달라질 수 있어요. 이전에 가졌던 꿈이 비현실적이었다는 걸 깨닫게 되기도 하고요. 그런 꿈은 철이 들면서 바뀔 수 있어요.

따라서 여러분에게 이런 조언을 하고 싶어요. 꿈을 갖되, 어느 한 가지 꿈에 마음을 너무 단단히 고정하지 말고 모든 꿈을 향해 마음을 열어 두라고요. 우리 친구가 원하는 꿈을 이루기 위해 희망을 품고 열심히 준비하되, 다른 가능성이 열릴 수도 있다는 열린 마음을 가지고 노력하라는 것이지요. 나중에 꿈이 바뀌더라도 이전에 꾸었던 꿈이 내가 갈 길이 아니라는 사실을 발견하는 것 자체가 매우 중요한 경험이 될 수 있답니다. 그만큼 자기의 꿈을 더 구체화하였다는 뜻이니까요.

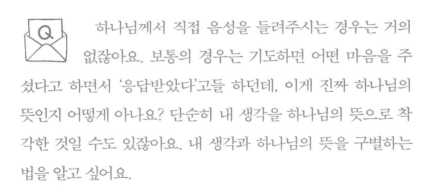

23

내 생각인지 하나님의 뜻인지
어떻게 알아요?

하나님께서 직접 음성을 들려주시는 경우는 거의 없잖아요. 보통의 경우는 기도하면 어떤 마음을 주셨다고 하면서 '응답받았다'고들 하던데, 이게 진짜 하나님의 뜻인지 어떻게 아나요? 단순히 내 생각을 하나님의 뜻으로 착각한 것일 수도 있잖아요. 내 생각과 하나님의 뜻을 구별하는 법을 알고 싶어요.

질문을 보니 친구가 한 가지 중요한 진리를 잘 이해하고 있다는 게 느껴져서 마음이 뿌듯해요. 그 진리란 우리가 기도할 때 하나님께서 음성을 들려주시는 경우는 거의 없다는 거예요. 이 점은 매우 중요해요. 하나님은 왜 직접 음성으로 응답하지 않으실까요?

성경을 읽어 보면 하나님이 직접 말씀하시는 경우가 많이 있어요. 그 시대에는 하나님의 말씀이 성경책의 형태로 완전히 다 기록되기 전이었기 때문에 하나님이 말씀으로 당신의 뜻을 전달하셔야 했지요. 그러나 오늘날에는 우리 안에서 우리와 직접 관계하시는 성령님이 계세요. 성경에 보면, 성령님에 대해 이렇게 말씀하고 있죠. "그러나 진리의 성령이 오시면 그가 너희를 모든 진리 가운데로 인도하시리니 그가 스스로 말하지 않고 오직 들은 것을 말하며 장래 일을 너희에게 알리시리라"요 16:13. 여기서 "들은 것"은 성부와 성자에게 들은 것, 즉 삼위일체이신 하나님의 뜻을 뜻해요. 삼위일체이신 하나님의 뜻이 지금은 이미 성경에 모두 기록되어 있죠. 그러므로 성령님은 각자가 처한 상황에 맞게 하나님의 뜻을 우리에게 알려주시되, 성경에 기록된 말씀 안에서 응답하세요. 성경에 기록된 것 외에 다른 말씀을 우리의 귀에 들리게 음성으로 역사하지는 않으신다는 거예요. 그래서 성경 말씀을 읽고 공부하고 묵상하는 시간을 많이 갖는 것이 중요해요. 성경 말씀을 잘 알면 알수록 하나님의 뜻을 분별할 수 있는 능력이 향상되지만, 말씀에 대한 지식이 부족하면 하나님의 뜻을 분별할 수 있는 능력이 떨어지기 때문이죠.

또한, 성령님은 우리를 인도하실 때 우리의 의사와 상관없이 하나님의 뜻을 무조건 따르라고 강요하지 않으세요. 때로는 우리의 생각도 하나님의 뜻을 담는 도구로 사용하시지요. 이에 대해 바울은 이렇게 말하고 있어요. "너희 안에서 행하시는 이는 하나님이시니 자기의 기쁘신 뜻을 위하여 너희에게 소원을 두고 행하게 하시나니"빌 2:13. 이 구절은 하나님께서 당신의 뜻을 이루기 위해 우리 안에서 일하신다는 뜻이에요. 우리 마음에 소원을 품게 하시는 방법으로 말이지요. 즉, 하나님은 우리 친구를 강제로 인도하는 분이 아니라, 마음에 소원을 품게 하시고 그것을 위해 기도하게 하시고 결단하고 실행하게 하시는 인격적인 분이세요.

그런데도 마음에 하나님이 주신 소원을 갖지 못할 때가 있어요. 두 가지 이유 때문인데요.

하나는 죄 때문이에요. 아담과 하와는 타락하기 전에 하나님과 같은 마음을 품고 늘 그분과 교제하면서 살았기 때문에 하나님의 뜻을 바로 알 수 있었어요. 하지만 선악과를 따먹고 타락한 이후에는 생각이 죄에 오염되어서 하나님의 뜻에 점점 어긋나게 되었고, 그 후손인 인간은 이제 하나님의 생각과 마음을 품기가 매우 어렵게 되었죠. 그래서 하나님은 예수님을 통해 죄를 사하시고, 우리 안에 성령님을 보내셔서 우리의 망가진 생각과 마음을 하나님께로 향하게 해주신 거예요. 하지만 성령님이 우리 안에 계신다고 해서 모든 사람의 생각이 다 고쳐지지는 않아요. 세상에 사는 동안에 우리는 죄에 대해 자유롭지 않기 때문이에요. 우리 안에 죄를 짓고자 하는 마음이 계속 남아있어서 성령님이 주시는 생각과 다른 마음을 갖게 되고, 그러다 보면 하나님의 뜻을 분별하지 못하게 되죠.

또 한 가지 이유는 우리의 경험과 지식과 세상을 이해하는 안목이 부족하기 때문이에요. 때로는 우리가 하나님의 말씀에 귀 기울이고 열심히 기도하고 순전한 마음으로 하나님의 일을 계획해도 그 생각이 하나님의 뜻이 아닌 경우가 있어요. 왜 그럴까요? 바로 인간인 우리의 한계 때문이에요. 우리 친구는 아직 세상에 대한 경험도, 지식도, 미래를 생각하는 통찰력도 부족해서 아무리 최선을 다해도 하나님의 길을 다 이해할 수 없을 때가 많아요. 사람은 누구나 자기 지식의 한계 안에서만 생각하게 되니까요.

그렇다면 우리 친구의 나이 때에는 하나님의 뜻을 아는 걸 그냥 포기해야 할까요? 그렇지 않아요. 그럼에도 불구하고 최선을 다해 하나님의 뜻이 무엇인가에 대해서 생각해야 해요. 단, 한 가지 조건이 있어요. 최선을 다해 하나님의 뜻이 무엇인지 생각하고 그 생각을 이루기 위해 열심히 노력하되, 하나님이 우리 친구에게 갈 길을 제시해주실 때면 언제든지 순종할 준비를 하고 있어야 해요. 우리가 우리의 한계 때문에 알 수 없는 최선의 길을 전능하신 하나님은 이미 아시고 그 길로 이끄시기 때문이에요. 비록 우리가 기도했던 것과는 다른 방향이더라도 순종하고 걸어갈 마음의 준비를 해야 한다는 것이죠. 그래서 잠언의 저자도 "사람이 마음으로 자기의 길을 계획할지라도 그의 걸음을 인도하시는 이는 여호와시니라"_{잠 16:9}라고 고백하고 있는 것이고요.

한 가지 예를 들면, 바울은 1차 선교여행을 끝내고 2차 선교여행의 목적지로 사람들이 많이 사는 남서쪽의 에베소 지역을 선택했어요. 바울이 얼마나 많이 기도하고 신중하게 결정했겠어요? 그런데 하나님은 아무런 말씀도 없이 에베소로 가는 길을 막으셨어요. 바울은 할 수 없이 방향을 바꿔 북쪽 지방인 비두니아로 가려는 계획을 새로 세웠지요. 그런데 하나님은 비두니아로 가는 길도 막으셨어요. 바울은 왜 길을 막으시는지 도저히 이해할 수 없었지만 다시 순종했고 이번에는 가운데 길로 나아갔어요. 그러고 마침내 서쪽 끝에 있는 드로아 항구에 도착했죠. 여기서 바울은 '혹시 배타고 건너편 마게도니아 지방으로 가라는 뜻인가?'라고 잠깐 생각했는데, 그것이 바로 하나님이 원하시는 길이었어요. 하나님은 그제야 비로소 마게도니아인의 환상을 보여주시며 그 길이 하나님이 원하시는 길이라는 것을 분명히 보여주셨죠.

저도 비슷한 경험을 했어요. 원래 저는 독일로 유학하려고 독일어 공부도 하고 현지에 있는 학교에 이야기도 다 해 놓았는데, 이상하게 길이 열리지 않았어요. 그러다가 어느 날 갑자기, 아주 쉽게 미국으로 가는 길이 열려서 미국 유학을 떠나게 되었지요. 미국에서 학위를 마치고 이번에는 스위스의 대학교로 유학하려고 준비했는데, 이상하게 또 길이 열리지 않았어요. 그러다가 어느 날 갑자기 전혀 예상하지 않았던 네덜란드로 가는 길이 순조롭게 열려서 그곳에서 박사과정을 공부할 수 있었어요.

자, 이제 하나님의 뜻을 어떻게 분별하고, 어떻게 받아들여야 할지 조금은 이해가 되나요?

하나님은 구약시대처럼 친구의 귀에 직접 음성을 들려주셔서 하나님의 뜻을 전달해 주시는 법이 거의 없어요. 그래서 우리는 성령님을 통해 인도함을 받도록 기도하되, 성경 말씀을 꾸준히 읽고 공부하고 묵상해서 하나님의 뜻을 분별할 수 있는 능력을 키우는 것이 중요해요. 이것이 우리가 죽을 때까지 해야 할 일이죠.

마지막으로 한 가지 더 알려드릴게요. 현재 내 생각이 하나님의 뜻과 일치하는지 아닌지를 확인해 볼 수 있는 좋은 방법이 있어요. 그건 우리 친구가 어떤 일을 하기 원할 때 혹시 친구의 마음속에 '욕심'이 자리 잡고 있는가를 살펴보는 거예요. 만일 우리 친구의 생각 속에 욕심이 자리 잡고 있다면 그런 상태에서 결정한 일들은 하나님의 뜻이 아닐 가능성이 크다고 판단해도 될 것 같아요.

앞으로 우리 친구는 하나님이 우리 친구의 소원을 통해서 그분의 뜻을 알려주신다는 믿음을 가지고 최선을 다해 나아갈 길을 생각하되, 혹시 내 마음에 욕심이 있지는 않은지 늘 살피길 바랄게요. 무엇보다도 친구를 친구 자신보다 더 잘 아시는 하나님께서 어느 길로 이끄시든 열린 마음으로 받아들일 수 있는 순종의 마음을 항상 마련해 둘 수 있기를 바라요. 그러면 하나님의 뜻을 바르게 찾아갈 수 있어요.

24

공부할 때 목표를 세우는 것이 제 욕심을 앞세우는 걸까요?

우리는 자기 뜻이 아니라 하나님의 뜻에 따라 살아야 한다고 하잖아요. 그러면 공부는 어떤가요? 사실 공부는 내가 더 잘살려고 하는 거잖아요. 저는 지금 고3인데요. 요즘 이런 의문 때문에 공부에 집중이 안 돼요. 아무래도 공부하다 보면 목표를 원하는 대학으로 설정하게 되는데 이런 게 옳은 건지도 모르겠고요. 교수님 알려주세요!

먼저, 학교 공부에 대한 우리 친구의 생각을 점검해 볼 필요가 있는 것 같아요. 질문을 보면서 친구가 학교 공부에 대해 가지고 있는 관점을 세 가지 정도 엿볼 수 있었어요. 첫째, 학교 공부는 하나님의 뜻과는 상관없는 일이다. 둘째, 학교 공부는 자기가 잘살기 위해 하는 일이다. 셋째, 특정한 대학이나 성적을 목표로 공부하는 것은 잘못일 수 있다.

친구가 가지고 있는 이런 관점과 고민은 학교 공부에 관한 생각이 잘 정립되지 않아서 생기는 문제라고 할 수 있어요. 그렇다면, 공부를 어떤 관점에서 바라보는 것이 좋은지 친구의 생각과 대비해서 하나씩 이야기해 줄게요.

첫째로, 친구는 학교 공부가 하나님과는 상관없는 일이라고 생각하고 있는 것 같아요. 아마도 교회 일이나 선교를 위한 일은 하나님의 뜻을 위한 것이고, 교회 밖에서 일어나는 일들은 하나님과 상관없는 세상의 일이라는 이야기를 들었겠죠. 그러나 이는 매우 잘못된 생각이에요. 성경은 교회 일만이 아니라 교회 밖의 일들도 하나님의 뜻과 섭리 안에 있다고 가르치고 있어요. 여기서 말하는 교회 밖의 일들에는 당연히 학교 공부도 포함되지요. 우리 친구는 공부가 하나님의 뜻과 아주 깊은 관계가 있다는 점을 알아야 해요.

학교 공부는 인간과 자연에 관한 지식을 체계적으로 배우는 과정이에요. 인간과 세계는 누가 만들었을까요? 네! 바로 하나님이 만드셨어요. 따라서 인간을 알면 알수록, 또 그분이 만드신 세상을 알면 알수록 하나님께서 만드신 질서와 원리가 얼마나 오묘하고 놀라운 것인가를 더 잘 알게 되죠. 성경에도 인간 안에는 "하나님을 알 만한 것"이 있다고 되어 있지요롬 1:19. 이미 하나님을 알 수 있는 능력이 내재되어 있다는 거예요. 또, 인간 안에는 하나님이 새겨주신 율법이 있다고도 기록되어 있죠롬 2:14-15. 그러므로 인간은 만물을 깊이 알면 알수록 하나님을 더 잘 깨닫게 되는 것이죠. 자연 역시 마찬가지예요. 시편 19편 1절은 "하늘이 하나님의 영광을 선포하고 궁창이 그의 손으로 하신 일을 나타내는도다"라고 말하고 있고, 로마서 1장 20절은 하나님이 만드신 만물 안에 하나님의 영원하신 능력과 신성이 분명히 보여 알려졌다고 말하고 있어요. 따라서 자연을 알면 알수록 창조주이신 하나님을 더 잘 알게 되는 것이죠.

물론 모든 학문이 다 그렇지는 않아요. 사람의 지식에는 한계가 있고, 또 하나님 없이 인간과 세상을 바라보게 되면 지식에도 오류가 생기게 되니까요. 대표적인 것이 '진화론'이나 '공산주의' 같은 사상이에요. 하지만 이런 오류들이 있다고 해서 학교 공부를 등한시하거나 거부하는 건 옳지 않아요. 오히려 배우는 학문 속에서 진리를 분별하기 위해 더 열심히 공부하려는 자세가 필요하죠.

둘째로, 친구는 공부가 하나님의 뜻보다는 친구 자신이 잘살기 위해 하는 일이라고 생각하고 있어요. 그러나 그런 생각 역시 성경의 가르침이 아니에요. 고린도전서 10장 31절은 이렇게 말하고 있어요. "그런즉 너희가 먹든지 마시든지 무엇을 하든지 다 하나님의 영광을 위하여 하라"라고요. 본문이 말하는 "무엇을 하든지"에는 직장 생활도 포함되고, 학교 공부도 포함돼요. 맞아요. 성경은 교회 일만이 아니라 공부를 포함해 우리가 하는 모든 일을 하나님의 뜻에 따라서, 하나님의 영광을 위해 하라고 명령하고 있어요. 우리는 교회 안의 빛과 소금이 아니라, 세상 속에서 복음의 선한 영향력을 끼치는 빛과 소금으로 살아가야 하니까요. 예수님처럼 말이에요. 예수님은 어떤 삶을 사셨죠? 로마서 15장 3절은 "그리스도께서도 자기를 기쁘게 하지 아니하셨나니"라고 말하고 있어요. 예수님은 자기를 기쁘게 하는 삶이 아니라 인류를 위하여 자기를 희생하는 삶을 사셨어요. 따라서 예수님을 본받는 우리도 자기를 기쁘게 하기보다는 하나님과 이웃을 기쁘게 하는 삶을 살아야 해요. 그런 의미에서 학교 공부 역시 친구 자신이 잘살기 위한 것이 되어서는 안 돼요. 하나님의 영광을 위하여, 그리고 이웃을 기쁘게 하기 위하여 공부도 열심히 감당해야 하는 것이죠. 믿지 않는 대부분 친구는 자기가 잘살고 출세하기 위해서 치열하게 공부해요. 그러나 하나님을 믿는 친구들은 열심히 최선을 다하되, 그 목적이 달라야 하죠. "그런즉 너희는 먼저 그의 나라와 그의 의를 구하라 그리하면 이 모든 것을 너희에게 더하시리라"마 6:33라는 예수님의 말씀을 따라서 하나님의 나라와 의를 이루려는 뚜렷한 목표를 설정하고 학교 공부를 열심히 해야 해요. 결과를 위해서가 아니라, 어느 곳에서 어떻게 쓰임을 받든지 하나님의 영광을 드러내고 하나님의 사랑을 전해주는 사람이 되기 위해서 주어진 영역에서 최선을 다해야 하죠.

셋째로, 우리 친구는 특정 대학을 목표로 설정하는 것이 하나님의 뜻보다 앞서는 건 아닌가 하는 염려를 하고 있어요. 하지만 앞에서 말한 것처럼 학교 공부가 하나님을 알아가는 중요한 과정이라는 점을 분명히 하고, 친구가 자기 자신을 위해서가 아니라 하나님의 영광과 이웃을 섬기기 위해 공부하고 있다면 그때 세운 목표와 계획도 결국엔 하나님의 영광을 위한 것이 되지 않겠어요? 만일 친구가 하나님의 영광과 이웃을 섬기기 위한 마음으로 기도하는 가운데 원하는 것을 마음에 품었다면, 그것은 하나님께서 허락하신 소원이라고 보아도 좋아요.

여기서, 목표를 정할 때 분별해야 할 것이 있어요. 학교 공부를 하는 이유가 분명한 상태에서 특정한 대학을 목표로 열심히 공부하는 것은 필요한 일이겠지만, 자신의 상태를 고려하지 않은 채 무조건 좋은 대학, 혹은 허황한 목표를 세우는 것은 바람직하지 않아요. 사실, '일류 대학'이라는 것 자체가 사람들이 만들어 놓은 기준일 뿐이잖아요? 우리 친구들은 그런 세상의 기준에 휘둘려 목표를 세웠다가 실패하고 좌절해서 신앙적으로 흔들리는 일이 없었으면 해요. 중요한 것은 친구가 받은 비전, 그리고 그 비전을 위해 가장 적당한 목표가 무엇인가를 정하는 일이에요. 단순히 좋은 대학에 들어가는 것, 좋은 성적을 얻는 것에 집착하는 것은 바람직하지 않아요. 우리는 잘했다고 인정받기 위해서가 아니라, 하나님의 나라와 뜻을 위해 공부해야 한다는 사실을 잊지 말아야 해요. 공부 자체, 성적 자체는 우리의 목표가 아니죠.

마무리하겠어요. 인간과 자연에 관한 기초 지식을 배우는 학교 공부는 창조주이신 하나님을 알아가는 데에도 중요한 과정이므로 소홀히 해서는 안 돼요. 다만 공부하는 이유가 단순히 하나님을 아는 지식을 쌓기 위해서만은 아니라는 걸 알아야 해요. 내가 배우고 깨달은 것을 통해서 하나님께는 영광을, 이웃에게는 사랑을 전하는 삶을 살 수 있어야 하죠. 그것이 복음을 가진 우리가 세상에서 빛과 소금으로 살아갈 수 있는 하나의 방법이에요. 아무쪼록 우리 친구가 중요한 고3 수험생의 시간을 이 기준과 목표를 가지고 성실하게 잘 감당해서 하나님의 나라를 위해 쓰임 받는 일꾼이 되기를 바랍니다.

4 부

전생, 타로, 영의 세계

25

운세, 타로점 등은
왜 보면 안 되나요?

Q 　사주팔자, 타로점, 별자리 운세, 오늘의 운세 등을
재미로 본 적이 있는데요. 이런 것들이 정말 정확하
게 맞는 건가요? 가끔 보면 제 상황을 딱 맞추기도 하고, 여기
서 말한 대로 일이 생기는 것도 같거든요. 물론 저는 하나님을
믿지만 이런 것이 정말 맞는 건지, 그리고 크리스천은 점을 보
면 왜 안 되는 건지 궁금해요.

A 　우리 친구들의 큰 관심사 중 하나가 '학교 시험에서
좋은 성적을 받는 것'이겠죠? 학교 시험에서 좋은 성적
을 얻고 나아가서는 수능 시험에서도 좋은 성적을 거둬 우리 친구
의 꿈을 펼칠 수 있는 좋은 대학교에 가는 것이 가장 큰 소원 중
하나 아니겠어요? 그런데 만일 우리 친구가 내일 수능 시험을 봐
야 하는데, 시험공부를 제대로 하지 못했다고 가정해 봐요. 시험

공부는 제대로 못 했어도 시험은 잘 보고 싶겠죠? 이때 잠자리에 누우면 별별 생각이 다 떠오를 거예요. 저도 학생일 때, 그런 상황에 닥치면 항상 머릿속에 떠올렸던 나쁜 상상이 하나 있어요. 우리 친구들도 한두 번 이상은 이런 은밀한 상상을 했을 것 같네요. 제가 시험 전날, 수능 시험 문제지가 보관된 비밀창고에 몰래 숨어들어가는 거예요. 그리고 수능 시험 문제지를 몰래 빼내어 복사해서 갖고 나오는 거죠. 그리고는 밤새도록 시험 문제를 미리 다 풀어 본 다음에 시험을 보러 가는 거죠. 어때요? 이런 근사한(?) 길이 있다면 얼마나 좋을까요? 머리 싸매고 공부 안 해도 시험에서 만점을 받을 수 있는 길이잖아요?

그래요. 시험 준비를 제대로 하지 않은 수험생이 다가올 시험이 두려워 어떻게든 시험 문제를 미리 알아내고 싶어 하는 것처럼, 사람들은 아직 준비되지 않은 상태에서 찾아오는 미래를 맞이하기 두려워해요. 그리고 미래에 일어날 일을 미리 알아보고 싶어 하죠. 이런 이유로 동서양을 막론하고 많은 사람이 사주팔자나 타로점, 별자리 운세 등에 관심을 두게 된 거예요. 동양인들이 미래에 일어날 일을 알아보려는 대표적인 방법이 '사주팔자'라면, '타로점'은 서양인들의 방법이라고 할 수 있어요.

먼저 사주팔자四柱八字는 '역학'이라는 동양 철학사상의 한 분파인 '명리학'에서 인간의 미래와 운명을 예언하는 방법으로 제시된 거예요. 여기서 '사주四柱'라는 말은 네 개의 기둥을 뜻하는데, 이는 어떤 사람이 태어난 해와 달과 날짜와 시간을 뜻해요. 명리학에서는 사람이 태어난 해, 달, 날짜, 시간에는 각각 그날과 시간에 해당하는 음과 양 그리고 오행불〈화〉, 물〈수〉, 나무〈목〉, 금〈금〉, 흙〈토〉을 갖고 있다고 보고 있죠. 또 거기에 맞는 십이지열두 동물 - 쥐, 소, 호랑이, 토끼, 용, 뱀, 말, 양, 원숭이, 닭, 개, 돼지를 갖고 있다고 보고요. 그리고 그 음양, 오행, 십이지 하나하나에는 거기에 해당하는 각각의 의미들이 있어요. 한 사람의 사주를 알면, 거기에 해당하는 여덟 개의 글자가 나오는데 팔자란 그 여덟 개의 글자를 말해요. 그 여덟 개의 글자로 그 사람의 정해진 미래를 알 수 있다고 풀이하죠. 미래에 부자가 될지, 출세를 할지 못할지부귀와 귀천, 부모나 형제에게 어떤 일이 일어날지부모와 형제, 병이 날지 안 날지질병, 어떤 직업을 얻게 될지직업, 결혼할지 못 할지결혼, 일에 성공할 수 있을지성공, 좋은 일을 만날 것인지 나쁜 일을 만날 것인지길흉를 예측할 수 있다는 거예요. 그러니까 한마디로 '사주팔자'를 보면 미래를 알 수 있다는 것이죠.

다음으로, '타로'에 대해 알아볼까요? 타로는 고대 서양 사회에서 게임용으로 만든 카드인데, 15세기 이후부터 미래를 예언하는 점술의 도구로 사용되기 시작했어요. 타로는 두 종류의 카드 패로 되어있어요. 큰 카드 패는 2장이며, 각 카드에는 숫자와 이름이 있어요. 0번은 광대, 1번은 마술사, 2번은 여자 교황, 3번은 여황제, 4번은 황제, 5번은 교황… 이런 식으로요. 작은 카드 패는 16장이며,

4명의 인물이 각각 봉, 성배, 검, 금화와 함께 짝지어져 그려져 있죠. 마지막으로 4종류의 상징들이 각각 1개에서 10개까지 그려져 있는 40개의 카드까지 포함해 총 56개의 카드로 구성되어있어요. 봉은 불의 별자리를 상징하며 모험, 야망, 정열, 용기를 뜻해요. 성배는 물의 별자리를 상징하며 애정, 감정, 꿈, 가족을 뜻하고요. 검은 바람의 별자리를 상징하며 패배, 곤란, 손실, 이별을 뜻하고, 금화는 땅의 별자리를 상징하며 경험, 실적, 자산, 재산, 지위를 뜻한답니다.

자, 어떤가요? 생각했던 것보다 복잡하고 어렵게 느껴지시나요? 그런데 사실은 별것 아니에요. 사주팔자나 타로점은 하늘의 별자리들, 땅을 구성하고 있는 다섯 가지 요소들, 그리고 열두 마리의 동물들이 지닌 특징들을 사람의 일생과 연결하여 미래를 예언해보는 것이랍니다. 문제는 '이런 특징들과 사람의 일생을 연결해도 될 만한 과학적인 근거가 있느냐?' 하는 것이죠. 만일 이런 연결에 과학적 근거가 있다면 사주팔자나 타로점은 굉장한 철학사상이나 종교가 될 테지만 이들에게서 과학적 근거를 거의 찾을 수가 없어요. 그래서 사주팔자나 타로점은 진정한 철학사상이나 종교가 될 수 없는 거예요.

그런데 어떤 경우에는 사람의 미래를 딱 알아맞히는 일이 있어요. 왜냐하면 점쟁이들은 사람들이 살면서 겪는 여러 경험을 정리하여 분류한 것들을 토대로 예언하기 때문에 많은 사람 중에 누군가에게는 들어맞을 수가 있죠. 즉, 10명이 점을 보았는데 9명은 맞지 않아도 1명 정도는 우연히 들어맞게 된다는 거예요. 이때 우연히 들어맞은 1명이 신기해하며 그것을 말하고 다니면 마치 사주팔자나 타로점이 신통력이 있는 것처럼 알려지게 되는 거랍니다.

그러면 하나님께서는 미래의 일을 미리 알아내려는 이런 시도에 대해 어떻게 생각하실까요? 신명기 18:9-14에서 하나님께서는 길흉을 말하는 자나 점쟁이를 하나님의 백성들 가운데 용납해서는 안 된다고 하셨어요. 이들을 가증스럽게 여기고 하나님의 백성들 가운데 두지 말고 쫓아내라는 단호한 명령을 내리셨죠. '사주팔자나 타로점을 보느냐? 보지 않느냐?' 하는 것은 하나님의 백성과 이방인을 구별하는 중요한 기준이 될 정도로 하나님의 백성이 빠져서는 안 될 잘못된 일이에요. 그러나 불신자들이 사주팔자나 타로점에 빠져드는 것은 이해할 만한 일이에요. 그들은 미래에 어떤 일이 일어날지 알 수 없어 불안하지만 정작 그 불안과 나쁜 일로부터 자신들의 삶을 지켜 줄 존재가 아무도 없기 때문이에요. 불신자들은 지푸라기라도 잡는 심정으로 그런 것들에 매달리는 것이죠. 그러나 그런 시도는 결코 성공할 수 없어요. 왜일까요? 어떤 존재든 우리를 미래의 불안으로부터 지켜주려면 각 사람의 미래를 다 알아야 하잖아요. 그런데 인간은 아무리 뛰어난 두뇌와 통찰력을 가지고 있다고 해도 1분 후에 일어날 일조차 미리 알 수 없는 존재거든요. 인간의 미래는 인간이 알 수도 없고 또 알아도 안 되

　청소년 미래세대의 고민 어떻게 할까요?

는 금단의 열매예요. 선악과가 금단의 열매였기 때문에 따먹어서는 안 되었던 것처럼 미래의 일도 인간이 따먹어서는 안 될 선악과라고 할 수 있어요. 만일 어떤 사람이 신통력을 발휘해 미래를 들여다보고 미래에 일어날 일을 미리 알아맞혔다고 해요. 그러면 하나님이 잘했다고 칭찬하실까요? 아니에요. 아마 하나님으로부터 크게 혼날 거예요. 하나님은 '너는 왜 나만이 갖고 있어야 할 지혜와 지식을 도둑질하느냐?'라고 꾸짖으실 거예요.

　미래를 꿰뚫어 알고 계시는 분은 오직 하나님뿐이에요. 미래를 다 알고 계시는 하나님께서는 우리에게 "볼지어다 내가 세상 끝날까지 너희와 항상 함께 있으리라"마 28:20라고 말씀하셨어요. 하나님께서는 우리가 이 세상에 사는 날 동안 한순간도 우리를 떠나지 않고 항상 함께하시겠다고 약속하셨죠. "내가 사망의 음침한 골짜기로 다닐지라도 해를 두려워하지 않을 것은 주께서 나와 함께 하심이라 주의 지팡이와 막대기가 나를 안위하시나이다"시 23:4. 다윗의 고백처럼 심지어 우리의 미래에 불행한 일이 찾아온다고 해도 우리를 지켜주실 것이기에 아무 것도 걱정할 필요가 없어요. 그러므로 미래를 하나님께 맡기고 현재 우리에게 주어진 삶을 하나님의 뜻에 맞게 열심히 살아야 해요. 이것이 바로 미래에 대한 최선의 준비예요. 미래를 위해 최선의 준비를 하는 것은 바람직하지만, 미래를 미리 알아내려고 시도하는 것은 하나님을 믿지 않는 사람들의 부패한 마음이라는 점을 항상 기억하기를 바랄게요.

26

관상으로 과거나 미래를
정말 볼 수 있나요?

Q 크리스천은 관상 같은 걸 믿지 않아야 한다고 들었어요. 그런데 사람의 얼굴에 나타난 관상을 보면 정말 그 사람이 살아온 과거나 미래를 볼 수 있는지 궁금해요.

A 여러분은 가족사진을 찍어 본 적이 있나요? 저도 결혼 전 가족사진을 찍은 적이 있어요. 결혼한 지 20년이 훨씬 지난 어느 날, 우연히 가족사진을 들여다보고는 소스라치게 놀랐어요. 그 이유는 사진 속에 있는 아버님과 어머님의 얼굴 모습 때문이었지요.

두 분이 사진 속에 나란히 서 계셨는데, 두 분의 얼굴이 반대 방향으로 정확한 대칭을 이루고 있었거든요. 한 분은 눈썹이 왼쪽 10시 방향으로 올라갔지만 다른 한 분 눈썹은 오른쪽 2시 방향으로 올라갔고요. 한 분은 눈동자가 왼쪽 먼 산을 바라보지만 다른 한 분의 눈동자는 오른쪽 먼 산을 바라보고 계셨죠. 또 입도 한 분은 왼쪽으로 몰렸지만 다른 한 분은 오른쪽으로 몰려 있었죠. 이미 세상을 떠나신 아버님과 어머님은 평생 서로 생각이 많이 달라서 사이가 그다지 좋은 편이 아니었어요. 그런데 이런 두 분의 마음이 정확하게 사진에 찍혀 있었던 거예요. 이처럼 사람의 마음 상태는 어느 정도는 얼굴에 반영되기 마련이에요.

얼굴에 사람의 마음 상태가 드러나는 건 사실이지만, '관상'에 대해 살펴보기 전에 정확하게 두 가지 관점을 구별해서 생각할 필요가 있어요.

첫째, 사람의 얼굴을 보고 그 사람의 몸이나 마음 상태를 파악할 수 있다는 관점이에요. 이것은 과학적인 근거가 있을 뿐만 아니라 성경에서도 말하고 있는 것이므로 인정할 수 있는 얘기죠. 둘째, 얼굴을 보고 미래의 운명을 알아맞힐 수 있다는 관점이에요. 이것은 엄밀히 말해 점을 치는 행위이기 때문에 거부해야 해요. 그러면 이 두 가지는 얼마나 다를까요?

첫 번째 관점의 가장 좋은 예는 의사의 진료 행위예요. 얼굴은 몸의 건강 상태를 반영하기 때문에 의사들은 얼굴만 보고도 환자의 몸 상태를 알 수 있죠. 사람의 몸은 머리끝에서 발끝까지 아주 복잡한 혈관, 림프관, 신경망 등을 통하여 긴밀하게 연결되어있어요. 최근에는 한의학에서 '경락'이라고 알려진 또 하나의 망을 통하여 온몸이 연결되어있다는 사실이 확인되었어요. 사람의 얼굴은 이런 망들을 통하여 온몸의 모든 장기와 연결되어있어요. 따라서 몸의 장기의 건강 상태가 얼굴에도 반영되는 경우가 많죠. 예를 들어 얼굴색이 검은색으로 변하면 위장에 문제가 생겼다는 증거이고, 누런색으로 황달 증세가 나타나면 간에 문제가 있다는 뜻이라고 해요.

얼굴은 몸의 상태만이 아니라 마음의 상태도 반영해요. 사람의 몸은 마음 또는 영혼과도 아주 긴밀하게 연결되어있는데, 마음이 행복하면 얼굴에 행복한 모습이 나타나고, 마음에 슬픔이나 죄가 있으면 얼굴에도 그대로 나타나게 되어있지요. 실제로 착한 마음을 품고, 미움이 아닌 사랑의 감정을 가지고, 항상 긍정적인 생각을 하면 몸을 건강하게 하는 물질들이 생성되어서 몸 전체가 건강해져요. 이 사실은 성경에서도 말하고 있는 바에요.

잠언 15장 13절은 마음에 즐거움이 있으면 얼굴이 빛난다고 말하고 있고, 전도서 8장 1절은 마음으로 사물의 이치를 알고 마음에 지혜가 있으면 얼굴에 광채가 난다고 말하고 있죠. 또 사도행전 6장 15절은 돌에 맞아 죽어가면서도 자신을 돌로 치는 사람들을 끝까지 용서하는 착한 마음을 가진 스데반의 얼굴이 천사 같았다고 말하고 있어요.

성경은 마음이 병들고 죄가 있으면 얼굴에 바로 나타나는 사례들도 소개하고 있어요. 바벨론의 벨사살 왕이 예루살렘 성전에서 탈취해 온 성전 그릇들을 가지고 술을 따라 마시는 악행을 저지르자 사람의 손가락들이 나타나 벽에 글자를 써 내려가는데 나라를 멸망시키겠다는 내용의 예언이었죠. 이때 벨사살 왕은 두려움에 얼굴빛이 변했어요단 5:6.

오랜 세월 착하고 사랑으로 가득 찬 마음으로 지낸 사람은 자비롭고 선한 인상이 얼굴에 나타나 표정만으로도 사람들의 마음을 평화롭게 해주기 마련이에요. 그러나 오랜 세월 나쁘고 악한 마음으로 지낸 사람의 얼굴은 어둡고 음산한 모습으로 굳어져 있어서 보는 사람들의 마음을 불편하고 힘들게 하지요.

한번은 제가 예배를 마치고 귀가하려고 지하철을 탔어요. 지하철이 경마장이 있는 역에 정차하자 막 경마장에서 도박을 끝내고 온 사람들이 탔는데, 그들의 얼굴을 보자마자 섬뜩하고 가슴이 철렁 내려앉는 것을 느꼈어요. 그 사람들의 얼굴이 한결같이 칙칙한 검은색에, 눈빛은 날카롭게 번득이는 인상이었기 때문이에요.

사람의 얼굴은 그가 지난 세월을 어떻게 살았는가를 반영하는 거울이에요. 그뿐만 아니라 현재 얼굴에 나타난 것과 같은 생활을 계속하면 미래가 어떻게 전개될 것인가도 추정해 볼 수 있죠. 마음에 선함과 사랑이 가득 차 있는 상태라면 미래에도 사람들을 유익하게 하고 사회에서도 좋은 영향력을 끼치는 삶을 살 거라고 예상해 볼 수 있겠죠? 반대로 악하고 부정적인 마음으로 살면 미래에도 사람들에게 좋지 않은 영향력을 끼치며 살 것이라고 예상해 볼 수 있고요. 이처럼 얼굴을 통해 어느 정도 사람의 마음을 읽어내는 것은 전혀 근거가 없는 이야기는 아니랍니다.

두 번째 경우는 어떨까요? 보통 사람들이 '관상을 본다'라고 말할 때는 첫 번째의 경우를 뜻하는 것이 아니에요. 관상을 본다는 것은 얼굴에 나타나는 특별한 색깔이나 얼굴의 모양새 자체가 사람의 운명을 결정해 준다고 믿는 태도를 가리켜요.

예를 들면 눈썹이 눈보다 길면 부자가 되고 눈썹이 눈보다 짧으면 가난해진다든가, 눈썹에 긴 털이 난 사람은 장수한다든가 하는 것들을 말하죠. 그뿐만 아니라 머리, 귀, 이마, 눈, 코, 인중, 입, 입술, 치아, 수염, 광대뼈, 턱 등의 색깔과 형태를 상세하게 분석하여 미래의 운명을 예측하지요. 그뿐만이 아니에요. 얼굴을 상, 중, 하로 나누어서 색깔과 형태를 따지기도 하고, 좌우로 나누기도 해요. 얼굴의 솟아 나온 부분은 다섯 가지로, 깊이 들어간 부분은 네 가지로 나누는 등 세부적으로 따지면 아주 복잡하죠. 이런 것들을 통해 특히 부자가 될 것인가 아니면 가난하게 살 것인가, 오래 살 것인가 아니면 일찍 죽을 것인가, 건강하게 살 것인가 아니면 병에 걸릴 것인가, 결혼을 할 것인가 아니면 하지 못할 것인가 등과 같이 미래와 관련된 것들을 유추해 내곤 한답니다. 그러나 그것은 과학적인 근거가 전혀 없어요.

사람들이 관상을 보기 시작한 역사는 2,000년이 넘어요. 관상 보는 일은 고대 서양 사회에서도 있었고, 고대 동양 사회에서도 있었어요. 그러면 사람들은 왜 관상을 보게 되었을까요? 관상은 무당이나 점쟁이들이 점치는 방법들 가운데 하나예요. 사람들이 가장 궁금해하면서도 또 가장 불안해하는 것들 가운데 하나가 바로 미래의 운명일 거예요. 아무리 학문이 발달하고 과학기술이 발달해도 인간은 단 1초 이후의 미래도 예측할 수 없지요. 따라서 사람들은 미래의 운명을 알아맞히기 위해 다양한 방법을 시도해 왔어요. 그 방법들 가운데 하나가 바로 관상이에요.

그렇지만 미래는 오직 하나님만이 아실 수 있고, 피조물에는 알려주지 않으신 영역이에요. 따라서 미래의 일을 알아맞히려고 시도하는 것은 하나님의 고유한 영역을 침범하는 죄가 되는 거예요. 이에 대해 "길흉을 점치는 사람을 용납하지 말라"라고 신명기 18장 10-11절에서 엄중하게 경고하고 있어요.

미래에 대한 불안은 우리 모두에게 있어요. 특히 수능을 앞둔 친구들은 더 그렇지요? 수능 시험에서 몇 점을 받을지, 대학교에 들어갈 수 있을지 매우 불안하지요? '이런 일들의 결과를 미리 알아맞힐 수 있다면 얼마나 좋을까?' 우리 친구들에게도 이런 생각이 문득문득 드는 때가 있을 거예요. 하지만 그것은 사탄의 유혹이라는 점을 분명히 알고 이 유혹에 넘어가지 않기를 바라요.

미래에 대한 불안을 해소하고 미래를 확실하게 준비하는 지름길은 현재 나에게 주어진 일에 집중하는 거예요. 더욱이 우리에게는 미래를 정확하게 아시는 하나님이 계시잖아요. 하나님께 미래를 맡기고 하나님의 뜻에 순종하면서 현재 나에게 주어진 일에 최선을 다하면 하나님께서 나의 미래를 가장 좋은 방향으로 인도해 주실 거예요. 이런 태도가 미래에 대한 최고의 준비라는 것을 잊지 않았으면 해요.

27

전생체험이 어떻게 가능한 거죠?

가끔 텔레비전에서 연예인들이 전생체험하는 걸 보게 되는데요. 저는 전생이라는 건 없다고 알고 있거든요? 그런데 전생체험을 한 사람들을 보면 실제로 자신이 경험한 것처럼 생생하게 눈으로 보고 느꼈다고 하더라고요. 정말 전생이 있는 게 아니라면 어떻게 그럴 수가 있죠?

우리 친구들이 텔레비전을 시청할 때 꼭 마음에 둘 것이 하나 있어요. 그것은 텔레비전에서 내보내는 내용 가운데는 틀린 것들도 많다는 점이에요. 텔레비전 프로그램들 가운데는 시청자에게 유익하고 진실한 것들도 있지만 진실이 아닌데도 불구하고 단순히 시청자들의 호기심과 흥미를 끌려는 목적으로 방영되는 것들도 있어요. 그런 것 가운데 하나가 바로 '전생체험'이죠. 이번에는 전생체험이 왜 틀렸으며, 전생체험을 어떻게 받아들여야 할지에 대해 말씀드리겠어요.

'전생'이라는 말은 '이전 생애'의 준말이지요. 전생체험은 과거 어느 시대에 살았던 사람의 영혼이 죽지 않고 계속 어딘가를 떠돌다가 현재 살아 있는 사람의 몸속에 들어와 있다고 생각하고, 옛날 살았던 그 시대로 돌아가 그 시절의 삶을 다시 한번 체험해 보는 것을 말해요. 사람의 영혼이 어떤 사람의 몸에 들어 있다가 그 사람이 죽으면 다른 사람의 몸으로 들어가서 계속 산다는 생각은 새로운 사상은 아니고 이미 수천 년 전부터 서양에서는 유명한 철학자인 플라톤과 동양에서는 힌두교, 불교, 지나교 등이 공통으로 주장해 온 윤회설의 일부예요.

윤회설이란, 사람의 영혼이 옮겨 다닌다고 주장하는 이론이지요. 그 이론에 의하면, 사람의 몸은 죽어서 없어지지만, 영혼은 죽지 않고 영원히 사는데, 살아 있는 동안에 좋은 일을 많이 한 사람은 천국으로 가고, 나쁜 짓은 하지 않았지만 그렇다고 해서 유별나게 좋은 일도 하지 않은 사람은 다시 한번 더 사람의 몸에 들어가서 환생하고, 나쁜 일을 많이 한 사람은 소, 돼지, 뱀 같은 짐승으로 환생하며, 정말로 용서받을 수 없는 나쁜 일을 한 사람은 지옥으로 떨어져 버린다고 해요.

이 전생 이론에 대하여 우리는 어떻게 평가해야 할까요? 전생 이론에 관해 한 가지 긍정적으로 평가할 수 있는 것이 있다면, 그것은 몸은 비록 죽어서 없어지지만 영혼은 죽지 않고 계속해서 산다고 주장하는 점이에요. 전생 이론은 진화론과 무신론 철학의 영향을 받아 몸이 죽으면 영혼도 같이 죽는다고 생각하는 것보다는 인간에 대해 더 잘 안다고 볼 수 있어요. 그러나 몸을 떠난 영혼이 존재하는 곳과 이동 경로에 대한 전생 이론의 주장은 매우 잘못되었어요.

우선, 전생 이론에 대해 살펴보죠. 전생 이론에서는 우리의 몸이 만들어지기 이전에 영혼이 이미 존재하고 있다가 몸이 만들어질 때 그 속에 들어온다고 주장하지만, 성경은 전혀 다르게 말하고 있어요. 성경은 우리 한 사람 한 사람의 몸이 만들어질 때 하나님께서 영혼 하나하나를 모두 새롭게 창조하셨다고 가르치고 있어요. 몸이 만들어지기 이전에는 우리의 영혼이 아예 존재하지를 않았던 거죠. 창세기 2장 7절에 보면 "여호와 하나님이 땅의 흙으로 사람을 지으시고 생기를 그 코에 불어 넣으시니"라는 구절이 있어요. 이 본문에서 말하는 "흙"은 사람의 몸을 가리키고, "생기"는 사람의 영혼을 가리키는 거예요. 그런데 생기가 어디에서 왔지요? 하나님이 코에 불어 넣는 순간 생기, 곧 사람의 영혼이 존재하기 시작한 거예요. 그 순간에 사람의 영혼이 창조된 것이지요. 하나님께서 이미 어딘가에 살아 있던 영혼을 잡아끌고 와서 사람의 몸속에 넣어 주신 것이 아니에요. 이처럼 몸이 태어나기 이전에 영혼이 이미 존재했었다고 주장하는 이론을 '영혼선재설'이라고 하는데, 영혼선

재설은 성경적인 이론이 아니에요.

그러면 또 이런 의문이 일어날 수가 있어요. '아담과 하와의 영혼은 하나님이 직접 만들어서 넣어 주셨다고 하더라도 아담 이후에 태어난 모든 후손의 영혼은 아담이 자식을 낳을 때 아담의 영혼이 나누어져서 들어간 것이 아니냐?'라는 것이죠. 부모가 자식을 낳을 때 몸만 부모에게서 온 것이 아니라 영혼도 부모에게서 왔다고 주장하는 이론을 '영혼유전설'이라고 해요. 그러나 성경은 영혼유전설을 뒷받침하지 않아요.

성경은 아담뿐만 아니라 모든 인간의 영혼은 각각 독립적으로 창조되었다고 말하고 있죠. 스가랴 12장 1절을 보면 이런 말씀이 있어요. "여호와 곧 하늘을 펴시며 땅의 터를 세우시며 사람 안에 심령을 지으신 자가 이르시되." 이 본문은 하나님이 창조하신 것 세 가지를 말하고 있는데, 하나는 하늘이고, 다른 하나는 땅이고, 다른 하나는 사람 몸 안에 있는 심령이에요. 여기서 사람은 모든 인간을 다 말하는 거예요. 하나님은 모든 사람의 영혼을 따로따로 창조하셨어요. 언제일까요? 우리의 몸이 만들어지기 시작할 때죠. 따라서 우리의 영혼 속에 전생에 대한 기억 같은 것은 있을 수가 없어요.

그러면 사람의 영혼은 몸이 늙거나 병들어 썩어 버리고 나면 어디로 가는 걸까요? 성경은 사람이 죽으면 예수 믿는 사람은 천국으로 가고, 예수 믿지 않는 사람은 지옥으로 간다고 말씀해요. 다른 곳은 없어요. 또, 성경에는 한번 현세를 떠나서 지옥이나 천국으로 간 영혼은 다시는 현세 안으로 돌아올 수 없다고 말하고 있어요. 누가복음 16장 19절 이하에 기록되어 있는 부자와 나사로 비유를 보면, 죽은 후에 나사로는 천국에 들어가 아브라함의 품에 행복하게 안겼고 부자는 지옥의 불구덩이에 들어갔어요. 부자가 지옥에 가보니 너무나 고통스러워서 현세 안에 있는 다섯 명의 형제를 위해 나사로를 보내서 천국에 관해 소개하고 하나님을 믿을 수 있도록 설득해 달라고 부탁했어요. 그러나 아브라함은 현세 안에도 복음을 전하는 자들모세와 선지자들, 29절이 있으니 그들의 말을 들으면 된다고 답변하면서 부자의 요청을 단호하게 거부했어요. 이 말은 죽은 영혼이 현세로 돌아갈 수 없다는 뜻이에요. 다윗이 죽은 아들의 시신을 앞에 놓고 슬퍼하면서 "나는 그에게로 가려니와 그는 내게로 돌아오지 아니하리라"삼하 12:23라고 말한 것이나 욥이 "스올지옥을 뜻함로 내려가는 자는 다시 올라오지 못할 것이오니"욥 7:9라고 한 말이나 자신이 죽은 뒤에 갈 곳을 "내가 돌아오지 못할 땅"으로 묘사한 것욥 10:21 등은 현세를 떠난 영혼은 다시는 현세로 돌아올 수 없다는 점을 분명히 하고 있어요.

그러면 전생체험을 실제로 하는 사람들을 어떻게 받아들여야 할까요? 한마디로 말하면 그것은 귀신들의 장난에 놀아나는 거예요. 현세 안에는 헤아릴 수 없이 많은 귀신이 있어요. 유교에서는 사람이 죽으면 혼령이 귀신으로 변한다고 생각하는데, 이것은 잘못된 생각이고, 귀신들은 우리의 생활 속에 아주 깊숙이 들어와 있어요. 어떤 사람들은 눈에 보이는 형태로 귀신 들리기도 하고 어떤 사람은 멀쩡한데 아주 은밀하게 작용하는 귀신의 교활한 작용에 이용되기도 해요. 사실상 믿지 않는 사람들은 매우 교활한 귀신의 지배 아래 있다고 보면 돼요.

예를 들어서 어떤 사람이 호기심에 전생체험을 하려고 시도하면 귀신의 전략에 말려드는 거예요. 이때 귀신은 '바로 이놈이 내 계략에 걸려들었구나'하고 이 사람의 마음속에 교묘하게 작용하여 그럴듯한 전생의 환상을 꾸며서 넣어 주죠. 그러면 사람들은 이것이 정말로 자기의 전생인 줄로 오해하게 돼요. 모든 전생체험은 이렇게 이루어지는 거예요. 실제로 최면 비슷한 상태에 들어가서 전생이라고 생각하는 환상을 볼 수 있다고 하죠? 그러나 분명히 알아야 해요. 이 모든 것은 다 교활한 귀신들의 장난이에요. 무당들의 활동도 귀신이 들어간 상태에서 하는 거예요. 귀신도 어느 정도 능력이 있으니까 무당이 칼 위에서 춤을 추어도 베이지 않게 하고, 별것 아닌 앞일을 알아맞히기도 하는 거예요. 우리 친구들은 이런 귀신들의 장난에 넘어가지 않도록 조심해야 해요.

28

귀신을 눈으로
정말 볼 수 있나요?

Q 얼마 전에 귀신이 나오는 드라마가 방송됐는데요, 여자 주인공이 사연이 있는 귀신들을 볼 수 있는 능력을 지닌 내용이었어요. 그런데 정말 귀신을 볼 수 있는 사람이 있나요? 드라마 말고도 영화나 다큐멘터리를 보면 그런 사람들이 나오는데 정말로 사람이 귀신을 볼 수 있는지 궁금해요.

A 이 문제에 앞서 제가 하고 싶은 말은 적어도 영적인 문제에 관한 한 대중매체에 나오는 내용이 대부분 왜곡되어 있으므로 절대로 있는 그대로 받아들이면 안 된다는 거예요. 대중매체가 귀신의 존재와 활동 등에 대해 다루는 걸 보면 그 바탕에 이방종교적인 관점이 깔려 있음을 발견할 수 있어요. 특히 동아시아 문화권의 경우에는 무속신앙을 비롯해 유교의 효 사상에서 나온 조상숭배, 불교의 윤회관 등이 복잡하게 뒤섞여 있죠.

그러면 친구가 봤던 드라마에 등장하는 귀신관귀신에 대한 관점에 어떤 왜곡된 관점들이 반영되어 있는지 분석해 보기로 해요. 드라마에 반영된 귀신관에는 다음과 같은 것들이 있어요.

첫째, 사람이 죽으면 귀신이 된다. 둘째, 현세에서 억울한 일을 당한 사연이 있는 귀신은 현세를 떠나지 못하고 사람들 주위를 배회하면서 사람들을 만나려고 시도한다. 셋째, 귀신은 현세에 사는 사람들을 만날 수 있고, 심지어는 현세에 사는 사람들 안에 들어갈 수 있다.

자, 그러면 이 관점들에 대해 자세히 얘기해 볼까요?

첫째, 사람이 죽으면 귀신이 된다는 생각에 대해 살펴보기로 해요. 이 생각은 특히 아시아 문화권에서 강하게 나타나는 귀신관의 특징이에요. 이 귀신관의 밑바탕에는 '조상숭배 사상'이 자리 잡고 있어요. 조상숭배 사상은 사람이 죽으면 귀신으로 변한다고 주장해요. 그리고 죽어서 귀신이 된 혼령들은 바로 현세를 떠나지 않고 일정 기간 현세 주위를 떠돈다고 하죠. 그 혼령들이 심술을 부려서 현세에 사는 사람들에게 해를 가할 수 있어서 이들의 마음을 잘 달래 주기 위해 예식을 치르는 것이 바로 '조상 제사'예요.

그러나 기독교는 귀신에 대하여 이렇게 말하지 않아요. 기독교 교리에서도 사람이 죽으면 육체는 없어지지만, 영혼은 계속해서 산다고 말하고 있어요. 그러나 그 죽은 사람의 영혼이 육체를 떠나 귀신이 되는 게 아니에요. 사람의 영혼은 예수님을 믿으면 죽은 후에 천국으로, 믿지 않으면 죽은 후에 지옥으로 직행하여 그곳에서 영원히 살아가지요. 그리고 현세로 결코 돌아오지 않아요.

육체를 떠난 사람의 영혼들 가운데 천국이나 지옥에 가지 않은 채 현실 주위를 배회하는 영혼은 하나도 없다는 것이 기독교의 가르침이에요. 따라서 현세에 사는 사람은 죽은 사람의 영혼을 절대로 만날 수 없어요. 어떤 사람들은 꿈속에서 죽은 사람의 모습을 보기도 하는데, 이런 모습은 죽은 사람의 영혼과는 아무런 관계가 없어요. 대부분 무의식 속에 형성되어 있는 죽은 사람의 형상이 그렇게 나타나는 것뿐이죠.

그러면 귀신은 무엇일까요? 하나님은 이 세상을 창조하시기 전에 천사들을 창조하셨어요. 그런데 이 천사들 가운데 일부가 하나님을 배반하여 타락했고, 이 타락한 천사들의 무리를 가리켜서 '귀신'이라고 부르는 거예요. 이 귀신들 세력의 우두머리가 "공중의 권세 잡은 자"엡 2:2 로 알려진 '사탄'이고요.

둘째, 억울한 일을 당한 사람의 혼령이 귀신이 되어서 사람들을 만난다는 생각에 대해서 살펴보기로 해요. 다시 한번 분명히 할 것은 현세에서 활동하는 귀신은 죽은 사람의 영혼이 아니라는 점이에요. 그러면 귀신이 현세에서 죽은 사람의 모습으로 나타난다는 주장은 어떻게 받아들여야 할까요?

실제로 무당들의 세계에 들어가 보면 죽은 사람들의 이름을 딴 귀신들을 말하는 경우를 볼 수 있어요. '최영 장군 귀신', '박정희 대통령 귀신' 등과 같이 특별한 사연을 가진 사람들의 이름을 딴 귀신들이 말을 한다고 하죠. 사람들은 그걸 가리켜 최영 장군이나 박정희 대통령의 혼령이 귀신이 된 것이라고 주장하지요. 이런 귀신들의 숫자는 헤아릴 수 없이 많아요. 그러나 이런 주장은 거짓이랍니다. 귀신들의 활동에는 여러 특징이 있는데 그 가운데 하나가 '거짓말'이에요. 거짓말을 한다든지, 거짓으로 위장하는 것은 귀신이 가장 좋아하는 전략들 가운데 하나죠. 이 점은 요한복음 8장 44절에 잘 나타나 있어요. "너희는 너희 아비 마귀에게서 났으니 너희 아비의 욕심대로 너희도 행하고자 하느니라 그는 처음부터 살인한 자요 진리가 그 속에 없으므로 진리에 서지 못하고 거짓을 말할 때마다 제 것으로 말하나니 이는 그가 거짓말쟁이요 거짓의 아비가 되었음이라." 사탄이 아담과 하와를 타락시킬 때 사용했던 가장 강력한 무기가 거짓말이었어요. 따라서 귀신이 현세에 있는 어떤 특정한 사람의 모습으로 나타나는 것은 모두 귀신의 위장술에 불과하답니다. 사무엘상 28장에 보면 곤경에 처한 사울 왕이 무당을 찾아가서 죽은 사무엘의 혼령을 불러내 달라고 요구하자 무당이 죽은 사무엘의 혼령을 불러내는 장면이 나와요. 그러나 사울이 만난 것은 죽은 사무엘의 혼령이 아니라 사무엘의 모습으로 위장하고 나타난 귀신일 뿐이죠.

그러면 현세에 사는 사람들이 귀신을 눈으로 볼 수 있을까요? 귀신은 영적인 존재이기 때문에 귀신의 모습 자체를 시각적으로 보는 것은 불가능해요. 그러나 귀신이 사무엘로 위장하고 나타났던 것처럼 위장된 모습으로 활동하는 것은 볼 수 있어요. 그러나 귀신이 이런 방법으로 자신의 모습을 드러내는 것은 극히 드물어요. 더욱이 드라마에서처럼 시도 때도 없이 생활 속에서 자주 나타나는 일은 없어요.

다만 귀신이 특별한 방법으로 활동하는 것을 알 수 있는 때는 있어요. 예수님이 공생애 활동을 하실 때 귀신들은 사람들이 쉽게 알아볼 수 있는 방법으로 많이 활동했어요. 거라사 지방에서는 수많은 귀신이 한 사람 안에 들어가서 쇠사슬도 툭툭 끊어버리는 엄청난 괴력을 발휘했고, 온몸을 자해하는 광경을 연출했고, 돼지 2,000마리에게 들어가서 바다에 빠져 죽게 하는 소동을 벌이기도 했죠막 5장. 이 모든 광경이 눈에 보이는 형태로 나타났어요.

그러나 여기서 우리는 귀신의 활동이 이처럼 유별난 방식으로만 이루어지는 것이 아니라는 점을 주목할 필요가 있어요. 하나님을 믿지 않는 모든 사람의 활동 배후에도 귀신의 세력이 자리 잡은 경우가 대부분이랍니다. 특히 우상을 숭배하고 있는 사람들은 귀신의 세력에 사로잡혀 있다고 볼 수 있어요. 도덕적으로 악한 일을 하는 사람들 역시 그렇게 볼 수 있죠. 600만 명이나 되는 무고한 유대인들을 가스실에 집어넣어 잔인하게 살해하는 만행을 저지른 히틀러와 나치 정권 역시 마찬가지죠.

이 세상에 존재하는 모든 악한 일들은 귀신과 직접적이든 간접적이든 관련되어있어요. 그래서 여러분은 하나님의 뜻에 어긋나는 일에는 빠져들지 않도록 주의할 필요가 있어요. 하나님이 원하시지 않는 일을 하는 것은 귀신의 활동에 참여하는 것을 의미하기 때문이에요.

　마지막으로 죽은 사람의 혼령이 살아 있는 사람의 영혼 안에 들어갈 수 있는가에 대해서 생각해보기로 해요. 이미 말씀드린 것처럼 죽은 사람의 영혼은 육체를 떠난 직후에 바로 천국이나 지옥으로 가기 때문에, 죽은 사람의 영혼이 살아 있는 사람의 영혼 안에 들어가는 일은 불가능해요. 어떤 인기 드라마를 보니, 이전 생의 사람이 현세에 사는 사람에게 들어온다는 설정이 있던데, 이런 일은 여러분도 알다시피 불가능하다는 것이지요. 다만 죽은 사람의 혼령과는 아무런 상관이 없는 귀신에 사로잡히는 일은 일어날 수 있어요.

　우리는 귀신의 위장된 모습을 보든, 귀신에 사로잡힌 사람의 모습을 보든 귀신의 세력을 무서워할 필요가 없어요. 왜냐하면 귀신이 가장 두려워하는 세력은 바로 예수 그리스도이기 때문이에요.

　우리는 예수님을 구주로 영접했고, 바로 그 순간 예수님이 우리 영혼 안에 들어오셔서 든든한 후원자가 되어 주시기 때문에 아무리 무시무시한 귀신이라도 우리를 털끝 하나도 상하게 할 수 없어요. 귀신이 공격해오더라도 예수님의 이름으로 물리쳐 버리면 되는 거예요. 다만 예수님의 뜻에 어긋나는 일을 하면 귀신이 우리를 공격할 틈을 주는 것이므로 항상 조심해야겠죠.

29

자다가 가위 눌리는 게
귀신의 장난인가요?

Q 저는 가위에 잘 눌리는 편이에요. 몸이 안 움직이고 가끔 귀신같은 게 눈에 보이기도 하고 말하는 소리도 들리고 그래요. 누가 그러는데 가위눌리는 거는 귀신이 장난치는 거라는데, 정말 그런가요? 그냥 제가 상상하게 되는 건지, 아니면 진짜 귀신이 장난을 치는 건지 궁금해요.

A 우리 친구만이 아니라 저도 어린 시절부터 대학을 졸업할 때까지 수시로 가위에 눌리는 경험을 했어요. 저는 어릴 때 집이 가난해서 잘 먹지 못한 데다가 운동도 거의 하지 않아서 늘 몸이 허약한 상태였거든요. 초등학교와 중학교에 다닐 때는 턱걸이를 하나도 못 했고, 공 던지기나 달리기 같은 걸 하면 항상 반에서 꼴찌였죠. 허약했던 몸 때문에 자주 가위에 눌리게 되었던 것 같아요.

사람마다 경험하는 가위눌림의 종류는 다 다른 것 같아요. 저의 가위눌림은 언제나 한 가지 방법으로 나타났어요. 갑자기 어느 순간에 눈에는 전혀 보이지 않는 투명하고 집채만큼 거대한 사각형 물체가 저를 누르고, 저는 아주 작은 모양으로 쪼그라들어서 이 물체 한 귀퉁이에 눌려 있죠. 이 물체에서 벗어나야 한다는 절박한 생각으로 꽉 차 있지만, 손끝 하나도 까딱할 수가 없어요. 그때 느끼는 아득하고 까마득한 절망감이란 이루 말로 표현할 수 없지요. 앞으로 십 년, 아니 몇백 년이 지나도 이 물체를 밀어내고 빠져나올 수 없을 것 같았어요.

우리는 왜 이렇게 가위에 눌리는 걸까요? 혹시 가위와 귀신 사이에 어떤 관계라도 있는 걸까요?

저는 단호하게 '가위눌림 현상은 귀신과 전혀 상관이 없다'라고 답변할 수 있어요. 가위눌림은 의학적으로 '수면마비'라고 부르는 현상이에요. 수면마비는 잠자는 도중에 의식은 깨어 있지만, 몸은 움직일 수 없는 상태에 들어가는 현상을 가리켜요. 이 현상은 두 가지 조건이 갖추어지면 찾아온답니다. 첫째는 몸이 아주 허약하거나 잠자는 자세가 불량하여 근육신경에 이상이 생기거나 약해져 있는 상태일 때, 둘째는 의식이 깊이 잠들지 않고 깨어 있는 상태일 때죠. 이럴 때 우리 몸의 신경 근육이 약해지거나 이상이 생겨서 움직이지 못한 채 일시적으로 마비 상태에 들어가게 되는데, 이때 약하게나마 깨어 있는 의식이 이 상태를 느끼게 되는 거예요. 사람마다 이 느낌이 다른 형태로 찾아와요. 저처럼 사각형 물체가 내리누르는 모양으로 나타나기도 하고, 우리 친구의 경우처럼 자기 힘으로 제압할 수 없는 사람의 모양으로 나타나기도 하죠. 한마디로 말하면, 가위에 눌리는 건 아주 기분 나쁜 꿈을 꾸는 거라고 할 수 있겠네요.

우리는 꿈속에서 별의별 일을 다 만나잖아요? 슈퍼맨처럼 하늘을 날기도 하고, 먼저 죽어 세상을 떠난 가족을 만나기도 하고, 아름다운 천국과 같은 풍경을 만나기도 하고, 아니면 무시무시한 전쟁을 만나기도 해요. 이런 모든 일은 잠자는 동안에도 의식이 살아서 활동하고 있음을 보여주는 증거들이에요. 이런 일들은 귀신에 들리는 것과는 전혀 다른 현상이므로 너무 두려워할 필요가 없어요. 그뿐만 아니라 가위눌림은 우울증이나 조울증처럼 정신병원에 가서 치료받아야 할 만큼 심각한 정신질환도 아니에요.

이런 가위눌림을 만날 때 어떻게 대처해야 할까요?

먼저 우리 친구가 가위눌림 현상이 나타났을 때 놀라지 않고 잘 대처하기 위해서는 가위눌림은 귀신이 나타나서 괴롭히는 현상과는 관계없다는 점을 평소에 확실하게 알아두는 것이 필요해요. 물론 가위눌림은 아주 답답하고 아득한 느낌이 드는 매우 불쾌한 경험이지만 생명을 위협할 만큼 심각한 일은 아니며, 일시적으로 찾아왔다가 반드시 없어진다는 점도 분명하게 알고 있어야 해요. 그래야 실제로 가위눌림이 찾아와도 당황하지 않을 수 있어요.

혹시 가위눌림을 예방하거나 가위눌림을 당하는 횟수를 줄이는 특별한 방법은 없을까요? 물론 비결이 다 있답니다. 평소에 몸과 마음을 건강하게 유지하는 것이 가위눌림을 예방하는 좋은 방법이에요.

우선 평소에 규칙적으로 식사를 잘해서 영양분을 골고루 섭취하고 적절한 운동을 통해 건강한 몸 상태를 유지할 필요가 있어요. '건강한 신체에 건강한 정신이 깃든다'라는 말을 들어본 적이 있지요? 이 말은 고대 그리스 사회에서 나온 격언이에요. 우리 친구가 잘 아는 것처럼 그리스 시대에는 소크라테스, 플라톤, 아리스토텔레스와 같은 철학자들이 활동하고 있었어요. 철학은 정신의 힘, 특히 이성의 힘을 이용하여 어떤 문제에 대하여 깊고 넓고 복잡하게 생각하는 정신 활동이에요. 그런데 철학자들은 정신 활동을 하는 데에도 많은 신체적인 힘이 필요하다는 사실을 깨달았어요. 그래서 이런 교훈을 격언으로 남기게 된 것이죠. 마찬가지로 우리 친구가 복잡한 생각도 능히 해낼 만큼 몸을 항상 건강하게 유지한다면 가위눌리는 경험이 많이 줄어들 거예요.

몸의 건강을 유지하는 동시에 중요한 것은 마음도 건강하게 유지해주는 것이랍니다. 마음을 건강하게 유지하려면 두 가지가 필요해요.

첫째는 생활 속에서 수시로 찾아오는 스트레스를 조절할 수 있는 능력을 길러야 해요. 결국 가위눌림도 스트레스를 조절하지 못해 정신이 약해졌을 때 찾아오게 되어있거든요. 우리 친구의 경우

가장 큰 스트레스는 아마도 '학업의 부담'이겠지요. 그 외에 친구들과의 관계나 부모님과의 관계에서 겪는 스트레스도 있을 거고요.

사람이 세상에서 사는 동안 스트레스를 전혀 받지 않고 살 수는 없어요. 스트레스를 전혀 받지 않으려고 하거나 스트레스를 피하려고 애쓰는 건 더 좋지 않아요. 오히려 스트레스에 정면으로 맞서서 스트레스를 제압하고 조절하는 능력을 길러야 해요. 사실 생각해보면 스트레스가 있어야 우리의 생활에 어느 정도 활력과 발전이 있어요. 사람의 뇌는 적절한 스트레스를 주어야만 건강하게 유지될 수 있다고 하거든요. 스트레스를 해결하기 위해 뇌 신경세포가 활발하게 활동하게 되고, 또 새로운 뇌 신경세포가 생성되기도 한다는 것이죠. 반면, 스트레스가 전혀 없으면 생성되었던 뇌 신경세포도 '이제 내가 할 일이 없구나'라고 생각하고는 없어져 버리게 된다고 해요.

우리 친구는 적극적인 태도로 스트레스를 조절하고 이용하여 자기 발전의 기회로 활용할 수 있어야 해요. 그리고 스트레스가 너무 지나치면 뇌를 비롯해 몸이 감당하지 못하게 되므로 정기적으로 쉬면서 휴식을 취하는 것도 필요하지요. 이를 위해서 쉬는 시간에라도 간단히 운동하는 게 좋을 것 같아요. 우선 몸이 건강해야 하니까요.

둘째로, 마음을 건강하게 하려면 영혼을 늘 깨끗하고 맑은 상태로 유지해주는 일이 꼭 필요해요. 생활 속에서 찾아오는 스트레스도 마음을 힘들게 하지만 이보다 더 마음을 병들게 하는 것은 '죄'예요. 우리 친구의 마음속에 착하고 예쁜 생각뿐만 아니라 누군가를 미워하는 마음, 분노, 욕심, 정욕, 시기와 질투 같은 악하고 나쁜 마음들이 수시로 찾아올 거예요. 그럴 때 우리는 이런 나쁜 마음을 제거하고 마음을 깨끗하게 유지해주어야 해요. 이 일을 해낼 수 있는 비결은 오직 신앙생활밖에 없어요. 정기적으로 하나님께 예배드리고, 성경말씀을 읽고, 기도하는 생활을 통하여 마음속에 자리 잡고 있던 악한 생각을 하나님 앞에 내놓아야 해요. 죄를 회개하고 용서받음으로써 마음으로부터 죄를 제거하는 시간을 가져야 하죠. 하나님의 말씀 안에서 깨끗하고 새로운 결심으로 마음을 채우고, 성령님을 통해 정결하고 깨끗한 심령을 가질 수 있어야 하죠. 이렇게 영적으로 건강한 상태를 유지하면 항상 마음이 평안하게 되고, 그러면 가위눌림과 같은 현상을 효과적으로 예방할 수 있어요.

친구의 궁금증이 해결되었나요? 가위눌림은 결국 마음의 문제, 정서적인 문제에서 시작되는 거니까 너무 겁먹지 마세요. 앞으로 우리 친구가 영적으로, 또 육체적으로 항상 건강한 상태를 유지하고 평안함 가운데 생활하는 하나님의 자녀가 되기를 기도드려요.

30

글자스킬이나 R=VD라는 걸 어떻게 봐야 하죠?

제가 요즘 성적 때문에 힘들고 교우 관계도 좀 좋지 않아 고민하다가 귀신과 계약하는 '글자스킬'이라는 걸 알게 됐어요. 그런데 이런 걸 하면 안 된다는 걸 알면서도 계속 손이 가요. 그리고 비슷한 'R=VD'라는 것도 있다고 하는데 그것도 뭔가 하기 껄끄럽고... 혼란스럽네요. 어떻게 해야 할까요?

우리 친구의 문제는 어떤 일을 스스로 해낼 수 없는 상황에 부닥친 데서 시작된 것 같아요. 좋은 성적을 받고 싶은데 뜻대로 성적이 오르지 않았던 모양이네요. 우리 친구가 공부를 게을리한 것 같지는 않아요. 나름 한다고 했는데 기대한 만큼 성적이 오르지 않았을 뿐이죠. 게다가 친구 관계 역시 어려움을 겪고 있군요. 인간관계는 나의 마음만 가지고는 안 되고 상대방과 내 마음이 맞아야만 잘 형성되죠. 그런데 사람의 마음은 항상 변하기 때문에 마음을 서로 맞추기가 참 힘들어요. 그래서 자기의 힘으로 잘 안 될 때면 사람들은 '그 일을 이루어 주는 기적적인 힘이 있었으면' 하는 생각을 하곤 하지요. 이때를 틈타 '글자스킬'이나 'R=VD'와 같은 미신적 신앙이 파고들어 오는 것이고요.

그럼 이 '글자스킬'이나 'R=VD'는 무엇이고, 어떤 문제를 가지고 있는지 알아보기로 해요.

먼저 '글자스킬'의 경우를 얘기해볼까요? 글자스킬을 믿는 사람들은 특정 문장이나 어구들이 신비스러운 주술적 능력이 있어서 이를 핸드폰 바탕 화면이나 메모장에 써 놓으면 귀신과 계약을 맺을 수 있고, 귀신을 통해 자신의 소원을 이룰 수 있다고 생각해요. 예를 들어 이성 친구를 사귀고 싶을 때 '뱀탕에 뱀 열 마리'라는 문구를 써놓으면 귀신이 이성 친구를 많이 만날 수 있게 해준다거나, 돈을 벌고 싶을 때 '책상 밑에 숨어라'라는 문구를 써놓으면 돈이 들어온다는 식이에요. 글자스킬은 대부분 이성 친구나 돈, 또는 성적에 관련된 경우가 많아요. 즉 귀신의 힘을 빌려서 인간의 힘으로 할 수 없는 일을 이루어보려는 미신적인 몸부림이죠.

'R=VD'에 대해 알아볼까요? V는 '생생한'을 뜻하는 영어 단어 'vivid'의 약자이고, D는 'dream'의 약자, R은 'real'의 약자예요. 그러니까 이 말은 '생생한 꿈은 현실이 된다'라는 뜻이죠. 우리가 '꿈은 이루어진다'라는 말을 많이 하는 것처럼요. 마음에 꿈을 품고, 그 꿈이 이루어지기를 바라는 것은 잘못이 아니에요. 문제는 꿈을 이루는 방법에 있죠.

R=VD는 자기가 원하는 꿈을 메모장이나 핸드폰 바탕 화면 등에 써놓은 다음에 그 내용을 소리 내서 읽고 끊임없이 상상할 것을 요구해요. 여기까지는 큰 문제가 없어요. 문제는 다음 단계예요. 문구를 반복해서 읽고 상상하기만 하면 신비스러운 힘이 발휘되어 소원이 성취된다는 거죠. 예를 들면 신형 핸드폰을 갖고 싶을 경우, 메모지나 핸드폰 바탕 화면에다가 신형 핸드폰이라고 써놓고 그 문구를 읽고 집요하게 상상하면 어느 날 갑자기 누군가가 핸드폰을 선물하거나 핸드폰 살 돈을 얻게 된다는 것이지요. R=VD는 귀신의 힘을 노골적으로 빌리려고 하지는 않지만 어떤 문구를 반복해서 읽고 상상하는 행동이 주술적인 힘을 발휘한다고 믿는 미신행위라는 점에서는 글자스킬과 공통점이 있다고 볼 수 있어요.

그렇다면 하나님의 자녀는 이런 시도들에 대해 어떻게 대응해야 할까요? 우리는 이런 것들을 대할 때 크리스천의 삶은 어떠해야 하는지 그 기준을 명확히 해야 할 필요가 있어요.

첫째로, 우리 친구가 글자스킬이나 R=VD에 유혹을 느끼는 이유에 대해 한 번 깊이 생각해보세요. 아마도 친구가 바라는 소원이 잘 이루어지지 않기 때문일 거예요. 그럴 때 우리는 '기독교인의 삶이란 무엇인가'라는 본질적인 질문에 대해 생각해봐야 해요. 로마서 14장 7-8절에는 이렇게 기록되어 있어요. "우리 중에 누구든지 자기를 위하여 사는 자가 없고 자기를 위하여 죽는 자도 없도

다 우리가 살아도 주를 위하여 살고 죽어도 주를 위하여 죽나니 그러므로 사나 죽으나 우리가 주의 것이로다."

이 말씀은 기독교인의 삶을 어떤 삶이라고 말하고 있나요? '자기를 위하여 사는 삶이 아니라 주를 위하여 사는 삶'이라고 말하고 있지요? 네! 이 원리는 매우 중요한 원리예요. 기독교인의 삶은 자기를 위한 삶이 되어서는 안 되고 주님을 위한 삶이 되어야 해요. 자기의 소원을 이루는 것이 목표가 된다면 그것은 바른 기독교인의 삶이 아니에요. 믿지 않는 친구들은 자신이 원하는 바를 목적으로 삼을 수 있어도 기독교인은 자신의 뜻이 아닌 하나님의 뜻을 추구해야 해요.

우리가 온갖 종류의 잘못된 유혹에 빠지는 이유는 자기의 소원을 이루는 일에 집착하기 때문이에요. 우리는 주님께서 이루고자 하시는 것이 무엇일까를 늘 생각하고 나의 모든 삶의 목표를 주님의 뜻에 맞추는 훈련을 할 필요가 있어요. 우리의 목표가 주님의 뜻에 맞추어져 있으면 소원에 대한 집착에서 벗어날 수 있고, 부당한 방법으로 소원을 성취하려는 유혹을 이겨낼 수 있답니다. 기도하는 것이 이루어지면 '주님께서 지금 나를 통하여 뜻을 성취하려 하시는구나'하고 생각하면 되고, 이루어지지 않을 때는 '주님께서 다른 계획으로 언젠가 나를 통해 그분의 뜻을 성취하시겠지'하고 믿으면 되는 거예요.

좋은 성적을 받는 게 반드시 주님의 뜻을 이루는 것이라고 확정할 수는 없어요. 성적이 좋지 못한 친구도 다른 방법으로 주님을 위해 크게 쓰임 받을 수 있거든요. 오히려 공부를 잘해야 한다는 생각이 올무가 되어 주님의 뜻을 이루는 데 방해 요소가 될 수 있어요. 우리는 성적을 위해 공부하는 것이 아니라, 학생 시기에 맡겨진 일이기에 하나님 앞에서 최선을 다해 공부한다는 자세로 임해야 해요.

둘째로, 글자스킬이나 R=VD에 빠지는 이유는 내 앞의 문제가 빨리 해결되기를 바라는 마음 때문이기도 해요. 그런데 우리 기독교인의 삶이 지닌 한 가지 중요한 특징은 바로 '오래 참는 것'임을 기억해야 해요. 성경은 '인내'에 대해 수를 셀 수 없을 만큼 반복해서 강조하고 있어요. 기독교인의 삶은 하나님의 뜻과 사랑을 실천하는 삶이잖아요? 그렇다면 질문을 하나 할까요? 여러분이 생각하는 '사랑'이란 뭔가요?

고린도전서 13장 4-7절에 보면 사랑은 "오래 참고... 모든 것을 참으며... 모든 것을 견디는 것"이라고 정의하고 있어요. 사랑은 인내로 시작하고 인내로 끝나는 거예요. 그러면 어느 때 인내가 필요한가요? 바로 일이 내 뜻대로 되지 않을 때예요. 그때도 참는 것이 진정한 인내 아니겠어요? 그래요. 하나님은 우리 친구들이 자기 뜻대로 일이 잘 풀리지 않을 때 오래 참는 마음가짐으로 잘 이겨내는 훈련을 하기 원하세요. 조바심을 내지 않고 잘 참아내면서 유혹에 휘말리지 않는 믿음의 자녀가 되기를 원하시는 것이죠.

셋째로, 글자스킬과 R=VD는 전혀 근거가 없는 잘못된 미신적인 신앙이라는 사실을 우리 친구가 꼭 기억했으면 해요. 하나님이 아닌 어떤 주술적인 힘을 의지하여 뜻을 이루어보려고 시도하는 것은 하나님 앞에서 심각한 죄예요. 성경에도 기록되어 있듯이 귀신은 실제로 존재해요. 그런데 이런 귀신과 같은 악한 영은 글자스킬이나 R=VD 같은 시시하고 자질구레한 방법으로 나타나는 것이 아니에요. 어떤 사람의 영혼에 들어가서 그 사람의 영혼 전체를 장악해버리는 무시무시한 방법으로 나타나죠. 또 어떤 사람의 마음속에 악한 생각을 불어넣어 인류 사회에 심각한 피해를 주기도 하고요.

예컨대 히틀러의 마음에 악한 생각을 넣어서 수백, 수천만 명의 무고한 사람을 죽인다든지, 사람의 마음을 뒤틀리게 만들어서 누군가를 잔인하게 괴롭힌다든지 하는 방법으로 나타나죠. 또 세상 사람들이 예수님 믿기를 거부하고 교회와 그리스도인들을 핍박하게 하는 일 역시 악한 영이 하는 일이라고 볼 수 있어요.

하지만 우리 친구는 이것을 기억해야 해요. 그렇게 무시무시한 악한 영의 세력도 성부, 성자, 성령이신 삼위일체 하나님 앞에서는 맥을 못 춘다는 사실을요. 그러므로 우리 친구들은 귀신을 의지해 소원을 이루려는 헛되고 죄악된 시도를 끊고, 귀신까지도 다스리시는 삼위일체 하나님께 기도하기를 바랍니다. 하나님의 뜻에 합당한 소원이라면 우리 친구가 구하는 것보다 더 좋은 것을 필요한 때에 알맞은 방법으로 이루어주실 테니까요.

31

크리스천이 마술을 어떻게 봐야 하나요?

Q 성경에 보면 마술사들이 안 좋게 나오곤 하는데, 요즘엔 마술로 전도나 선교도 하잖아요. 그냥 재미로 볼 수도 있지만, 속임수라는 생각을 하면 마음이 뜨끔하기도 한데, 기독교인으로서 마술을 어떻게 바라봐야 하는 건지 궁금해요.

A 우리 친구의 고민을 해결하기 위해서는 무엇보다도 성경에 등장하는 마술과 오늘날 마술사들이 행하는 마술의 성격이 다르다는 사실을 먼저 이야기해야 할 것 같아요. 고대사회의 마술은 일종의 '종교'였던 반면에, 오늘날의 마술사들이 행하는 마술은 종교가 아닌 '오락거리' 가운데 하나이고 기술적인 눈속임에 불과해요.

사실, 고대사회에서는 상식적으로 일어날 수 없는 신비스러운 일들이 실제로 마술을 통해 일어나기도 했어요. 예를 들어서 모세가 바로 왕 앞에서 기적으로 지팡이를 뱀으로 바꾸어 놓자 이집트_{애굽}의 마술사들도 지팡이를 뱀으로 바꾸어 놓은 일이 있었죠_{출 7:8-13}. 또 모세가 지팡이로 강물을 치자 강물이 피로 변했는데, 애굽의 마술사들도 강물을 피로 변화시켜 놓았고요_{출 7:20-22}. 이런 일들은 당시의 마술사들이 귀신의 능력을 이용했기 때문에 가능했어요. 고대사회의 마술사들은 귀신을 신으로 숭배하는 자들이 대부분이었으니까요. 귀신을 통해서도 상식적으로 이해할 수 없는 초인적인 일들이 실제로 일어날 수 있어요. 마가복음 5장 1-20절을 보면 귀신에 들린 사람이 쇠사슬이나 쇠고랑도 쉽게 툭툭 끊어 버렸다는 기록이 나오죠. 귀신이 이런 특별한 능력을 행한다는 사실은 성경 밖에서도 쉽게 발견할 수 있답니다. 귀신의 능력을 의지해 활동하는 종교인들 가운데 대표적인 사람들로는 무당_{여자}과 박수_{남자 무당}를 들 수 있어요. 무당이나 박수가 되기 위한 의식 중에는 날카로운 작두 위에서 뛰면서 춤을 추는 이른바 '신내림'이라는 것이 있는데, 이때 날카로운 작두 위에서 전혀 베이지 않고 뛸 수 있는 이유는 귀신의 능력을 힘입었기 때문이에요.

그런데 실제로 귀신의 능력을 힘입어 초인적인 일들을 행하는 사람들의 숫자는 매우 드물답니다. 많은 경우의 사람들이 기적적인 일들이 일어난 것처럼 보이게 하는 '거짓 마술'을 하고 있죠. 고대사회에서도 그런 마술사들이 많았을 거고, 요즘에도 이단 종교의 교주 중에서는 그런 교활한 눈속임을 통해 사람들을 착각하게 만드는 사기꾼들이 많답니다. 구약성경 다니엘서 2장에서 바빌로니아 제국의 느부갓네살 왕이 자기가 꾼 꿈을 말하라고 유능한 마술사들을 불렀을 때, 그들 중 누구도 알아내지 못했죠. 그들은 능력도 없으면서 마치 신비한 일을 행하는 것처럼 눈속임하는 사람들에 불과했어요.

이렇게 기적적인 일들이 일어난 것처럼 눈속임하는 예로 '최면'을 들 수 있습니다. 사람에게 최면을 건 다음에 전생에 어떤 사람이었는지를 기억해내라고 속삭이면 전생에 대한 기억이 떠오른다고 말하는 것을 TV에서 본 적이 있을 거예요. 그러나 이것은 속임수예요. 사람이 최면에 걸리면 무의식 상태에 들어가게 되는데, 무의식 상태에 들어가면 무의식의 세계 안에 저장된 다양한 모습들이 무차별하게 막 떠오르게 되지요. 이 다양한 모습들 안에는 책을 읽다가 얻은 100년 전 모습도 있고, 영화를 보다가 얻은 1,000년 전 모습도 있어요. 이 밖에도 아주 많은 잔상이 떠오르게 되죠. 그러나 이 잔상들은 전생의 기억이 아니라 현세 안에서 경험한 것들로부터 얻은 것들이에요.

성경이 이런 마술을 금하고 있는 가장 중요한 이유는 실제로 귀신의 힘으로 특별한 능력이 나타나든, 아니면 교묘한 속임수로 특별한 능력이 나타나는 것처럼 보이게 하든, 이런 현상들은 하나님이 아닌 특정한 신을 섬기도록 요구하거나 특정한 사람을 신처럼 숭배하도록 유혹하기 때문이에요. 즉 우상숭배를 요구하는 것이지요.

우리 친구가 관심을 가지고 있는 오락 차원의 마술은 어떻게 봐야 할까요? 사실 이 마술은 몇 가지 중요한 관점에서 성경이 금하고 있는 마술과는 다르다고 볼 수 있어요. 우선 귀신을 숭배하면서 귀신의 힘을 빌려서 어떤 기적적인 일을 행하는 종교적 마술이 아니에요. 그저 사람들이 알아차리기 힘든 고도의 기술을 이용해 기적적인 일이 일어나는 것처럼 보이게 할 뿐이죠. 단순히 관중들에게 유쾌한 재미를 선사함으로써 힘들고 지친 삶에 활력을 불어넣기 위한 것이 이 마술의 목적이랍니다. 그리고 이 마술을 보고 있는 사람들도 이것이 고도의 기술을 이용한 눈속임이라는 것쯤은 이미 다 알고 있죠. 그래서 마치 기적이 일어난 것처럼 보이게 만드는 마술사의 기술을 보고 즐거워하고, 그를 응원해주는 거죠. 사람이 둘로 쪼개졌다가 다시 붙거나 공중에 붕 떠 있다거나 상자나 관에 들어갔는데 사라져 없어지는 일이 실제로 일어난다고 믿는 사람은 아무도 없어요. 그냥 알고도 그런 일이 일어난 것처럼 보이게 하는 기술에 속아주는 것이지요. 예를 들어서 사람이 둘로 쪼개지는 마술을 잘 보면 쪼개지는 다른 상자 안에 이미 또 한 사람이 몸을 잘 접은 채 들어가 있어요. 상자를 둘로 쪼개기 전에 주인공은 몸을 재빨리 굽혀서 쪼갠 상자 안에 들어가 버리는 거예요. 그리고는 한 상자는 사람의 상반신만 보여주고, 다른 상자는 또 다른 사람의 하반신만 보여주는 거예요. 또 관에 사람이 들어갔다가 없어지는 경우는 관중들 눈에는 보이지 않는 방법으로 관을 열고 무대 뒤쪽으로 빠져나가는 거예요. 이것은 무슨 기적이 일어나는 것이 아니고 고도의 기술적인 눈속임일 뿐이에요.

이제 이해되시나요? 기독교인은 앞에서 말한 종교적인 의미의 마술은 철저하게 금해야 해요. 그러나 사람들에게 유쾌한 웃음을 주려는 목적으로 행하는 오락적인 마술은 우리의 문화생활을 풍요롭게 하고 유쾌하게 웃을 수 있는 유머의 즐거움을 안겨준다는 점에서 크게 경계할 필요는 없어요.

그렇다면 이런 의미의 마술을 전도나 선교에 이용하는 것이 바람직할까요? 이 질문에 대해서는 'Yes'와 'No'로 동시에 대답하고 싶어요. 마술을 전도와 선교에 활용하려면 성경에 대해서도 아주 잘 알고, 또 마술이 지닌 약점을 잘 파악하고 있고, 동시에 대화를 이끌어 가는 능력이 탁월하다는 점이 전제되어야 해요. 그렇지 않으면 오히려 전도나 선교에 나쁜 영향을 끼칠 수 있죠.

마술을 전도와 선교에 이용할 때는 마술이 기적을 일으키지 못하는 속임수라는 점을 오히려 이용하는 방법을 써야 해요. 예를 들어서 이런 것이지요. "여러분, 제가 지금부터 마술을 통해서 기적을 보여 드리겠어요." 그리고 마술을 하는 거예요. 그러면 관중들이 놀라고 재미있어하겠지요? 그런 다음에 이렇게 말하는 거예요. "그런데 사실은 이것은 기적의 흉내를 내는 것에 지나지 않는 속임수예요. 사람들은 왜 마술에 열광할까요? 네! 기적을 바라기 때문이지요. 그런데 여러분, 세상에는 진정한 기적이 실제로 있어요. 속임수가 아닌 진정한 기적을 행하시는 분이 있어요. 바로 예수님이지요." 이렇게 말하면서 예수님이 행하신 기적의 사역들을 말해 주는 거예요. 오병이어의 이야기, 물 위를 걸으신 이야기, 죽은 나사로를 살려 준 이야기, 동정녀의 몸으로 탄생하신 이야기, 죽음을 이기고 부활하신 이야기들을 해줌으로써 진정한 기적에 관심을 두도록 유도하는 것이죠. 이런 방식으로 마술의 실체를 드러내면서 참된 기적을 주시는 분에게로 관심을 이끌어갈 수 있어요. 이때 중요한 것은 속임수로서의 마술과 진정한 기적의 종교인 기독교의 차이점을 분명히 드러내야 한다는 점이에요. 그러니 이런 방법을 쓰려면 성경 지식이나, 마술에 대해서나, 화술에 있어서 매우 능숙해야겠죠.

이런 경우가 아닌 한 마술을 전도나 선교에 섣부르게 이용하는 것은 절제하는 것이 좋아요. 엄밀히 말해 마술은 상대방을 속이는 기술을 구사한다는 점에서 진리를 정직하게 말하는 것이 핵심인 기독교와 어울리지 않는다고 볼 수도 있거든요. 잘못하면 기독교가 마치 마술적인 종교인 것처럼 오해를 줄 수가 있으니까요. 그러므로 우리 친구들의 경우에는 마술을 보고 잠깐 유쾌한 재미를 느끼는 정도에만 머무르도록 하고, 섣부르게 전도나 선교에 활용하지는 않는 것이 바람직하다고 생각해요.

32

전생, 귀신같이 비성경적인 소재의 영화나 드라마를 보면 해로울까요?

Q 얼마 전 교회 선생님과 드라마 얘기를 하다가 이런 말씀을 들었어요. 〈도깨비〉나 〈화유기〉같이 귀신이나 전생, 영혼 맞교환 등을 소재로 한 판타지 영화나 드라마들은 성경에 반하는 내용이기 때문에 잘못하면 시험에 들 수 있다는 거예요. 그럼 이런 소재를 활용한 영화나 드라마 등은 신앙생활에 방해가 될 수 있으니 멀리해야 할까요?

A 요즘 영화나 드라마는 판타지적인 소재를 다루는 경우가 많아요. 그래서 크리스천 친구 중에는 성경의 가르침과 반대되는 이런 이야기들을 어떻게 보아야 할지 고민하는 경우도 있을 텐데요. 이 문제에 대해 차근차근 함께 이야기를 나눠 보도록 해요.

친구는 '학문'과 '예술'에 어떤 차이가 있는지 생각해 본 적이 있나요? 학문에 대한 많은 정의가 있지만 가장 핵심은 '사실을 있는 그대로, 즉 팩트를 파악하려고 노력하는 분야'라는 거예요. 예를 들어, 물리학은 사물 간의 관계에 대해, 화학은 화학 분자들의 특성과 작용에 대해, 역사는 사람과 그들이 살아온 시간과 결과에 관해 이야기하는 학문이죠. 반면, 예술은 사실을 있는 그대로 다루는 것이 아니라 이것들을 '잘 정리하고 배열하고 다듬어서 아름다움을 지닌 새로운 형태로 만드는 작업'을 말해요. 세상의 모든 재료로 상상의 세계를 표현하는 것이죠. 미술은 색상과 미적 감각으로, 음악은 소리로, 시나 소설은 언어로 말이에요. 여기서 한 단계 더 나아간 것이 영화나 드라마 같은 영상예술이에요. 영상에는 색상, 음악, 언어를 포함해 표현할 수 있는 예술적인 것들이 모두 들어가기 때문에 '종합예술'이라고도 부르죠. 특히, 영상예술 중에서도 영화나 드라마는 작가가 자신의 정신세계 안에서 만들어 낸 상상의 세계를 실제 눈으로 볼 수 있게 만들어서 많은 사람과 공유하는 점에서 영향력이 매우 커요. 그렇다면, 이런 것들은 실제로 존재하는 것이 아니라 만들어낸 허구이기 때문에 전부 다 나쁜 것일까요? 그렇지만은 않아요. 하나님께서 우리에게 주신 상상력, 즉 새로운 것을 구상해내는 능력은 매우 소중한 선물이에요. 우리는 상상을 통해 눈에 보이지 않는 하나님에 대해서, 그분이 주시는 비전에 대해서 늘 생각하고 기대하죠. 하나님께서도 마음속에 세상의 설계도를 구상하신 후에 이 설계도에 따라서 말씀으로 차근차근 세계를 창조하셨어요. 그런 점에서 우리의 상상력은 바로 하나님의 창조 능력을 닮은 것이라고 할 수 있답니다.

그런데 이 상상력에 문제가 생기는 사건이 있었어요. 바로 아담과 하와가 하나님의 명령을 어기고 선악과를 따먹은 사건이죠. 이 사건으로 인해 죄의 세력이 아담과 하와는 물론 그 후손들까지 더럽혔는데, 이때 인간의 마음과 상상력에까지 죄가 들어온 거예요. 타락하기 전의 사람은 하나님이 기뻐하시는 선하고 아름답고 진실한 것만을 상상했는데, 타락한 이후에는 하나님이 기뻐하지 않으시는 추하고 악하고 거짓된 것까지도 상상하기 시작한 것이죠. 그리고 그런 상상들을 예술로도 표현하게 되었고요. 우리 친구가 이야기한 성경에 반하는 작품들 역시 그런 것 중 하나예요.

그렇다면 우리는 그러한 상상들, 즉 귀신과 전생 등을 다룬 작품을 어떻게 봐야 할까요? 이런 작품들의 경우, 선하고 아름다운 상상이라기보다는 왜곡되고 거짓된 상상이라고 할 수 있어요. 물론 이런 작품에도 선하고 아름답고 진실한 면들이 있죠. 그러나 우리의 생각과 사고에 영향을 끼치는 어그러진 상상들일 경우가 더 많아서 주의할 필요가 있어요.

지금 우리 친구의 마음은 일종의 하얀 도화지 같아서 지금 이 시기, 이 도화지에 무엇을 그려 넣느냐에 따라 평생 우리 친구의 신앙이나 사상, 생활에 깊은 영향을 주게 되어있어요. 이 때문에 교회 선생님이 우리 친구가 귀신이나 전생 영화나 드라마를 보지 않는 것이 좋다고 권고하신 거예요. 우리 친구처럼 이제 막 가치관이 확립되기 시작하는 중요한 시기에는 건강하고 아름답고 진실한 내용을 담고 있는 것들을 많이 만나는 것이 매우 중요하니까요. 그런 점에서 저 역시 친구가 왜곡된 가치관이 담긴 작품을 되도록 보지 않았으면 해요. 하지만 그런 소재를 다룬 영화나 드라마가 워낙 많다 보니 완전히 피할 수는 없을 거예요. 그래서 보게 되더라도 여기에서 얻을 것은 무엇이고 잘못된 것은 무엇인지를 잘 알고 철저하게 분별하는 능력이 더 중요하죠.

먼저 귀신이 실제로 존재한다고 가정하고 만든 영화나 드라마에 대해 알아야 할 것은 무엇일까요? 귀신이 나오는 영화나 드라마는 적어도 귀신이 존재한다는 것을 전제하고 이야기를 풀어나간다는 점에서 잘못되었다고 할 수는 없어요. 왜냐하면 성경도 분명 귀신이 존재한다는 것을 인정하고 있으니까요. 하지만 문제는 대부분 영화나 드라마가 귀신의 개념을 잘못 표현하고 있다는 점이에요. 많은 영상물이 귀신을 이미 죽은 사람의 영혼이 어떤 이유에서든 저세상으로 못 가고 이 세상에 남은 존재라고 묘사하고 있어요. 그러나 이는 모두 거짓된 상상에 불과해요. 성경은 귀신이 하나님께서 선하게 만드신 천사들이 죄를 범해서 타락한 존재들이라고 말하고 있어요. 베드로후서 2장 4절에서는 "범죄한 천사"로, 유다서 1장 6절에서는 "자기 지위를 지키지 아니하고 자기 처소를 떠난 천사"라고 표현하고 있죠. 죽어서 현세를 떠난 영혼은 다시는 현세로 돌아올 수 없어요. 내세로 가서 천국, 혹은 지옥에만 들어갈 수 있을 뿐이죠. 인간의 영혼은 절대 귀신이 될 수 없어요. 성경 또한 그렇게 가르치고 있고요 욥 7:9-10; 10:21; 삼하 12:23.

전생을 다룬 것들도 한 번 살펴보죠. 전생을 소재로 한 영화나 드라마는 전생이 당연히 존재하는 것처럼 전제하고 있어요. 전생 영화나 드라마는 과거에 살던 사람이 이 세상에 다시 태어나 계속해서 삶을 이어가고 있다고 설정하죠. 전생은 고대 희랍철학의 플라톤이 언급했고, 불교에서도 윤회설이라는 이름으로 주장하고 있어요. 플라톤은 인간은 원래 아주 이상적인 낙원과 같은 곳에 살고 있었는데, 신에게 대들었다가 벌을 받아 육체를 입고 현세에서 살게 되었다고 주장했어요.

이처럼 철학자들이나 이방 종교, 그리고 많은 사람이 전생을 주장하는 이유는 사람들의 마음속에 영원히 살고 싶어 하는 갈망이 있기 때문이에요. 사람들은 어떻게 하면 이런 갈망을 실현할 수 있을까를 생각하다가 마침내 전생을 상상해 낸 거예요. 전생을 살던 사람이 이 세상에 다시 와서 산다는 말은 다른 말로 하면 사람이 죽지 않고 영원히 산다는 것과 같아요. 그들의 주장대로라면 지금 내가 사는 이 세상이 다음 세대에 태어나는 사람에게는 전생이고 나는 또다시 지금의 생을 안고 다음 생애에 누군가의 모습으로 다시 태어나는 것이니까요. 그러나 성경은 전생을 절대 인정하지 않아요. 우리 모든 인간은 하나님이 각 사람의 영혼을 창조하셔서슥 12:1, "심령을 지으신 이" 아빠의 정자와 엄마의 난자가 결합으로 만들어진 몸 안에 넣어 주실 때 비로소 처음으로 존재하게 되는 거예요. 그 이전에 우리는 하나님의 계획 속에는 있었지만 존재하지는 않았죠.

이제 글을 마무리할게요. 우리 친구들이 상상력을 키워주는 예술작품을 많이 보고 듣고 읽는 것은 좋은 일이에요. 하지만 예술작품이라고 해서 다 좋은 영향을 미치는 것은 아니에요. 이미 세상에는 너무 많은 것들이 성경과 다르게 왜곡되어 있기 때문이죠. 그 속에서 우리는 오염된 가치관들을 가려내고 비판할 줄 알아야해요. 그러기 위해서 성경을 철저히 배우고 바로 알기를 권해요. 적당히 아는 수준으로는 교묘하게 파고드는 영향력들을 분별해내기가 쉽지 않으니까요. 앞으로 문화적인 혼란이 더욱 심해질 텐데, 아무쪼록 여러분이 말씀의 기준 안에서 얻을 것과 버려야 할 것을 잘 분별하고 선택할 수 있기를 바랍니다.

33

다중인격이 정말 존재하나요?

Q 다중인격이 정말 가능한 건가요? 요즘 즐겨 보는 드라마가 있는데, 남자 주인공이 여러 개의 인격, 즉 다중인격을 지닌 사람으로 나와요. 정말 한 사람에게 여러 명의 인격이 존재할 수 있나요? 그리고 그런 게 귀신 들린 것과는 어떤 차이가 있는지도 궁금해요.

A 이런 궁금증은 TV에서 방영된 드라마들로부터 시작된 것 같아요. 정신의학에서 말하는 '다중인격장애'해리성 정체감 장애를 소재로 만든 드라마가 몇 년 전부터 많이 등장하고 있어요. 드라마에서 이런 소재들을 사용하는 이유는 한 사람 안에 전혀 상반된 모습들이 나타난다는 설정 자체가 흥미로운 이야깃거리가 될 수 있기 때문이죠. 하지만 우리는 이러한 드라마들이 과장된 요소를 지니고 있고 사람의 인격체에 대한 오해를 불러일

으킬 수 있다는 사실을 잊어서는 안 돼요. 사실, 드라마는 현실 그대로를 반영하는 것이 아니라 극적인 요소를 보여주기 위해 현실을 과장해서 표현하는 것이에요.

그런 소재의 드라마에서는 마치 한 사람 안에 둘 이상의 인간이 존재하는 것 같은 인상을 주는데, 그것은 매우 잘못된 거예요. 하나님은 한 사람에게 하나의 영혼을 주셨기 때문에, 한 사람 안에 절대로 둘 이상의 인간이 존재할 수 없거든요. 하나님이 아담의 갈비뼈로 하와를 만드실 때, 몸은 아담에게서 취하셨지만, 하와의 영혼은 아담의 몸과 상관없이 새롭게 창조하셔서 몸 안에 불어넣어 주셨다는 것을 기억해야 해요.

그렇다면 정신의학에서 말하는 '다중인격장애'는 어떻게 이해해야 할까요? 먼저 '인격'이라는 말에 대해 알아야 하는데, '인격'이란 한 사람의 영혼 혹은 자아를 뜻하는 말이에요. 기독교에서 사용하는 '영혼'이라는 말을 철학이나 정신의학에서는 '자아'라고 부른답니다. 그러니까 '다중인격장애'라는 것은 한 사람 안에 영혼_{자아}이 하나만 있는데도 불구하고 마치 여러 개의 영혼이 있는 것처럼 말하고 행동하는 것을 의미하는 것이죠.

한마디로 다중인격장애를 겪는 사람은 자기 자신에 대해 착각하고 있는 거예요. 이런 상태는 정신적으로나 신체적으로 문제가 있다고 할 수 있어요. 그런데 한 사람이 여러 인격을 가진 것처럼 행동한다고 해서 실제로 그 사람 안에 여러 인격이 존재하는 것은 아니에요. 예를 들어 '치매'에 걸린 환자가 갑자기 전혀 다른 사람처럼 행동한다고 해서 두 개의 영혼이 있다거나 다른 자아가 들어왔다고 말하지 않는 것과 같아요.

그럼, 한 사람 안에 마치 여러 인격이 있는 것처럼 보이는 이유는 무엇일까요?

사람 안에 있는 영혼_{자아}은 하나이지만 그 안에는 아주 풍부하고 다양한 특성이 있어요. 우선 인간의 정신은 지성, 감성, 의지를 갖추고 있어요. 이를 가리켜서 '지정의'라고 하죠. 평소에 이 세 가지 특성은 아름다운 조화를 이루고 있지만 때로는 냉철한 지성을 발휘할 때가 있고 때로는 불같은 감정에 사로잡힐 때가 있어요. 한 사람이 지성에 몰두할 때의 모습과 감정에 사로잡힐 때의 모습을 비교해 보면 전혀 다른 사람처럼 보이지만, 사실은 하나의 인격체에서 나타나는 다양한 모습일 뿐이에요. 마찬가지로 한 사람이 선한 일을 할 때가 있고 악한 일을 할 때가 있는데 선을 행할 때의 모습과 악을 행할 때의 모습을 비교해 보면 전혀 다른 사람처럼 보이기도 하죠.

정신적으로나 신체적으로 건강한 사람은 한 인격체가 가진 이런 다양한 모습을 딱 붙잡아 주는 힘이 있어요. 이 다양한 모습을 '나'라는 인격체 안에서 통일시키고 조절하죠. 그런데 어떤 충격을 받아 정신적으로 약해지거나 병들게 되면 그 사람은 자기 안에 있는 서로 다른 모습을 꽉 붙잡아 주는 힘을 발휘하지 못해서 감정과 행동을 조절하지 못해요. 이런 사람을 우리는 '정신질환'에 걸렸다고 말하죠. '다중인격장애'도 그런 경우예요. 우리 친구가 분명히 알아야 할 것은 이런 경우는 한 사람 안에 있는 다양한 모습을 조절하는 힘이 약해진 것이지, 한 사람의 영혼이나 인격이 몇 개로 나뉜 것은 결코 아니라는 점이에요.

여기서 중요한 건 한 사람에게 여러 모습이 나타난다고 해서, 그것을 두고 '다른 영혼, 혹은 여러 개의 영혼이 한 사람 안에 들어왔다'라고 생각하는 것은 큰 잘못이라는 거예요. 이런 경우를 '빙의' 현상이라고 말하는데요, 빙의는 내가 아닌 다른 존재가 내 안에 들어와서 존재한다고 생각하는 거예요. 빙의는 세 가지 경우로 나눠서 생각해 볼 수 있어요.

첫째, 죽어서 이 세상을 떠난 영혼이 현세에 사는 사람 속에 들어온다고 생각하는 경우예요. 이를테면 '환생설' 같은 것이죠. 그러나 한번 죽어서 세상을 떠난 영혼은 죽는 바로 그 순간에 천국이든 지옥이든 가기 때문에 다시 현세로 돌아올 수 없다는 것이 성경의 가르침이에요. 성경에 나오는 거지 나사로의 비유를 보면 '너희와 우리 사이에 큰 구렁텅이가 놓여 있어서 왕래하는 것이 불가능'하다고 되어 있죠.눅 16:26.

둘째, 현세에 존재하는 누군가의 영혼이 어떤 사람 안에 들어온다고 생각하는 경우예요. 드라마에서 간혹 등장하는 것처럼 영혼이 서로 맞교환되는 등의 설정도 여기에 해당하죠. 그러나 이런 일들 역시 절대 불가능해요. 또 어떤 사람의 장기를 이식받으면 그 사람의 영혼이 몸 안에서 영향을 미친다고 생각하는데, 이것 역시 불가능한 일이죠. 심지어 뇌를 이식받았다 해도 뇌를 준 사람의 영혼이 이식받은 사람에게 따라 들어오는 것은 불가능해요.

셋째, 사람 안에 귀신의 존재가 들어오는 경우가 있어요. 유감 스럽게도 이것은 충분히 가능하답니다. 악한 영은 사람 안에 들어 와서 영향을 끼칠 수 있어요. 성경을 읽어 보면 귀신 들린 사람들 이야기가 많이 등장해요. 대표적인 예로 구약시대에 귀신에 사로 잡혔던 사울의 경우를 들 수 있어요. 사울 안에는 사울 자신의 영혼과 귀신이 같이 들어 있어요. 마가복음 5장 9절에서 볼 수 있는 것처럼 한 사람 안에 많은 숫자의 귀신이 한꺼번에 들어가 있는 예도 있죠. 귀신 들린 사람을 만난 예수님이 귀신의 이름을 물으시 자 "내 이름은 군대니 우리가 많음이니이다"라고 대답했었죠.

이처럼 악한 영은 사람 안에 들어와서 나쁜 영향을 끼칠 수 있어요. 그렇지만 이런 현상은 앞에서 설명했던 정신질환과는 달라요. 현대의 많은 정신의학자가 악한 영의 역사를 정신질환으로 보는 경우가 있는데, 귀신 들림은 정신질환과는 분명히 다른 현상이에요.

하지만 악한 영이 사람 속에서 역사할 수 있다고 해서 너무 겁먹을 필요는 없어요. 우리 안에는 이미 예수 그리스도께서 들어와 계시니까요. 우리가 예수 그리스도를 나의 구주로 고백하면 내 안에 예수 그리스도께서 들어오시고, 우리는 또 예수 그리스도 안에

거하게 되지요. 예수님뿐만 아니라 성부 하나님, 성령 하나님이신 삼위일체 하나님께서 내 안에 들어오셔서 함께 거하시는 거예요! 이것이 얼마나 놀라운 특권인가요!

　지금까지의 내용을 정리하면, 한 사람의 영혼이 두 개 혹은 그 이상으로 나뉜다거나 다른 사람의 영혼이 한 사람 안에 들어와서 함께 존재하는 일은 있을 수 없어요. 다만 정신적으로나 신체적으로 약해지고 병들면 사람의 인격이 지닌 다양한 특성들을 조절하는 힘이 약해져서 이런 특성들이 따로따로 노는 것처럼 보일 뿐이죠. 이런 사실을 기억하고 각자의 신앙 그리고 영혼과 신체를 튼튼하게 가꿀 필요가 있어요.

34

외계인은 정말 있는 걸까요?

Q 성경에는 외계인에 관한 이야기가 없는 걸로 알고 있어요. 그런데 외계인에게 납치되었다거나 UFO를 봤다고 말하는 사람들이 간혹 있잖아요. 외계인은 정말 있는 걸까요?

A 제가 초등학교에 들어가기 전 아주 어릴 때 '무성영화' 라는 것이 있었어요. 밤이 되면 마을 공터에 간이 스크린을 설치하고 영사기를 통해 영화를 상영하곤 했죠. 등장인물이 마치 꼭두각시처럼 움직이고 해상도도 나쁜 데다가 음향장치가 없어서 해설자가 옆에서 일일이 목소리를 바꿔 가며 주인공들의 대사를 낭독하곤 했어요.

그에 비하면 오늘날의 영화는 어떤가요? 필름이 돌아가는 속도가 워낙 빨라서 실제 인물의 움직임과 똑같은 모습으로 영화 속

주인공들이 활동하고, 커다란 화면 위에 아름다운 총천연색 장면이 전개되고, 음향 효과도 좋아져서 주인공들이 하는 말이 그대로 전달되고, 장면마다 딱 들어맞는 배경음악까지 갖추어진, 아주 고급스럽고 품질 높은 영화가 상영되고 있죠? 오늘날의 총천연색영화에 비하면 옛날의 무성영화는 품질이 떨어지는 건 물론이고 내용도 너무 시시하죠.

저는 외계인과 UFO에 관한 이야기들이 내용도 아주 빈약하고 검증되지 않은 '흑백영화'와 같다면, 성경이 보여주는 사실에 입각한 놀라운 우주의 풍경은 '총천연색영화'와 같다고 말하고 싶어요. 어떤 점에서 그렇게 볼 수 있을까요?

외계인이란 인간과 비슷한 성질을 가진 생명체로, 지구 밖의 어떤 행성에 살고 있다고 가정된 존재예요. 이 외계인들이 자신들의 행성에서 지구로 날아오는 데 사용하는 교통수단이 바로 'UFO Unidentified Flying Object' 곧 '미확인 비행 물체'이지요.

지구 밖의 어딘가에 인간과 비슷한 성질을 가진 생명체가 존재할지도 모른다는 가설은 오래전부터 인류가 늘 해왔던 생각이에요. 그런데 UFO와 외계인이 지구에 찾아왔다고 말하는 주장이나 문헌과 영상을 보면 믿기 어려운 불확실한 것들이 대부분이에요. 유감스럽게도 발표된 것 중에 UFO나 외계인의 존재를 증명해주는 과학적인 증거는 지금까지 하나도 없죠. 대부분이 근거가 불확실한 소문이거나 조작된 것이거나 아니면 아주 불건전한 이단 종교들과 관련된 것들이에요. 저도 관련 문헌을 찾아봤는데 과학적으로 증명된 사실은 전혀 볼 수 없었어요.

UFO를 목격했다고 주장하는 사진과 동영상을 보면 형체를 알 수 없는 빛이거나 자연현상인 경우가 대부분이에요. 사실 하늘에서는 빛과 대기와 구름의 작용, 혹은 항공기 등의 영향으로 UFO보다 훨씬 더 신비로운 현상이 얼마든지 나타날 수 있어요. 하루에도 수만 개 이상 지구로 떨어지는 유성 역시 다양한 형태와 다양한 방식으로 떨어질 수도 있어요. 제가 군대에 있을 때 하루는 부대 전체가 밤에 경계근무를 서고 있는데 맞은편 산등성이에서 아주 뚜렷한 빛을 내는 물체를 발견하고 깜짝 놀라서 부대에 신고한 적이 있어요. 온 부대가 밤새도록 그 물체를 보고 긴장하면서 경계근무를 섰는데 나중에 알고 보니 가로등 불빛이 고인 물에 반사되어 내는 빛으로 확인되었죠. UFO에 대한 목격담 역시 이런 것일 수 있어요.

실제 천문학 연구에 근거해 보면, 적어도 태양계 안에는 인간과 같은 성질을 가진 생명체가 지구 외에는 존재하지 않는다는 것이 확실하게 밝혀졌어요. 사람들은 '물이 있다면 생명체가 살고 있을 가능성이 있다'라는 생각에 화성이나 다른 행성들의 위성 등에서 물과 생명체를 찾아보지만, 그것은 가설에 불과하고 또 그럴 가능성은 거의 없어요. 왜냐하면, 지구로부터 몇 광년 혹은 몇천, 몇억 광년 떨어진 먼 은하의 행성에서 지구까지 오려면 빛의 속도 또는 그것을 능가하는 엄청나게 빠른 교통수단이 있어야 하는데, 이런 교통수단은 현대 과학이 만들어 낼 수 없을뿐더러, 그렇게 만들어 냈다 해도 마찰열과 압력의 영향으로 날기 시작하자마자 폭발해 버릴 수밖에 없어요. 무엇보다 그런 조건을 견뎌낼 생명체는 존재 하지 않죠.

만일 이런 엄청나게 힘든 조건을 극복하고 지구에까지 온 어마 어마한 생명체가 있다면 아마 그 생명체는 인류의 역사에 매우 큰 영향을 끼쳤을 거예요. 하지만 지구에는 전혀 그런 기록이나 사건 이 없었죠. 그저 확인되지 않은 뜬소문만 가뭄에 콩 나듯 전해질 뿐이에요.

한편, 외계인에 관해 주장하는 사람들의 이야기를 끝까지 들어 보면 여기저기서 주워들은 과학 지식과 고대 종교의 이야기들 그 리고 최면술이나 텔레파시와 같은 현상들을 뒤섞어서 우주의 구 성과 인간의 역사를 마음대로 해석하고 인류의 장래를 예언하는 황당무계한 주장인 것을 알 수 있어요. 그런 것을 주장하는 사람 중에는 인간보다 더 고등하고 우수한 다른 존재가 우주에 있다고 생각하며 그것을 예배하는 일도 있는데, 이것은 하나님이 아닌 다 른 것을 숭배하는 사이비 종교에 불과해요. 또 하나님의 형상으로 존귀하게 만드신 인간, 그리고 그 인간이 사는 지구를 중심으로 우주를 펼치신 하나님의 섭리를 보지 못하게 하고, 인간과 지구를 그저 여러 피조물 중 하나로 깎아내리려는 악한 의도에 지나지 않 아요.

이 우주 안에 인간 외에 인격을 가진 생명체는 정말 존재하지 않을까요? 아니에요. 이 우주에 인간 말고도 인격을 가진 생명체가 아주 풍부하게 존재하고 있어요. 이 사실을 성경말씀이 매우 정확하고 생생하게 보여주고 있죠.

우선 인격체이신 성부와 성자와 성령 하나님께서 이 드넓은 우주에 들어와 계시면서 우주 전체를 움직이고 관리하고 보존하는 일을 하고 계시죠. 요한복음 5장 17절을 보면 "내 아버지께서 일하신다"라고 했는데, 이 말은 성부 하나님이 우주 전체를 움직이고 관리하고 보존하는 일을 하고 계신다는 뜻이에요. 같은 구절 뒷부분에서는 예수님이 "나도 일한다"라고 했고, 히브리서 1장 3절을 보면 예수님이 "만물을 붙드신다"라고 했는데, 이 말씀은 예수님도 성부 하나님과 함께 우주 전체를 움직이고 보존하고 관리하는 일을 하고 계신다는 뜻이죠. 그뿐만 아니라 "주의 영을 보내어 그들을 창조하사 지면을 새롭게 하시나이다"시 104:30라는 말씀이 있는데, 이 말씀은 성령이 우주 전체를 움직이고 관리하고 보존하는 일을 하고 계신다는 뜻이에요. 이처럼 성부와 성자와 성령하나님이 우주 어느 곳에나 존재하고 계시죠.

그뿐만이 아니에요. 우주에는 인간 말고도 하나님이 만드신 헤아릴 수 없이 많은 천사가 살아서 활동하고 있어요. 그리고 타락한 천사의 우두머리인 사탄이 공중의 권세를 장악한 채 움직이고 있고, 많은 사탄의 부하들인 각종 귀신 역시 이 우주 안에서 살아서 활동하고 있어요. 그리고 죽은 사람들의 영혼 역시 소멸하거나 없어지지 않고 그대로 우주 공간 어디엔가 살아 있어요.

예수님을 구주로 믿고 구원받은 사람들은 우주 공간 어디엔가 있는 천국에서 하나님을 찬양하면서 활동하고 있고, 예수님을 구주로 받아들이지 않은 불신자들 역시 우주 공간 어디엔가 마련되어 있는 지옥에서 형벌을 받으면서 고통을 겪고 있어요.

마지막 때가 되면 사탄의 세력과 천사의 세력이 그 모습을 적나라하게 드러내서 우주적인 큰 전쟁을 치르게 될 거예요. 그리고 예수님도 우리가 상상하지 못했던 놀라운 방법으로 그 모습을 드러내시고 이 세상을 심판하실 거예요. 그때 이 우주에는 새 하늘과 새 땅이 펼쳐질 것이고, 온갖 보석들로 장식된 새 예루살렘 성이 우주 안에서 찬란한 빛을 발하면서 나타날 거예요. 새 하늘과 새 땅은 생명체들로 가득 넘쳐날 거고요. 요한계시록 말씀을 잘 묵상해 보면 이 일들에 대해 잘 알게 될 거예요.

이처럼 우주에는 인간만 있는 것이 아니라 삼위일체 하나님, 천사들, 사탄과 귀신들과 같은 생명체들이 가득 차 있어요. 성경이 묘사하는 이와 같은 장엄한 풍경을 떠올려 보면, 불확실하고 부정확하고 조작되어 빈약하기 이를 데 없는 UFO와 흉측하고 기괴한 모습으로 묘사된 외계인의 모습은 총천연색영화 앞의 초라한 무성영화처럼 그 의미를 잃고 마는 거예요. 여러분이 꼭 기억해야 할 것은 UFO와 외계인은 삼위일체 하나님, 천사, 사탄과는 아무런 관계가 없는 빈약한 공상에 지나지 않는다는 거예요. 따라서 UFO나 외계인 이야기에 너무 큰 호기심을 가지지 않는 것이 좋겠어요.

35

붉은 악마 응원을
어떻게 봐야 하나요?

우리나라 월드컵 응원단을 '붉은 악마'라고 하잖아요? 그래서 뿔 같은 것을 달고 빨간 옷을 입고 응원하는데, 크리스천으로서 이런 문화를 어떻게 봐야 하는 건가요?

오래전의 일임에도 불구하고 히딩크 감독의 지휘 아래 우리 축구 국가대표 선수들이 월드컵 4강에 진출했을 때의 흥분과 감격이 지금도 생생하네요. 그때 우리 국민이 '붉은 악마'라는 이름을 내걸고 응원한 것이 큰 화제가 되었고 지금까지 계속되고 있는데요. 붉은 악마라는 그 이름이 기독교인에게는 부담스러운 것이 사실이에요. 그런 점에서 우리 친구들이 '과연 붉은 악마라는 이름을 내걸고 하는 응원이 기독교인으로서 바람직한 응원 문화인가?' 하는 문제의식을 느끼고 고민하는 것은 매우 바람직하다고 생각해요. 왜냐하면 우리 크리스천은 먹든지 마시든지 무슨 일을 하든지 하나님의 영광을 위해서 해야 하는 사람들이기 때문이에요 고전 10:31.

'붉은 악마'라는 이름을 내걸고 응원하는 것이 과연 문제가 없는지 생각해 보고, 이어서 그렇다면 우리가 어떤 마음가짐으로 응원에 참여해야 하는지를 고민해보기로 해요.

먼저 '붉은 악마'라는 이름에 대해 생각해볼까요? 만약 응원단의 이름을 '악마'가 아닌 '천사'로 지었다면 우리 친구들이 응원에 참여하는 데 아무 부담이 없었겠지요? 악의 주체인 악마라는 이름을 사용하고 있어서 아무래도 부담이 되는 것이지요.

이 이름을 사용하고 관련된 퍼포먼스를 하는 것에 대해 우리 친구 중에는 세 가지 다른 반응이 나타날 수 있어요.

첫째는 붉은 악마라는 이름이 멋지고 그럴듯하다고 생각해서 적극적으로 참여하는 경우, 둘째는 이름 자체는 응원하기 위한 도구 정도에 지나지 않기 때문에 큰 의미를 두지 않고 응원에만 집중하는 경우, 셋째는 그 이름 때문에 응원에 참여하는 것 자체를 부담스럽게 생각하는 경우예요. 각기 다른 생각으로 응원을 바라보고 참여하는 만큼 그에 대한 지침도 각각 다르게 줘야 할 것 같아요.

첫 번째 경우처럼 붉은 악마라는 이름이 멋지고 그럴듯하다고 생각하는 친구들이 있다면, 우선 응원에 대해 깊이 생각해보고 피하는 것이 좋다고 생각해요. 물론 붉은 악마라는 이름으로 응원한다고 해서 악마를 숭배하는 종교행위를 하는 것이라고 보기는 어려워요. 그런데도 피하라고 하는 이유는 '악마'라는 개념을 내세워 응원하는 경우, 그 안에서 사람들이 추구하는 잘못된 이념에 영향을 받게 될 우려가 있기 때문이에요. 그 잘못된 이념이라는 건 무엇을 말할까요? 바로 '승리 지상주의'예요. 승리 지상주의란 수단과 방법을 가리지 않고 경쟁에서 반드시 이겨야만 한다는 생각을 말해요. 이것은 우리 친구들이 잘 알고 있는 것처럼 사탄의 속성이기도 하죠. 물론, 우리는 경기에서 승리하기 위해 최선의 노력을 다해야 해요. 하지만 승리라는 가치를 너무 중요시한 나머지 승리에 집착하고, 그것이 우상이 되어버려서는 안 되죠. 그래서 '악마'라는 이름을 내걸고 전투적으로 응원에 임하는 것은 조심스러울 수밖에 없어요.

실제로 경기를 시작하기 전에는 그토록 선수들을 칭찬하고 격려하던 응원단의 태도가 경기에 지고 나면 엄청난 실망감으로 바뀌어 감정적인 분노로까지 번지는 일도 많이 일어나고 있어요. 혹시라도 실수한 선수가 있으면 선수들이 최선을 다하여 뛰었는데도 불구하고 그 실수를 가혹하게 비판하는 일도 있죠. 다행히 우리나라에서는 그런 일이 없었지만, 유럽 경기 때 심심찮게 등장하는 훌리건 역시 승리 지상주의가 좌절당했을 때 응원단의 태도가 180도 바뀌는 단적인 모습을 보여주는 거예요.

이처럼 승리 지상주의는 우리 친구들이 경계해야 할 악마적인 사상으로서 기독교적 가치와는 전혀 조화를 이룰 수 없죠. 승리

지상주의는 다른 사람들을 섬기고 다른 사람들을 위하여 자기를 희생하며, 평안과 화평을 추구하는 기독교적 가치와는 너무 다른 태도예요.

그렇다면 두 번째와 세 번째 경우는 어떨까요?

저는 우리 친구들이 선택할 수 있는 태도는 두 번째와 세 번째 경우라고 생각해요. 이 두 경우는 어느 한 편이 옳고 다른 한 편이 틀린다고 말할 수 없고, 우리 친구들의 신앙 상태에 따라서 선택할 수 있는 문제라고 봐요.

먼저 두 번째 경우를 선택하는 친구들은 우리나라 선수들의 경기를 보면서 국민과 함께 응원하며 축제로 즐기는 순수한 목적을 가지고 응원에 임할 거예요. 붉은 악마로서 응원한다기보다 그 이름에 별로 개의치 않고 단지 전 국민적인 응원을 흥미롭게 즐기면서요. 붉은 악마라는 이름과 응원을 구별할 수 있을 만큼의 생각을 하는 친구들이라면 얼마든지 응원에 참여해도 문제가 될 것이 없다고 생각해요.

세 번째 경우처럼 만약 붉은 악마라는 이름 자체에 대해 크게 부담을 느끼고, 붉은 악마가 주는 부정적인 인상 때문에 순수하게 응원하기가 어려운 경우라면, 이런 친구들은 응원단에 합류하지 않는 것이 좋을 것 같아요. 응원보다 더 중요한 것은 우리 친구의 믿음 생활이거든요. 조금이라도 우리 친구의 믿음 생활에 해를 주거나 혼란스럽게 만들 수 있다고 판단되는 것이라면 피하는 것이 좋겠죠.

기독교인으로서 가져야 할 바른 응원 문화는 어떤 것일까요?

첫째로, 승패보다는 선수를 격려하려는 목적으로 응원에 참여하는 것이 바른 응원 정신이에요. 만약 경기장에 직접 갔다면, 선수들이 훌륭한 경기 장면을 선보였을 때 경기에 방해가 되지 않는 범위에서 적극적으로 호응하면서 즐기는 자세도 좋아요.

둘째로, 우리 팀이 이겼을 때는 응원단에 참여한 사람들과 함께 그 순간의 기쁨을 만끽하는 것도 좋은 응원 문화예요. 그렇게 기뻐하는 순간에는 몸을 건강하게 만들어 주는 유익한 호르몬과 효소들이 많이 분비된다고 해요. 쌓였던 스트레스도 해소되고요.

셋째로, 경기 후에 응원하는 무리에 동참해 사람들과 잠시나마 연합해 보는 것도 매우 중요한 경험이 될 거예요. 우리는 같은 나라의 국민으로서 이웃들과 한배를 타고 항해하는 한 가족과 같은 관계를 맺고 있죠. 이런 응원을 통해 하나님께서 주신 이웃인 국민들과 연대의식을 느끼는 것은 우리 친구들이 할 수 있는 좋은 경험이죠. 혹시 다른 나라 사람들과 어울려서 응원하게 된다면 범세계적인 차원에서 마음을 연합하는 아주 소중한 기회가 될 거고요. 우리 기독교인은 모두 넓은 의미에서 아담을 조상으로 한 가족이기도 하잖아요.

넷째로, 우리는 선수들이 중요한 경기에서 실수하고 패배하더라도 열심히 뛴 선수들에게 끝까지 위로하고 격려해주어야 해요. 경기의 승패에 너무 집착하는 것은 성도들의 바른 응원 문화가 아니라는 점을 반드시 기억해야 해요. 경쟁에서 반드시 이겨야 한다는 승패 관념에 집착하게 되면 매우 냉정해지고 비인간적이 되고 말아요. 그런 사람들이 모여서 살아가는 이 사회는 냉혹하고 비인간적인 곳이 되고 말겠죠?

마지막으로 그리스도인이라면 운동 경기를 관전하면서 영적인 교훈도 얻을 수 있어야 해요. 운동선수들이 잠깐의 기쁨을 안겨주는 승리를 쟁취하기 위하여 사력을 다하여 뛰는 모습을 보면서 '썩어 없어지는 면류관을 얻기 위해서도 저렇게 열심히 뛰는데, 하나님이 주시는 썩지 않을 면류관을 얻기 위해서라면 더 열심히 뛰어야 하지 않겠는가?'라는 생각을 할 수 있다면, 운동 경기도 즐기고 그 안에서 영적인 교훈도 얻는 유익한 시간을 보낼 수 있을 거예요.

5 부

기도, 하나님과의 만남, 동행

36

하나님의 사랑이
느껴지지 않아요

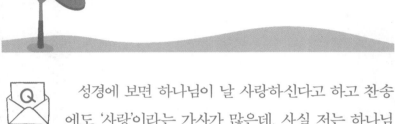

성경에 보면 하나님이 날 사랑하신다고 하고 찬송에도 '사랑'이라는 가사가 많은데, 사실 저는 하나님이 나를 사랑하신다는 게 잘 느껴지지 않아요. 그런 말씀이나 가사를 봐도 크게 와 닿지 않아요. 왜 그럴까요?

아마도 우리 친구는 하나님의 사랑을 감정으로 느끼고 싶어 하는 것 같아요. 또 하나님의 사랑을 시각적으로 확인하고 싶어 하는 것도 같아요. 이런 바람을 가지는 것은 자연스러운 일이에요. 사람은 누구나 인간관계에서 사랑을 주고받을 때, 감정적인 따뜻함을 느끼고 싶어 하죠. 또 마음이나 말로만이 아니라 더 나아가 선물을 받는 것과 같이 무언가 겉으로 표현되는 것을 원하지요.

하나님이 자녀들에게 사랑을 표현하실 때도 인간관계에서 사랑을 표현할 때와 비슷한 점이 있는 것은 사실이지만 하나님의 사랑은 인간관계에서 나타나는 사랑보다 훨씬 깊다는 점에서 차이가 나요. 그래서 하나님의 사랑을 받으면서도 자신들이 사랑받고 있는지 아리송하기도 하고 사랑받지 못하고 있다며 오해하기도 하지요.

우리 친구의 이해를 돕기 위해 하나님의 사랑을 편의상 두 가지 종류로 나누어서 설명해 볼게요. 물론 두 가지 종류로 설명한다고 해서 하나님에게 서로 다른 두 가지의 사랑이 있다는 것은 아니에요. 하나님의 사랑은 하나이지요. 그러나 상황에 따라서 다른 방법으로 표현되거든요. 첫째는 하나님이 인간을 죄의 세력으로부터 구원하실 때 나타나는 사랑이고, 둘째는 구원받은 하나님의 자녀들이 세상을 살아갈 때 나타나는 사랑이에요.

첫 번째 경우를 살펴볼까요? 우리 친구들이 예수님을 구주로 영접할 때 어떤 일이 일어났지요? 네! 죽었던 우리의 영혼이 새롭게 다시 탄생했어요엡 2:1 . 엄청난 사건이 우리가 예수님을 구주로 영접할 때 우리 안에서 일어난 거예요. 이거야말로 하나님께서 우리를 사랑하신다는 가장 큰 증거 중 하나예요. 우리를 너무나 사랑하시기 때문에 죽음에서 다시 살리신 거죠. 그런데 우리 친구들이 예수님을 구주로 영접할 때 어떤 느낌이었나요? 극소수의 친구들은 바울이 다메섹으로 내려가는 길 위에서 극적인 방법으로 예수님을 만난 것처럼 마음 안에서 엄청난 격변이 일어난 것을 느꼈겠지만, 친구들 대부분은 아무런 느낌도 느끼지 못했을 거예요. 이렇게 엄청난 변화가 우리 안에서 일어나는데도 왜 우리에게는 특별한 느낌이 없는 걸까요? 왜냐하면, 이 엄청난 변화는 '속사람' 안에서 일어나는 변화이기 때문이에요.

성경에 보면, 바울 선생님은 인간이 겉사람과 속사람으로 구성되어있다고 생각했어요 고후 4:16. 겉사람은 인간이 알아차릴 수 있게 생각하고 판단하고 희로애락의 감정을 느끼고 움직이고 활동하는 모든 것을 가리키지요. 그런데 사람의 영혼은 겉사람으로만 구성되어있지 않아요. 사람의 영혼은 분명히 존재하지만 눈에는 보이지 않아요. 겉사람이 사과 껍질에 해당한다면 속사람은 사과의 속살에 해당하지요. 우리가 눈으로 보고 느끼는 것이 우리 영혼의 전부라고 생각하면 큰 오해예요. 우리는 우리 영혼의 아주 커다란 부분을 의식하지 못하거든요.

우리가 우리의 영혼에 대하여 알고 있는 부분은 영혼의 작은 일부분에 지나지 않아요. 게다가 우리는 우리 자신의 영혼에 대해서도 잘 몰라요. 우리가 예수님을 구주로 영접할 때 일어나는 엄청난 변화가 우리의 속사람 안에서 일어나도 잘 의식하고 느낄 수 없죠. 하지만 우리의 속사람 안에서 영혼이 거듭나는 사건은 하나님이 우리에게 주시는 가장 크고 값진 선물이고, 사랑의 표현이에요. 물론, 속사람에서 일어나는 변화는 겉사람에게 어느 정도 영향을 끼치기도 해요. 사람마다 느끼는 정도는 각각 다르지만, 그 여파를 강하게 느끼는 사람도 있고 거의 감지하지 못하는 사람도 있어요.

이제 우리 친구들의 삶 속에 나타나는 하나님의 사랑에 대하여 생각해보겠어요.

여러분은 하나님께서 여러분을 사랑하실 때 구체적으로 보여주시거나 느낄 수 있게 해주시면 좋다고 생각할 거예요. 눈에 보이는 선물을 듬뿍듬뿍 주시고 기도할 때마다 즉각 응답해 주시면 정말로 좋겠지요? 학교 성적이 꼴찌인데, 기도를 했더니 한 달 만에 전교 1등으로 올라간다면 정말로 하나님의 사랑을 온몸으로 느낄 수 있겠지요? 믿지 않는 가족들을 위하여 기도했을 때 하나님이 즉각 들어 주셔서 함께 신앙생활을 하게 된다거나, 암에 걸린 사람을 위해 기도해서 암이 완치되면 하나님이 살아 계시고 정말 나를 사랑하신다고 온몸으로 느낄 수 있을 거예요.

이스라엘 백성이 광야를 여행할 때도 그랬어요. 하나님이 그들에게 시각적인 기적들을 얼마나 많이 보여주셨는지 몰라요. 바다를 가르기도 하시고, 하늘에서 만나와 메추라기를 내려주시고, 낮에는 구름기둥을 보내시고 밤에는 불기둥을 보내셨어요. 여호수아가 기도하자 해가 중천에 떠서 앞으로 가지 않은 적도 있었어요. 이런 기적들이 오늘날에도 일어난다면 얼마나 신나겠어요?

그런데, 우리 친구들이 반드시 기억할 것이 있어요. 저도 처음에 예수님을 믿고 신앙생활을 시작할 때는 하나님께서 저에 대한 사랑을 눈에 보이는 방법으로 많이 표현해주셨어요. 그런데 신학대학원을 졸업하고 성경공부도 많이 해서 하나님에 대해 많이 알고 난 이후에는 눈에 보이는 형태로 사랑을 표현하신 횟수가 눈에 띄게 줄어들었지요. 이스라엘 백성들이 광야를 여행할 때는 하나님이 많은 기적을 보여주셨지만, 일단 가나안 땅에 들어간 이후에는 만나도, 메추라기도, 불기둥도, 구름기둥도 다 보내주시지 않으셨던 것처럼요.

왜 그럴까요? 하나님의 사랑이 식어버린 것일까요? 아니에요. 하나님이 사랑을 표현하는 방법을 바꾸신 것뿐이에요. 이스라엘 백성이 가나안 땅에 들어간 이후에 하나님께서 만나와 메추라기를 보내주시는 기적을 중지하신 이유는 백성들이 가나안 땅에서 스스로 농사지어 먹고살 수 있게 되었기 때문이에요. 그러면 농사지을 땅을 누가 주셨을까요? 바로 하나님이 주셨어요. 이스라엘 백성들이 광야를 여행할 때는 농사를 지을 수가 없었지만, 이제 땅이 생긴 이상 스스로 농사지어 먹고살 수 있는 길이 열렸기 때문에 하나님이 기적을 중지하신 거예요. 고기를 잡을 줄 모르는 사람에게는 처음에 고기를 직접 잡아 주어야 해요. 그러나 이 사람 옆에 항상 붙어 다니면서 계속 고기를 직접 잡아 주는 것은 그 사람을 진정으로 사랑하는 것이 아니에요. 고기 잡는 방법을 가르쳐 주고 스스로 고기를 잡을 수 있도록 해주어야 해요.

이제 아시겠지요? 우리 친구가 삶 속에서 하나님의 사랑을 직접 느끼지 못하는 이유 가운데 하나는 아마도 하나님이 직접 옆에 오서서 간섭하는 것보다는 한발 물러서서 우리 친구가 자신의 힘으로 생활하도록 크게 울타리를 쳐 주는 것이 더 유익하다고 판단하셨기 때문일 수 있어요. 느낌이나 시각으로 확인할 수는 없어도, 속사람 안에서 거듭나게 하시는 하나님의 구원의 사랑을 확신할 뿐만 아니라 일상으로부터 한발 물러서 계시지만 한층 더 깊은 사랑과 배려로 크게 안아 주시는 하나님의 손길에 눈이 뜨이는 우리 친구가 되기를 간절히 기도해요.

37

저는 왜 하나님을 만난 경험이 없을까요?

Q 얼마 전 친구가 예수님을 인격적으로 만났다고 하던데, 저는 그런 경험이 없는 것 같아요. 마음으로는 예수님을 확실히 믿는데 왜 저에게는 예수님을 인격적으로 만난 경험이 없는 걸까요?

A 우리 친구의 고민에 관하여 이야기하기 전에 성경에 등장하는 두 인물에 대하여 잠깐 생각해보기로 해요. 한 사람은 사무엘이고 다른 한 사람은 바울이에요. 우리 친구는 제가 왜 사무엘과 바울을 예로 들고 있는지 벌써 눈치챘을 거예요.

사무엘은 모태신앙이에요. 그는 간혹 하나님의 특별한 지시를 받은 것 빼고는 특별히 내세울 것이 없이 평범하게 신앙생활을 했죠. 모세처럼 요란하게 하나님을 만난 일도 없고, 엘리야나 엘리사처럼 화려한 기적을 행한 일도 없어요. 그렇지만 사무엘은 그 어떤 선지자보다도 하나님의 사랑을 많이 받고 하나님을 사랑한 사람들 가운데 한 명이에요.

그러면 바울은 어떨까요? 바울은 사무엘과는 사뭇 달라요. 바울은 특별한 때_{정오에}, 특별한 장소에서_{다메섹으로 내려가는 길에서} 특별한 방법으로_{햇빛보다 더 밝은 빛과 구체적인 음성을 통하여} 하나님을 만난 사람이에요. 그는 어느 누가 물어도 예수님과 만난 순간을 정확하게 말할 수 있었어요. 바울도 하나님의 사랑을 많이 받았고 또 하나님을 사랑한 사람이었죠.

여러분은 사무엘과 바울 중에서 누가 더 훌륭한 신앙생활을 했는지 우열을 가릴 수 있겠어요? 아마도 우열을 가릴 수가 없을 거예요.

어쩌면 우리 친구는 사무엘보다는 바울에게 훨씬 더 흥미를 느낄지 몰라요. 바울처럼 특별한 방법으로 하나님을 만나는 경험을 해보고 싶어 하니까요. 우리는 여기서 왜 하나님이 바울에게 이렇게 특별한 방법으로 나타나셔야 했는가를 한번 생각해 볼 필요가 있어요. 바울은 예수님을 만나기 전에 아주 못된 생활을 하던 사람이었어요. 예수 믿는 사람들을 핍박하고 붙잡아다가 감옥에 가두는 일을 주로 한 사람이었고, 심지어 스데반과 같은 훌륭한 성도를 죽이는 일에 앞장서기도 했어요. 그런 바울이었기 때문에 잔잔하고 평범한 방법으로는 하나님께 나오는 게 불가능했어요. 그래서 하나님께서 비상조치를 취하신 거죠. 하나님이 직접 바울 앞에 나타나기로 하신 거예요. 이제 조금 이해가 되나요? 대개 하나님이 눈에 띄는 특별한 방법으로 나타나시는 이유는 그 사람이 그런 특별한 방법이 아니고서는 하나님을 만나기 힘든 사람이기 때문이에요.

예를 들어 조직폭력배로 활동하다가 하나님께로 돌아온 후에 간증하는 사람들이 있어요. 이 사람들의 이야기를 들어보면 아주 재미있어요. 하나님께서 눈에 보이는 분명한 모습으로 나타나 주시기 때문이지요. 이야기가 재미있을수록 그만큼 힘들게 주님께 나오게 됐다는 뜻이 되기도 해요.

우리 친구에게 한 가지 질문할게요. 어떤 친구가 매우 나쁜 길에 빠져서 항상 문제를 일으키고 있는데, 그걸 그 친구의 아버지가 보았다고 해요. 그럴 때 아들의 나쁜 짓을 그만두게 하려고 아버지가 큰 소리로 혼을 내며 몽둥이를 들고 와서 때리는 것과 조용히 말로 타이르는 것 중에서 어떤 것이 더 좋은 방법일까요? 당연히 두 번째지요. 한 걸음 더 나아가서 말 한마디 안 하고 아버지가 눈만 한번 깜빡거려도 알아듣고 나쁜 짓을 그만두는 것이 훨씬 더 좋은 것이겠지요? 그보다 더 좋은 것은 미리 아버지의 마음을 살펴서 아예 나쁜 짓 자체를 하지 않는 것이죠. 그래요. 사실은 하나님과 극적으로 만나고 나서 신앙생활을 제대로 하는 것보다 하나님이 특별히 만나주지 않아도 신앙생활을 잘하는 것이 훨씬 더 낫답니다.

특별히 눈에 띄는 방법으로 하나님을 만나지 못하는 경우로는 두 가지를 들 수 있어요. 하나는 모태신앙일 경우이지요. 믿는 부모에게서 태어난 아이의 경우에는 부모가 부모의 신앙을 걸고 아이를 대신하여 신앙을 고백하면 하나님이 부모의 신앙고백을 받아 주셔서 아이를 하나님의 자녀로 삼아 주시지요. 그래서 모태 신앙인은 태어나는 때부터 주님을 믿는 환경에서 은혜롭게 자라며 하나님을 믿고 그 안에 있게 돼요. 하나님이 특별히 따로 만나주실 필요가 없죠. 얼마나 자랑스럽고 고마운 일이에요?

나머지 하나는 예수님을 몰랐다가 전도를 받아서 교회에 온 경우, 또는 교회에 다니다 자연스럽게 예수님을 영접하게 된 경우예요. 이런 경우, 예수님을 영접했는데도 다른 변화가 없이 평범하게 신앙생활을 하게 되는 경우가 아주 많아요. 그런데 여러분, 이것은 결코 문제가 있어서 그런 것이 아니고 오히려 이것이 정상이랍니다.

여러분이 예수님을 구주로 영접할 때 느낌이 어땠나요? 그 순간은 여러분의 죽었던 영혼이 살아나고 영혼이 새롭게 태어나는 엄청난 순간이에요. 그렇지만 실제로는 그냥 맨숭맨숭하지요? 뜨거운 불이 나와서 마음속을 불태우는 느낌이 있는 것도 아니고 세상이 확 달라지는 것도 아니에요. 아무 느낌이 없을 때가 많아요. 그게 정상이에요.

예수님을 우리의 구주로 고백하는 순간, 성령께서는 우리 영혼 속에 들어오셔서 우리를 새사람으로 태어나게 해주시지요. 우리의 영혼이 다시 태어나는 것은 그야말로 엄청난 사건이지만 우리가 감지할 수 있는 겉사람의 영역에서 일어나는 사건이 아니라 속사람의 세계에서 일어나는 사건이기 때문에 우리가 감지할 수가 없는 거예요.

이 사건이 엄청난 사건인데도 불구하고 감지할 수 없는 사건이라는 점을 설명하기 위해 사람의 몸에서 일어나는 일을 예로 들어볼게요. 사람 몸에는 약 60조 개 이상의 세포들이 있고, 세포 하나하나 안에는 미토콘드리아라는 기관이 있는데, 이 미토콘드리아 안에는 열을 발생시키는 모터가 들어 있어요. 이 모터가 회전하면서 에너지를 발생시키는데 초당 수십만 번을 회전한다고 해요. 사람 몸 안에서 60조 개의 모터가 일 초에 수십만 번씩 회전하는 모습을 생각해보세요. 얼마나 그 소리가 크겠어요? 그러나 우리 귀에는 아무 소리도 들리지 않아요. 사람의 귀는 너무 큰 소리도, 너무 작은 소리도 들을 수 없게 되어있거든요.

마찬가지예요. 속사람 안에서 일어나는 엄청난 재탄생 사건은 너무나 엄청난 변화이기 때문에 우리가 감지할 수가 없어요. 그러니 예수님을 영접하고 나서도 마음이 맨숭맨숭한 것이 어쩌면 당연하죠. 그러나 결코 잊어서는 안 돼요. 우리 친구의 속사람 안에서 어마어마한 변화가 일어났다는 것을 말이에요.

그러면 속사람이 거듭난 후 신앙생활을 하는 과정에서 예수님을 경험하려면 어떻게 해야 할까요? 예수님을 만나는 지름길은 바로 하나님의 말씀을 읽는 거예요. 예수님은 자기 백성들에게 하시고 싶은 중요한 말씀을 성경에 기록으로 남겨 놓으셨어요. 그리고 자신을 만나고 싶을 때는 언제든지 성경말씀을 읽도록 하셨죠. 성경말씀을 읽거나 설교를 듣거나 성경공부를 할 때, 여러분은 성경말씀 한마디 한마디를 예수님을 만나는 순간으로 받아들여야 해요. 성경말씀은 예수님이 우리 친구들에게 써 보내주신 편지와도 같거든요. 말씀을 읽고 깊이 생각하는 시간은 예수님이 보내신 편지를 읽고 예수님의 마음과 인격을 만나는 시간이에요.

자, 그럼 지금부터 말씀을 많이, 그리고 깊이 묵상하고 적용하면서 예수님을 만나보세요. 특별한 방법으로 어쩌다가 한번 예수님을 만나는 것보다는 예수님의 은혜의 품 안에서 항상 예수님과 교제하면서 생활하는 것을 더 소중하게 여기는 친구들이 되기를 바라요.

38

말씀대로 살려고 하는데
사람들이 가식이래요

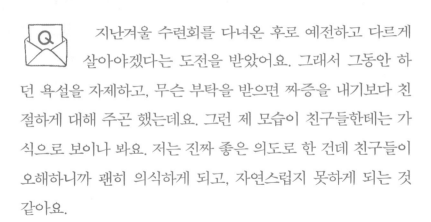

지난겨울 수련회를 다녀온 후로 예전하고 다르게
살아야겠다는 도전을 받았어요. 그래서 그동안 하
던 욕설을 자제하고, 무슨 부탁을 받으면 짜증을 내기보다 친
절하게 대해 주곤 했는데요. 그런 제 모습이 친구들한테는 가
식으로 보이나 봐요. 저는 진짜 좋은 의도로 한 건데 친구들이
오해하니까 괜히 의식하게 되고, 자연스럽지 못하게 되는 것
같아요.

많은 친구가 수련회에서 은혜를 받은 후, 얼마 지나지
않아 그 은혜를 잊어버리고 이전의 모습으로 돌아가곤
해요. 그런데 우리 친구는 수련회에서 받은 은혜를 잊지 않고 마
음에 잘 담아 두었을 뿐만 아니라, 하나님의 말씀대로 살기로 결단
하고 그 결단을 생활 속에서 실천하기 시작했군요. 우리 친구는 하

나님이 기뻐하시는 바른길을 선택한 거예요. 친구가 내린 결단에 대해 아낌없이 칭찬해주고 싶어요. 그런데 이 질문을 하는 걸 보니 아마도 친구는 새롭게 업그레이드된 믿음의 차원으로 나아가기 위한 진통을 시작한 것 같네요.

　우리 친구가 기억해야 할 원리가 하나 있어요. '이 세상에 아름답고 좋은 것들 가운데 힘들이지 않고 쉽게 얻을 수 있는 것은 아무것도 없다'라는 거예요. 우리가 이 세상에서 얻을 수 있는 모든 아름답고 좋은 것들은 반드시 수고와 힘듦의 과정을 거쳐서만 얻을 수 있게 되어있어요. 우리 친구가 학교에서 좋은 성적을 얻으려면 열심히 공부하는 과정을 거쳐야 하는 것처럼, 하나님의 말씀대로 사는 삶도 수고와 고통이 없이 얻어지는 것이 아니에요. 더구나 하나님의 말씀을 지키며 사는 삶은 거저 얻기에는 너무나 값지고 아름다운 것이라서 그냥 어느 정도 노력하는 정도로는 얻기가 힘들죠. 그래서 예수님은 우리에게 "좁은 문으로 들어가라"마 7:13라고 명령하셨어요. 그만큼 많은 수고와 힘듦의 과정을 통과해야 한다는 뜻이죠.

　지금 우리 친구는 진실한 마음으로 욕도 하지 않고 친절하게 대하려고 노력하기 시작했는데, 친구들이 그 마음을 알아주지 않으니 많이 당황스러울 거예요. 또 실망도 됐을 테고요. 그러나 이 상황은 예수님을 영접하고 새롭게 살아가려는 모든 사람에게 반드시 찾아오는 어려움이에요. 이 어려움을 잘 넘기는 것이 아주 중요해요. 그래야 세상 사람들이 모르는 아름답고 놀라운 기쁨을 맛볼 수 있게 된답니다.

그런데요. 사실 다른 친구들이 우리 친구를 의심의 눈초리로 바라보는 것은 어쩌면 당연한 거예요. 왜냐하면 그 친구들은 오랜 시간 우리 친구가 욕도 하고 짜증을 내는 모습을 봐 왔을 테니까요. 그런데 하루아침에 달라진 모습을 대하니까 어리둥절하겠죠.

성경에 보면 우리 친구와 비슷한 일을 겪었던 인물이 등장해요. 우리 친구도 잘 아는 '바울' 선생님이에요. 바울은 철저한 유대교 랍비로서 유대교의 교리와 다르게 믿는 기독교인들을 가혹하게 괴롭히고 핍박했던 사람이에요. 바울은 마음이 착하고 사랑이 많은 스데반 집사님을 돌로 쳐 죽이는 일에도 앞장섰죠. 그런데 이렇게 교회와 성도들을 핍박하던 바울이 다메섹에 있는 성도들을 체포하러 가던 중에 예수님을 만나 완전히 변화되었어요. 평소 화끈한 성격이었던 바울은 예수님을 영접한 후 이전에 유대교에 열심을 내던 것처럼 예수님을 전하는 일에 열심을 냈답니다. 교회와 성도를 위하는 일에도 앞장서려고 했죠. 그런데 바울의 과거를 이미 잘 알고 있던 성도들은 그가 다메섹에 도착했을 때, 당혹스러워하면서 "이 사람이 예루살렘에서 이 이름을 부르는 사람들을 멸하려던 자가 아니냐 여기 온 것도 그들을 결박하여 대제사장들에게 끌어가고자 함이 아니냐"행 9:21라고 의심하면서 바울의 진심을 믿어주지 않았어요. 엎친 데 덮친 격으로 이전에 유대교에서 함께 있던 사람들은 바울이 반역했다며 죽이려고 달려들었고요.

　이런 상황은 예루살렘에 들어갔을 때도 마찬가지였어요. 예루살렘 교회 성도들은 바울을 어떻게 받아들여야 할지 몰라서 당황했고, 한편으로 유대교인들은 바울을 반역자라고 하며 죽이려고 했죠. 바울은 어쩔 수 없이 또다시 예루살렘을 떠나지 않을 수 없었어요. 사실 바울은 그렇게 의심하는 사람들 때문에 14년 동안을 힘들게 지낸 후에야 비로소 안디옥교회에서 제대로 된 사역을 할 수 있었답니다. 이처럼 잘못된 과거를 청산하고 바른 삶으로 돌아오는 과정에서는 반드시 사람들의 의심과 오해의 터널을 통과해야만 해요.

　그러면 이와 같은 의심과 오해를 뛰어넘으려면 어떤 마음가짐이 필요할까요? 우리 친구와 같은 처지에 놓인 성도들에게 갈라디아서 6장 9절은 이렇게 권고하고 있어요. "우리가 선을 행하되 낙심하지 말지니 포기하지 아니하면 때가 이르매 거두리라"라고요. 맞아요! 이 터널을 통과하는 유일한 방법은 낙심하지 않고 포기하지 않는 거예요. 한마디로 인내하면서 나아가는 것이죠. 선을 행하는 사람에게 반드시 찾아오는 적이 바로 '낙심'이에요. 낙심하지 말라는 충고는 데살로니가후서 3장 13절에도 나와 있죠. "형제들아 너희는 선을 행하다가 낙심하지 말라."

　우리는 왜 낙심하게 될까요? 내가 원하는 때에 바라던 좋은 결과가 나타나지 않기 때문이에요. 사람들은 선하게 행동하면서 내심 상대방의 좋은 반응과 좋은 결과를 기대하죠. 하지만 우리는 사람을 위해서, 또 나를 위해서 선한 행동을 하는 것이 아니라 오직 하나님의 영광을 위해서 한다는 사실을 잊지 말아야 해요. 그러므로 우리 친구에게 가장 필요한 것은 이 터널을 다 통과할 때까지 포기하지 않고, 끝까지 인내하면서 결심한 그대로 계속하여 밀고 나가는 거죠. 누군가 의심하고, 가식적이라고 놀려도 아랑곳하지 않고 말이에요. 우리 친구가 그렇게 꿋꿋하게 나가다 보면 아마 주위 친구들도 서서히 바뀌게 될 거예요.

우리 친구들, 아침에 일어나기가 굉장히 힘들지요? 저도 우리 아이들을 아침에 깨워서 학교에 보내는 일이 아주 힘들었어요. 그런데 말 한마디 하지 않고 아이를 깨우는 방법이 하나 있어요. 아주 옛날 방법인데요. 자는 아이 머리맡에 꺼지지 않는 숯불이 담긴 화로를 가져다가 놓는 거예요. 그러면 따뜻한 열기가 점점 아이의 머리에 전달되겠지요? 아이는 '왜 이렇게 뜨끈뜨끈하지?' 하면서도 무시하고 계속 잘 거예요. 그러다가 열기가 계속 전달되면 결국 뜨거워서 일어나게 돼요. 이 방법은 로마서 12장 20절에서 바울이 알려준 방법이에요. 로마교회의 성도들에게 원수에게 진심으로 잘해 주라고 충고하면서 말이죠. 물론 원수에게 잘해 주면 원수는 그걸 곱게 받아들이지 않겠지만 상대방을 진정 사랑하는 마음으로 계속해서 잘해 주면 마침내 원수가 제풀에 지쳐서 마음을 열게 된다는 거죠.

바로 이 방법이 우리 친구에게 필요해요. 다른 친구들이 의심하고 가식적인 행동이라고 비난해도 흔들리지 않는다면 언젠가 그들이 우리 친구를 다시 보게 되고, 또 인정하기 시작할 거예요. 그 과정에서 때로 왕따가 되기도 하고, 또 여러 가지 방법으로 방해 공작이 있을지도 모르죠. 하지만 그것은 선한 일을 막으려는 악한 전략임을 분별하고, 절대 그런 수법에 말려 들어가서는 안 돼요.

그리고 이때 우리 친구가 기억해야 할 또 한 가지 중요한 원칙이 있어요. 우리 친구를 곱게 보지 않는 친구들을 미워하거나 원망하지 말아야 한다는 거예요. 당연히 그럴 수 있다고 생각하고 그 친구들의 영혼을 사랑하고 아끼는 마음을 잃지 말아야 하죠. 그런 마음은 나 스스로 결심한다고 가질 수 없어요. 내 안에서 성령님께서 마음을 감동해 주시고, 할 수 있도록 인도해 달라고 기도해야 한답니다. 혹시나 비판하는 친구들을 마음속으로는 미워하면서 행동으로만 친절하게 대해서는 안 돼요. 마음과 행동이 다르다는 건 속이는 것이고, 거짓이니까요. 물론 이 터널을 통과하는 일이 힘들 거예요. 하지만 이 터널에는 반드시 끝이 있다는 것을 기억하세요. 우리 친구에게 손가락질하던 친구들이 모두 변화되어서 함께 하나님께 영광 돌리는 때를 희망하고 기대하면서 우리 파이팅해요!

39

제가 원해서 태어난 것도 아닌데 왜 이 힘든 신앙생활을 해야 하나요?

Q 저는 하나님을 믿지만 어떨 때는 신앙인으로 산다는 게 너무 힘들고 허무하게 느껴질 때가 많아요. 제가 이 세상에 태어나고 싶어서 태어난 것도 아닌데 왜 하나님께 감사해야 하고, 왜 이렇게 힘들게 하나님을 믿어야 하는 거죠? 평생 이렇게 의무감으로 믿다가 지옥에 갈 수도 있는 건가요?

A 우리 친구가 말한 것처럼 사람 중에 자신이 원해서 세상에 태어난 사람은 아무도 없어요. 세상에 태어나기 전에는 우리가 존재하지도 않았기 때문에 태어나기를 원할 수도, 원하지 않을 수도 없죠. 이 점은 어떤 피조물도 절대로 넘을 수 없는 한계예요. 인간은 토기장이가 만든 그릇과도 같아요롬 9:21. 그릇은 토기장이에게 "왜 나의 의사도 묻지 않고 만들었느냐?"라고 항의할 권한이 없죠.

친구가 '왜 태어나게 했냐?' 하는 생각을 하는 것을 보면 무언가 힘들고 뜻대로 잘 안 되는 일이 있는 것 같아요. 사람들이 그런 생각을 하게 되는 마음 이면에는 삶의 의미와 보람, 기쁨을 찾지 못해서인 경우가 대부분이거든요. 나를 왜 태어나게 했냐며 존재 자체를 원망하는 거죠. 그러나 삶의 의미를 깨닫고 그 속에서 보람과 기쁨을 발견한 사람은 자기가 원해서 태어났든, 원하지 않아도 태어났든 자신의 출생을 원망하지는 않아요. 그런 의미에서 신앙에 대한 회의를 느끼는 우리 친구에게는 믿음생활의 의미를 깨닫고 그 속에서 보람과 기쁨을 발견하는 일이 필요한 것 같아요. 지금 친구에게는 신앙생활이 의무감으로 어쩔 수 없이 하는 것처럼 힘들고 어렵게 느껴진다고 했죠? 사실 우리 친구가 느끼는 것처럼 성도가 세상에서 믿음을 지키며 사는 것이 쉽고 즐거운 일만은 아니에요. 때로는 힘들고 고통스럽게 믿음을 위해 싸우고 견뎌야 할 일이 많이 있죠. 그러다 보면 '왜 이렇게 살아야 하지?'라는 생각을 하게 될 때도 있고요. 하지만 그런 과정이 우리 친구에게 아무런 의미도, 보람도 없는 건 아니에요. 성경에는 그런 예들이 정말 많이 있어요.

우리에게 믿음의 조상으로 불리는 아브라함의 믿음생활에 대해 생각해볼게요.

아브라함도 평생 아주 힘들고 고된 믿음생활을 했어요. 그의 믿음생활은 강대국인 갈대아 나라의 수도 우르에서 하나님의 부름을 받고 가나안 땅을 향해 출발하면서부터 본격적으로 시작되었어요. 그런데 가나안 땅에 간 후에 신나는 일들이 전개되었을까요? 그렇지 않아요. 아브람<small>창세기 17장 5절 이전까지 아브라함의 이름은 아브람이었습니다</small>이 가나안 땅에 들어갔더니 그 땅에 바로 큰 기근이 찾아왔죠. 먹을 것을 찾아 애굽<small>이집트</small>으로 내려가야 했어요. 그런데 그곳에서 예쁜 아내<small>사래</small> 때문에 곤경에 처하게 되죠. 애굽 사람들이 사래를 데려가서 애굽 왕인 바로에게 바치려고 했기 때문이에요. 신변의 위협을 느낀 아브람은 사래를 아내가 아닌 누이라고 속였는데, 나중에 이 사실이 탄로 나서 애굽에서 쫓겨나고 말죠. 또한, 가나안으로 돌아오는 길에 자식처럼 아끼던 조카 롯과 헤어지는 슬픔도 겪게 됐어요. 그뿐만 아니라 아브람은 자식을 주시겠다는 하나님의 약속을 믿지 못하고 자기 방법으로 여종인 하갈을 통해 아들을 낳았는데, 이 일 때문에 아브람 가정에 10년 넘게 불화가 계속되었어요. 이 불화는 첫아들인 이스마엘을 광야로 쫓아내는 아픔을 겪고 나서야 비로소 해결되었죠. 그게 전부가 아니에요. 가나안 땅은 다른 족속들이 이미 장악하고 있었기 때문에 아브라함은 죽는 날까지 나그네처럼 옮겨 다니면서 살아야 했지요. 아브라함의 이런 힘겹고 고달픈 삶은 그에게 두 가지 값진 열매를 안겨 주었어요.

첫째로, 아브라함은 현세에서의 삶은 수고와 슬픔으로 가득 차 있으며, 참된 소망이 없다는 사실을 깨달았어요. 그런데도 하나님은 왜 이런 가나안땅을 희망의 땅으로 약속하신 걸까요? 하나님이 아브라함을 속이신 걸까요? 아니에요. 하나님은 아브라함이 눈앞에 보이는 현세의 가나안 땅이 아니라 '영적인 가나안 땅' 곧 하나님의 나라를 참된 약속의 땅으로 소망하게 하셨던 것이지요. 그래서 히브리서는 아브라함이 하늘에 있는 "더 나은 본향"을 사모했다고 말하는 거예요히 11:16. 그래요. 우리 친구가 이 세상에서의 믿음생활이 힘들고 허무하게 느껴진다고 생각하는 것은 어쩌면 당연한 거예요. 눈에 보이고 손에도 잡히는 세상의 것들에 비해 하나님 나라는 보이지 않으니까요. 그러나 그 나라를 소망하면서 걸어가는 것이 바로 신앙생활이에요. 아브라함처럼 '그러므로 참된 기쁨과 소망은 이 세상에 있는 것이 아니라 영적인 하나님의 나라에 있구나!'라고 깨달아 가면서요.

둘째로, 아브라함은 이처럼 풍파 많은 세월을 어떤 자세로 맞이했을까요? 그저 꾹 참고 인내하고 견디면서 기다렸어요. 하나님께서는 아브라함에게 그의 자손이 하늘의 별과 같이 또 바닷가의 모래같이 번성하게 해주시겠다고 약속하셨어요. 그런데 이 약속들은 아브라함이 죽기 전에 실현될 수 있는 것들이 아니었죠. 하나님은 수천 년 이상을 내다보시면서 이 약속을 주신 거예요. 아브라함은 조급하게 생각하지 않고, 자신이 죽기 전에는 이루어질 수 없는 이 약속을 붙들고 죽는 순간까지 참고 인내하면서 기다렸어요. 그래요. 하나님이 주신 약속이 이루어질 그날을 기대하면서 죽는 날까지 힘든 순간을 참고 기다리는 삶이 하나님 백성의 삶이에요.

그럼, 우리는 무엇 때문에 이렇게 인내하는 삶을 살아야 하는 걸까요? 이런 과정을 통해서 보석과도 같은 아름다운 열매, 즉 좋은 성품을 얻게 되기 때문이에요. 오래 참고 견디고 기다리는 과정을 통해 우리 안에 있는 나쁜 습성들이 제거되고 바르고 견고한 성품이 만들어지는 것이죠.

　　고치 속에 있는 누에를 한 번 생각해볼까요? 누에는 고치를 뚫고 나와야 나방이 되어 자유롭게 날 수가 있어요. 그런데 누에고치는 아주 질기고 튼튼한 수백 겹의 명주실로 되어있죠. 누에는 이 단단한 고치를 뚫고 나오는 힘든 과정을 거치면서 근육에 힘이 붙게 되고, 뚫고 나온 후에는 이 근육의 힘으로 하늘로 날아오르게 되는 거예요. 만일 누에가 고치를 뚫고 나오는 것이 안쓰럽다고 해서 고치에 구멍을 뚫어주면, 누에는 고치에서 나온 후에 날지 못하고 죽어버리고 말아요. 마찬가지로 우리 친구도 누에처럼, 그리고 앞서 말한 아브라함처럼 참음과 인내와 기다림의 태도로 지금의 슬럼프를 잘 이겨 나가면 좋겠어요. 그런 과정을 통해 우리 친구의 나쁜 습성들이 제거되고 영적인 하나님 나라에서 영원히 생활하는 데 필요한 바르고 견실한 성품이 만들어지게 될 거예요.

　　현세에서의 삶은 결국 견디고 인내하는 삶이에요. 그런데 우리 친구에게 무조건 오래 참고 견디라고만 하면 무척 힘들겠지요? 그래서 현세에서의 삶을 의미 있고 보람 있고 즐거운 삶으로 바꾸어 놓을 수 있는 비결을 하나 가르쳐 줄게요. 그 비결은 바로 사랑이에요. 성경은 "사랑은 오래 참고... 모든 것을 참으며,,, 모든 것을 견디느니라"고전 13:4-7라고 말해요. 우리가 참고 견디고 인내하는 삶이 가능한 이유는 바로 사랑 때문이에요. 하나님께서는 예수님을 통해 이미 그 사랑을 보여주셨죠. 우리 친구가 그 사랑이 어떤 것인지 깨닫게 되기를 바랄게요. 그렇게 되면 친구도 그 사랑을 입은 자로서 보이지 않는 하나님 나라를 소망하며 살아가게 될 거예요. 그러기 위해서 말씀을 꾸준히 읽고 공부하면서 예수님이 어떤 분이신지 알아가려는 노력이 필요해요. 우리가 신앙생활을 하다가 지치는 이유는 예수님이 어떤 분인지, 예수님이 나에게 하신 일이 무엇인지 깊이 묵상하지 못한 채 막연하게 예배와 기도, 봉사 등의 교회생활을 하고 있어서예요.

지금 친구의 상태가 매우 힘들고 허무하게 느껴져도, 이 모든 과정이 우리의 더 나은 본향인 영적인 가나안으로 향하는 과정임을 기억했으면 좋겠어요. 이 시간을 사랑으로 견뎌내며 하나님 나라에 합당한 바르고 아름다운 심성으로 자라날 친구의 모습을 기대합니다.

40

아무리 노력해도 하나님과
점점 멀어지는 것 같아요

저는 요즘 고민이 많은 중1 학생이에요. 큐티도 계속 밀리고 성경도 안 읽어지고 자기 전이나 일어났을 때, 밥 먹기 전에도 기도를 계속 빼먹고 있어요. 그리고 제가 가야 할 길이 뭔지 모르겠어서 공부도 하기 싫고 그냥 잉여 짓만 하고 있네요. 하나님과의 관계만 회복되면 모든 것이 해결될 것 같은데.... 이제는 하나님의 존재에 대한 의심까지 들어요. 나름대로 기독교 서적도 보고, 성경도 읽어보려 했지만, 전혀 진전이 없어요. 어떻게 해야 하나님과의 관계도 회복하고 하나님을 만날 수 있을까요?

우리 친구는 어떤 음식에 더 끌리나요? 많은 친구가 된장국, 김치보다는 라면, 과자, 햄버거, 치킨에 더 끌릴 거예요. 하지만 이렇게 자연스럽게 끌리는 음식들은 당장 먹기에는 좋아도 결국 당뇨병이나 중풍, 고혈압과 같은 무서운 성인병의 원인이 되지요. 그러면 자꾸만 이런 음식이 끌릴 때는 어떻게 해야 할까요? 억지로라도 멀리해야 하지요. 끌린다고 해서 이런 음식만 즐기면 결국 몸을 망치게 되니까요. 반면에 끌리지 않아도 건강에 좋은 음식을 억지로라도 먹으면 먹을 때는 괴로워도 몸이 건강해 지지요.

현재 우리 친구가 처해 있는 영적인 상태도 이와 비슷한 것 같아요. 아마도 친구는 지금 만사가 귀찮은 상태가 아닌가 생각해요. 그래서 큐티도 하지 않고, 성경도 읽지 않고, 기도도 하지 않은 채 우리 친구 말대로 '잉여'처럼 지내고 있는 것이죠. 그런데 이렇게 마음 가는 대로 사는 생활은 영적으로도 문제가 돼요. 음식을 먹고 싶은 대로만 먹으면 몸이 망가지는 것처럼, 우리 영혼도 마찬가지거든요. 그러면 어떻게 해야 우리 친구의 영혼을 살아나게 할 수 있을까요? 그 방법은 바로, 지금 우리 친구가 하기 싫어하는 그 일을 하는 거예요. 지금 당장 그런 마음이 생기지 않는데 어떻게 그럴 수 있냐고요? 자연스럽게 그 일을 하고 싶어질 때까지 기다리겠다고요? 아니에요. 지금 당장 억지로라도 하기 싫은 바로 그 일을 시작해야 해요. 먹고 싶은 마음이 없어도 때가 되면 억지로라도 하루 세끼를 꼬박꼬박 챙겨 먹어야 건강을 유지할 수 있듯이 해야 할 바른 일은 개인적인 기분과 상관없이 억지로라도 바로 시작해야 하죠. 저는 우리 친구에게 지금 당장, 억지로라도 두 가지 일을 바로 시작할 것을 간절한 마음으로 권해요.

제가 먼저 우리 친구에게 강력하게 권하고 싶은 것은 창세기부터 요한계시록까지 성경을 통독하라는 거예요. 성경을 통독하라는 말을 들으면 우리 친구는 이렇게 항의할지도 모르겠어요. 짧은 말씀 한 구절도 이해하기 어려운데, 이해도 안 되고 어렵기만 한 성경을 어떻게 통독할 수 있냐고요. 이 질문에 저는 이렇게 답변하고 싶어요. '성경 본문의 뜻을 전부 다 이해하려고 하지 말고 그냥 쭉 읽어 내려가라'라고요. 단, 한 가지 중요한 조건이 있어요. 이해되지 않는다고 건너뛰지 말고 이해가 되든 안 되든 한 구절도 빼놓지 말고 다 읽어야 해요.

우리 친구 중에도 성경통독을 시작했다가 중간에 그만둔 경우가 분명 있을 거예요. 이런 친구들은 대개 이런 방법으로 성경읽기를 하지요. 성경통독을 시작했는데, 학교 공부도 바쁘고 이런저런 일들로 미루다 보니 앞에 읽은 내용이 생각나지 않고 어디까지 읽었는지도 잊어버린 거예요. 그래서 다시 처음부터 읽기 시작해요. 이런 일이 몇 번 반복되면 나중에는 지쳐서 성경통독을 그만두게 되고요. 이럴 때는 어떻게 해야 할까요? '성경읽기표'를 만들어서 읽은 장을 표시해두고, 설령 며칠 쉬었다가 다시 읽더라도 성경읽기표를 보며 이전에 읽은 부분 이후부터 읽어 내려가는 거예요. 앞의 내용이 생각나지 않아도 무시하고 그냥 쭉 읽어 내려가세요. 그렇게 성경을 읽다가 며칠 또는 한두 달 중단되었다 해도 전혀 신경 쓸 필요가 없어요. 비록 시간이 걸려도 이런 방법으로 창세기부터 요한계시록까지 통독해 보기를 권해요.

왜 이런 방법으로라도 성경통독을 해야 하는 걸까요?

첫째로, 우리가 성경의 내용을 다 이해하든 못하든 하나님은 친구가 말씀을 읽으려고 노력하는 모습 자체를 아주 귀하게 보시고 기뻐하시거든요. 그 모습을 기뻐하시는 하나님께서 친구가 미처 예상하지 못한 엄청난 은혜와 선물을 말씀을 통해 주실 수 있어요.

둘째로, 우리 친구가 꼭 알아야 할 기본적인 구원의 진리와 생활원리는 생각보다 쉬운 것이고, 성경 전체에 걸쳐서 수백 번 이상 반복되지요. 이 기본 진리만 잘 알면 기독교를 이해하는 데 어려움이 없어요. 우리 친구가 성경을 통독하다 보면 이 중요한 진리들을 자연스럽게 숙지하게 될 거예요. 성경통독을 통해서 수십 번 반복해서 들은 내용이 우리 친구도 모르는 사이에 마음속에 단단히 박히게 되지요. 그러면 친구 안에 흔들리지 않는 구원의 확신이 단단하게 생기는 거예요. 이 단단한 확신이 바로 성경통독이 주는 아주 소중한 선물이에요. 통독의 횟수가 늘어나면 그만큼 이 확신 또한 더 커지고요.

셋째로, 성경은 앞부분에서 이해되지 않던 내용이 뒷부분에서 해결되거나 뒷부분에서 이해되지 않는 내용이 앞부분에서 해결되는 경우가 아주 많아요. 이것을 '성경이 성경을 해석한다'라고 해요. 이해되지 않던 성경의 어떤 부분이 성경을 통독하면서 이해될 때가 많아요. 성경을 여러 번 통독할수록 이해되지 않던 더 많은 부분이 이해되고요. 물론 성경통독만으로 성경을 100% 다 이해할 수는 없지만 많은 궁금증이 풀리게 되는 것은 사실이에요.

넷째로, 우리는 성경을 꾸준히 읽어서 마음속을 말씀으로 꽉 채워둘 필요가 있어요. 시험에 들거나 게을러질 때 우리 힘만으로는 시험도, 게으름도 막아낼 수 없지요. 오직 한 가지, 친구 마음속에 꽉 차 있는 말씀의 힘으로만 막을 수 있어요. 친구가 자꾸만 약해지고 시험에 드는 이유도 친구 마음속에 하나님의 말씀이 충분히 채워져 있지 않기 때문이에요.

다음으로 우리 친구에게 권하고 싶은 또 한 가지는 말로 하는 기도가 잘 안 되면 글로 쓰는 기도를 해보라는 거예요. 저는 이것을 '기도일기'라고 불러요. 제가 교회에 처음 다니기 시작할 때, 기도는 해야겠는데 말이 잘 안 나오더라고요. 새벽기도에 나가보면 다른 성도들은 오랫동안 잘 기도하는데 말이에요. 그래서 고민하다가 제가 기도하고 싶은 내용을 일기장에 글로 쓰기 시작했어요. 구원받은 하나님의 백성으로서 바르게 살지 못한 것, 회개하는 마음, 하나님께 응답받고 싶은 것을 그대로 일기장에 써 놓았어요. 일기장에 기도를 쓸 때는 이것이 무슨 효과가 있을까 하는 의문이 들 때도 있었는데, 수십 년의 세월이 지난 후에 그 당시에 쓴 기도 내용을 읽어 보니까 거의 다 응답이 된 것을 발견할 수 있었어요. 우리 친구도 이런 기도일기를 한번 써 보세요. 현재 우리 친구의 마음 상태를 솔직하게 기도문으로 쓰는 거예요. 하나님을 믿고 싶은데 자꾸만 의심이 든다는 것까지 솔직하게 말이죠. 그러면 어느 순간 하나님이 하나님만의 방법을 통해 우리 친구 마음속의 의심을 말끔히 거둬주시고 하나님의 살아계심을 그대로 믿도록 응답하시는 날이 반드시 올 거예요. 한두 번 쓰고 그만두지 말고 생각나는 대로 날마다 써 보세요. 글로 써서 하는 기도도 아주 훌륭한 기도예요. 꾸준히 하다 보면 친구의 마음이 정리되고 또 전혀 생각지 못했던 하나님의 마음을 알게 될 테니까요.

이제 제가 말씀드린 두 가지부터 지금 당장 억지로라도 시작하기로 해요. 첫째로, 성경읽기표를 준비해서 성경을 통독하는 프로젝트를 시작하세요. 둘째로, 기도일기 프로젝트를 시작하세요. 우리 친구의 연약한 지혜와 지식과 힘으로는 지금 처해 있는 영적인 무기력 상태에서 벗어나기 어려워요. 하나님의 말씀을 무기 삼고, 기도로 성령의 놀라운 능력을 힘입어야만 우리 친구가 처한 어려움에서 벗어날 수 있어요. 우리 친구가 이 어려움을 잘 이겨내서 이것이 결국 놀라운 성장의 밑거름이 되길 기도할게요.

41

하나님이 계획대로 인도하실 텐데
왜 굳이 기도해야 하죠?

요즘 들어 드는 생각인데요. 하나님은 우리 한 사람 한 사람을 향한 특별한 계획을 갖고 계신다고 하잖아요. 그렇다면 제가 기도하지 않아도 하나님이 알아서 당신의 뜻대로 인도하실 텐데, 왜 굳이 기도해야 하는 건가요?

친구는 혹시 소설을 써 보고 싶다고 생각해 본 일이 있나요? 소설가를 꿈꾸지는 않더라도 한 번쯤은 내가 상상한 이야기를 소설로 써보고 싶다고 생각해 본 적이 있을 거예요. 제가 갑자기 소설에 관해 이야기하는 이유는 소설을 쓰는 일이 가상의 인물과 그 인물의 일생을 만들어내는 작업이라는 점에서 인간을 창조하시고 인생을 계획하시는 하나님의 창조 활동과 닮은 부분이 있기 때문이에요.

자, 우리 친구가 소설을 쓴다고 가정해 볼까요? 그러면 먼저 등장인물과 이들의 일생을 만들어내야 하겠죠? 이 등장인물들에는 두 가지 특징이 있어요. 첫째로, 등장인물들의 일생은 100% 완전하게 우리 친구의 계획 속에 들어 있다는 점이에요. 그 어떤 인물도 친구의 계획에서 한 발자국도 벗어날 수 없지요. 그러나 둘째로, 소설 속 인물들은 이야기 속에서 작가를 전혀 의식하지 않은 채 자기 의지대로 인생을 살아가지요. 이에 대해 '등장인물의 인생은 소설가가 이미 다 짜 놓은 건데, 어떻게 주인공이 자기 스스로 인생을 만들어간다는 거지?'라고 의문을 제기하는 독자는 한 사람도 없어요. 왜냐고요? 소설가의 차원과 이야기 속 주인공의 차원이 전혀 다르기 때문이에요. 소설가는 주인공의 과거, 현재, 미래를 다 알고 있고, 또 시간의 제한을 받지 않고 주인공의 과거와 현재와 미래를 자유롭게 왔다 갔다 할 수 있어요. 그렇지만 소설의 주인공은 소설 이야기 밖의 세계를 알 수 없고, 이야기 속에서는 미래를 향해서만 살아갈 뿐이지요.

하나님과 우리의 관계도 이와 비슷해요. 인간을 창조하신 하나님의 차원과 사람의 차원은 엄연히 다르죠. 하나님은 시간의 흐름을 초월한 영원의 세계에 계시고, 인간은 공간과 시간의 한계 안에 살아요. 따라서 우리는 이 사실을 알아야 해요. 첫째로, 영원의 차원에 계신 하나님은 인간의 과거·현재·미래를 다 알고 계시고, 인간의 일생을 이미 다 계획해 두셨어요. 어떤 인간도 여기서 벗어날 수 없어요. 그러나 둘째로, 하나님은 인간을 공간과 시간의 한계 안에 두시되, 이 한계 안에서 자유롭게 생각하고 선택하면서 자기 인생을 스스로 계획하도록 만드셨어요. 하나님과 인간의 차원이 달라서 인간이 스스로 인생을 설계해 나가더라도 하나님의 계획안에 있는 것이죠. 마치 소설 속 인물들이 이야기 안에서 스스로 자기 인생을 계획하더라도 결국엔 소설가가 계획해놓은 것에서 벗어나지 않는 것처럼요.

그런데 소설가가 주인공을 만들어내는 것이 하나님께서 인간을 창조해내는 것과 비슷한 부분도 있지만 다른 부분도 있어요. 소설가가 창조해내는 인물은 가상 인물이지만, 하나님이 창조해내신 인물은 실존인물이죠. 이 외에도 중요한 차이가 또 있어요. 소설 속의 가상 인물은 절대로 소설가의 차원을 들여다볼 수도 없고 소설가의 마음을 알 수도 없지만, 하나님과 인간 사이에는 서로 교류할 수 있는 통로가 있다는 점이에요. 이 통로를 통해서 하나님은 자신이 어떤 분인지, 세상과 인류를 위하여 어떤 계획을 하고 계시는지를 알려주시고, 인간은 자기 생각과 요구 등을 하나님께 알릴 수 있어요. 그 통로는 이미 우리 주변에 많이 있어요. 하나님은 자연과 역사를 통해서 당신이 세상을 창조하고 다스리고 계신다는 사실을 알려주시고, 성경을 통해서는 당신이 삼위일체 하나님이시라는 것과 인간을 죄와 사망의 권세로부터 구원하시는 분이라는 진리를 알려 주셨어요. 그렇다면, 인간이 자기의 생각을 하나님께 말할 수 있는 통로는 무엇일까요? 바로 '기도'예요. 하나님을 믿는 사람들은 기도를 통해 자기의 생각과 계획을 하나님께

알릴 수 있고, 하나님이 주시는 응답을 받을 수 있어요. 이처럼 기도는 하나님의 계획과 모순되는 것이 아니라 오히려 하나님의 계획을 신자에게 전달하는 통로가 되죠.

그러면 왜 하나님은 당신이 계획하신 대로 밀고 나가시지 않고 기도라는 통로를 통해 우리가 원하는 것을 말하게 하고, 또 하나님의 계획을 알려주시는 걸까요?

첫째로, 하나님은 기도를 통해 우리와 인격적으로 대화하고 사랑을 나누길 원하시기 때문이에요. 예를 들어, 우리가 좋아하는 이성 친구에게서 책을 빌려달라는 연락이 왔다고 가정해 볼까요? 그러면 그 친구에게 책만 딱 전해주고 돌려보내고 싶을까요? 아니지요. 책을 핑계로 만나서 이 얘기 저 얘기를 나누고 싶겠지요. 바로 그거예요. 하나님은 우리 친구가 필요하다고 한 것을 주시는 것보다, 마음으로 대화하고 사랑의 교제를 나누길 원하시는 거예요. 즉, 하나님과 인격적으로 대화하고 사랑의 교제를 나누는 것이 우리 친구가 필요한 것을 받는 것보다 훨씬 더 중요한 기도의 목적이 되죠.

둘째로, 하나님은 우리의 앞날에 대해 분명한 계획을 갖고 계세요. 다만 그 계획을 각 사람에게 알려주시는 방법은 정말 다양하지요. 우리가 처한 환경이나 마음 상태가 다 달라서 각자에게 딱 맞는 방법으로 서로 다르게 역사하시는 거예요. 어떤 경우에는 기도하자마자 바로 응답하시지만, 어떤 경우에는 몇 년 후나 몇십 년 후에 응답하기도 하시죠. 어떤 경우에는 원하는 대로 응답하지 않으시기도 해요. 우리가 요구하는 것이 잘못되었다거나, 그 응답으로 인해 더 나쁜 일이 생길 때 특히 그렇죠. 또 어떨 때는 원하지 않는 시련을 주시는 방법으로 우리를 강하게 단련시키기도 하세요. 그런가 하면 기도한 것과 다른 방법으로 응답해 주실 때도 있고요.

이해를 돕기 위해 제 경험을 이야기해드릴게요. 하나는 원하던 응답을 받은 이야기이고, 다른 하나는 끝내 응답받지 못한 이야기예요. 응답받은 이야기부터 해볼게요. 제가 시골 개척교회에서 신앙생활을 시작한 지 얼마 되지 않아 신학을 공부하기로 결심했을 때, 당시 제 처지로는 꿈꿀 수 없는 미국의 명문 신학교를 목표로 기도했어요. 집이 워낙 가난하고 촌뜨기였던 저는 기도하면서도 실제 이루어질까 반신반의했지요. 그런데 기도한 지 무려 14년 만에, 전혀 예상하지 않았던 때에 생각지도 못한 방법으로 기도했던 학교에 유학할 수 있는 길이 환히 열렸지요.

반면에 응답받지 못한 이야기는 군대 생활할 때의 일이에요. 저는 군기도 세고, 날마다 노동을 많이 하고, 교회 생활은 꿈도 꾸기 힘든 곳에서 군 생활을 하게 됐어요. 그런 저에게 군인교회에서 지내는 군종 사병 생활은 마치 천국처럼 보였지요. 그래서 입대 전부터 군종 사병이 되게 해달라고 아주 간절하게 기도했어요. 심지어 제대하기 직전까지도요. 그러나 하나님은 끝내 그 기도를 외면하셨어요. 당시는 매우 힘들어 하나님을 원망하기도 했는데 돌이켜 보면 그때 그렇게 힘들게 생활한 것이 오히려 제가 더 강한 믿음을 갖는 데 도움이 된 것을 깨닫고 지금은 오히려 감사하고 있어요.

우리는 원하는 것을 하나님께 열심히 알려 드릴 필요가 있어요. 우리가 원하는 일이 하나님의 계획에 합당한 일일 수도 있지만, 그렇지 않은 경우도 많기 때문이에요. 우리는 미래를 보는 능력도 없고, 또 생각이 죄로 물들어 있어서 우리에게 해롭고 하나님의 뜻에도 맞지 않는 길을 열어 달라고 기도할 수 있거든요. 따라서 간절한 마음으로 원하는 길을 열어 달라고 기도하되 어떤 방식으로 응답해 주시든지 어떻게 인도하시든지 순종하겠다는 마음으로 기도해야 해요. 선하신 하나님은 언제나 우리를 가장 선한 길로 인도하실 것이기 때문이에요.

지금까지의 이야기를 요약해 볼게요. 기도는 우리를 향한 하나님의 계획을 알 수 있는 통로예요. 기도는 우리가 필요한 것을 얻어내는 기회이기에 앞서 하나님과 깊이 인격적으로 대화하고 사랑의 교제를 나누는 시간이에요. 하나님은 우리가 원하는 것을 구하면 반드시 응답해 주시지만, 하나님의 방법으로, 그리고 우리에게 가장 좋은 길로 응답해 주시는 분이라는 사실을 잊지 말기를 바랄게요.

42

너무 힘들어서 기도도
안 나올 때는 어떡하죠?

올해 초부터 학교생활이 너무 힘들었어요. 친구 관계도 계속 어긋나고, 공부도 너무 힘들고, 부모님께 괜스레 짜증도 나고요. 왜 이런 어려움이 오는지 하나님이 원망스러워 예배도 안 돼요. 기도해야 한다는 걸 알지만 너무 답답해서 기도도 나오지 않아요. 이럴 때는 어떻게 해야 하죠?

제가 네덜란드에서 유학생활을 할 때 겪었던 일을 이야기해 볼게요. 사실 저는 감각이 예민하고 섬세한 성격은 아니에요. 비교적 무던한 사람이죠. 기분 나쁜 일이 생기거나 일이 뜻대로 풀리지 않을 때 우울하고 안 좋은 기분에 사로잡히긴 하지만 그 기분 때문에 제가 해야 할 일상적인 일을 중단하지는 않아요. 어떻게 보면 마음의 포기가 빠른 거지요. "에잇! 기분 나쁘다. 그런데 어쩌겠어? 이런 일을 붙들고 시간을 오래 끌어 봐야 나만 손해다!" 그렇게 마음을 정리하고 평소와 크게 다름없이 해야 할 일을 하는 스타일이지요.

그런데 이렇게 무던한 저에게도 어느 날 갑자기 심한 무기력증이 찾아왔어요. 잠자리에 누웠는데 도저히 일어날 수가 없는 거예요. 세미나에서 발표할 논문을 몇 시간 안에 마무리해야 하는데 몸이 아예 말을 듣지 않았어요. '논문을 써야 하는데'하는 생각이 머릿속에서 맴도는데 손가락 하나 까딱할 수 없더라고요. 결국에는 '일이 펑크 나도 어쩔 수가 없다'라는 자포자기의 마음이 찾아왔죠.

나중에서야 저는 이 무기력증의 원인을 파악할 수가 있었어요. 제가 무기력증에 빠졌던 때는 유학 생활 8년 차가 되어 가던 무렵이었어요. 그동안 저는 한 번도 고국으로 돌아가 보지 못했던 거예요. 긴 세월 고향을 떠나 이국에서 나그네 생활을 한 셈이었죠. 그래도 인내하면서 잘 버텨 왔는데, 힘이 다 소진되고 지쳐 버렸던 거예요. 이 위기는 제가 하나님 앞에서 특별히 뭔가를 잘못해서 찾아온 것이 아니라 인간의 몸과 마음의 한계 때문에 나의 뜻과는 상관없이 찾아온 일이었지요.

이처럼 성도들도 자기 의지와 상관없이 무기력한 순간을 만날 수 있어요. 우리는 몸과 마음이 약한 피조물이기 때문이에요. 신자들은 슈퍼맨이 아니에요. 신자들에게도 얼마든지 슬럼프가 찾아올 수 있어요. 특히 의욕을 가지고 어떤 일을 잘 해내려고 하는 사람일수록 일이 뜻대로 이루어지지 않을 때 슬럼프에 빠지게 돼요. 예를 들어서 하나님의 선지자 엘리야는 악한 왕 아합과 이세벨을 상대로 의로운 싸움을 잘 싸워 왔는데, 아무리 싸우고 또 싸워도 결실이 보이지 않자 어느 날 갑자기 지치고 무기력한 상태에 빠졌어요. 모든 것을 다 내려놓고 그냥 죽어버리고 싶었지요.

사도 바울도 마찬가지죠. 사도 바울은 특별한 사명감과 열심으로 지중해 주변 전역을 복음화한 위대한 선교사이지요. 그런데 이런 바울이 고린도에 이르렀을 때는 꼼짝달싹할 수 없는 깊은 무기력증에 빠졌어요. 공연히 두려움이 찾아와서 마음을 짓눌렀고, 온몸이 막 떨리는 증상까지 나타났어요. 왜 그랬을까요? 바울이 많이 지쳐 있었기 때문이에요. 바울은 고린도에 도착하기 전에 이미 1차 선교여행으로 갈라디아 지방의 여러 도시를 돌며 전도 활동을 했고, 많은 열매를 거둔 상황이었어요. 그 후 2차 선교여행으로 빌립보, 데살로니가, 베뢰아, 아테네를 거쳐서 고린도에 오게 된 거죠. 그런데 각 도시를 떠날 때마다 바울에게는 마음의 상처가 있었어요. 그는 누구보다도 열심히 사역했지만 떠날 때는 항상 억울하게 미움을 받고 쫓겨나야 했고, 동시에 사랑하고 아끼는 성도들과 강제로 헤어져야 했어요. 이런 일이 반복되자 힘든 마음과 헤어짐의 상처가 쌓여 마침내는 몸과 마음이 무너져 내린 거예요.

자, 이제 알겠지요? 우리 친구만 깊은 슬럼프를 겪는 것이 아니에요. 위대한 신앙의 인물들도 슬럼프를 겪었어요. 우리 친구가 슬럼프에 빠진 이유가 무엇인지 정확히 알 수는 없지만, 아마도 사춘기이기 때문이 아닐까 하는 생각이 들어요. 사춘기 동안에는 우리 친구 자신의 의지와 상관없이 슬럼프가 찾아올 수 있거든요. 사춘기 때의 변화는 단지 신체의 변화에만 그치는 것이 아니라 마음에도 큰 영향을 미치지요. 그래서 한 인간이 평생 겪는 변화 가운데 가장 큰 변화라고도 한답니다. 이런 급격한 변화를 겪다 보니 몸과 마음이 새로운 상황에 적응하기 위하여 애를 쓰게 되고 이 과정에서 심리적으로 예측할 수 없는 불안정한 상태가 발생하기도 하지요. 이때 우리 친구에게 나타나는 것과 같은 현상들이 발생할 수 있어요. 친구와 친하게 지내고 싶은데 생각하는 것과는 정반대로 말이 튀어나와서 자기 뜻과는 다르게 관계가 틀어져 버리기도 하고, 마음이 안정이 안 되니까 공부도 손에 잡히지 않고요. 또 예배 시간에도 집중이 안 되고, 기도도 잘 나오지 않을 수 있죠.

이 시기를 잘 보내는 가장 좋은 방법은 마음을 느긋하게 먹고 폭풍이 지나가기까지 기다리는 거예요. 무엇보다 우리 친구는 사춘기에 나타나는 이런 현상들이 그 나이 또래 모두가 겪는 통과의례라고 생각하기를 바라요.

친구 관계가 자꾸 어긋나서 속이 상한가요? 조바심을 내지 말고 느긋한 마음으로 기다려 보세요. 우리 친구가 염려하는 만큼 그 친구가 우리 친구를 나쁘게 생각하지 않을 거예요.

공부가 잘 안되어서 초조한가요? 그것도 조급하게 생각하지 말고 기다려보세요. 공부가 잘 안될 때는 책을 덮고 조용히 눈을 감고 쉬는 것도 좋아요. 몸과 마음이 평안해져야 공부할 의욕이 생기니까요. 또 "공부 좀 못하면 어때?"하고 과감하게 생각해보세요. "행복은 성적순이 아니다"라고 소리쳐 보기도 하고요. 제가 이런 말을 하면 "사실은 그렇지 않은데 괜히 나를 달래 보려고 이런 말을 하는구나!"라고 생각할지도 모르겠네요. 저만 보아도 그 말이 진리라는 것을 알게 될 거예요. 사실 우리 친구에게 이렇게 글을 쓰고 있는 저 역시 별로 좋은 학벌을 가진 사람이 아니거든요.

예배에 집중이 잘 안 되나요? 억지로 집중하려고 애쓰지 말고 마음을 비우고 가만히 기다려 보세요. 그리고 하나님께 이렇게 말씀드리세요. "하나님! 예배드리는 데 집중이 잘 안 돼요! 하나님이 도와주세요!" 이렇게 솔직하게 자기 상태와 심정을 편안하게 말씀드리는 거예요. 그리고 하나님이 도와주실 때까지 그냥 기다리는 거예요. 그러면 어느 순간에 하나님께서 번개가 번쩍이듯이 은혜를 주시지요. 그러면 우리 영혼이 힘을 얻게 될 거예요.

또 우리 친구가 말한 것처럼 기도하려고 해도 기도가 잘 안 되나요? 그때도 조바심을 내지 말고 로마서 8장 26절과 27절에 있는 말씀을 읽어 보세요. "이와 같이 성령도 우리의 연약함을 도우시나니 우리는 마땅히 기도할 바를 알지 못하나 오직 성령이 말할 수 없는 탄식으로 우리를 위하여 친히 간구하시느니라 마음을 살피시는 이가 성령의 생각을 아시나니 이는 성령이 하나님의 뜻대로 성도를 위하여 간구하심이니라."

그래요. 성령님께서는 우리가 기도하고 싶어도 기도가 잘 안 될 때 우리 마음이 얼마나 답답한지 이미 다 아시고 우리가 기도해야 할 내용을 우리를 대신하여 기도드려 주고 계세요. 기도가 잘 안 될 때는 그냥 "하나님, 기도하고 싶은데 기도가 안 되네요"라고 있는 그대로 얘기하면 성령님께서 "그래, 내가 대신 기도해 주마!"하고 필요한 기도를 대신 해주실 거예요.

여러분, 기억하세요. 하나님과 우리는 두 손으로 서로 붙잡고 있어요. 우리는 때로 여러 가지 이유로 (그중에는 사춘기의 변화도 포함되겠지요?) 하나님께 내민 손을 놓을 수가 있어요. 그러나 하나님께서는 우리의 손을 단 한순간도 놓으시는 법이 없으시죠. 하나님은 우리 친구가 하나님을 잘 섬기고 싶은데 뜻대로 되지 않아서 안타까워하고 답답해하는 마음을 예쁘게 보시고 도와주시는 분이세요. 이제 우리 친구가 뭔가를 해보려고 하기보다는 하나님께 그냥 맡기길 바라요. 지금은 하나님의 손을 잡고 폭풍이 휘몰아치는 시기를 지나 맑은 날이 오기를 기다리는 것이 최선의 전략임을 기억했으면 좋겠어요

43

습관적인 식기도,
꼭 해야 하나요?

밥 먹기 전에 식사 기도를 해야 한다니 하긴 하지만, 솔직히 그 시간에 온 마음을 다해 기도하는 사람이 과연 몇이나 될까요? 사실 식사 기도는 그냥 기계적으로 하는 경향이 크잖아요. 이거야말로 형식주의, 율법주의가 아닐까 하는 생각도 들어요. 그런데도 식사 기도를 꼭 해야 하나요?

친구의 질문은 바른 신앙생활을 하기 원하는 기독교인이라면 한 번은 짚고 넘어가야 할 좋은 질문이에요. 우리는 우리의 신앙생활이 형식적이고 기계적으로 변질되지 않고 늘 하나님과 살아 있는 인격적인 교제가 되도록 노력해야 해요. 친구의 생각처럼 보통 정기적으로 반복해서 믿음을 표현하는 시간은 형식적인 시간이 되기 쉬워요. 주기도문으로 기도하거나 사도신경을 고백하거나 식사 기도를 할 때 특히 그렇게 되기 쉽죠. 그러나 식사 기도가 형식화될 우려가 있다고 해서 아예 하지 않으려는 것은 너무나 성급한 결정이에요. 설령 형식적이라 해도 이 기도가 주는 유익과 의미가 분명히 있기 때문이죠.

저는 우리 친구의 질문에 대해서 두 가지 도움을 드리려고 해요. 하나는 식사 기도가 가진 의미가 무엇인지에 대한 것이고, 다른 하나는 습관적이더라도 식사 기도를 중단해서는 안 되는 이유예요. 제 말을 듣고 우리 친구들이 좀 더 편안하고 자유롭고 즐거운 마음으로 식사 때마다 식사 기도를 하게 되기를 바라요.

우선, 본론으로 들어가기 전에 한 가지 짚고 넘어갈 것이 있어요. 우리 친구는 형식적으로 식사 기도하는 행동을 두고 율법주의라는 표현을 썼는데요. 이 표현은 잘못된 표현이에요. 율법주의 혹은 바리새주의는 인간이 행한 선행으로 구원을 받으려고 시도하는 태도를 뜻하는 용어예요. 말하자면 예수님을 믿음으로써 구원을 받는다고 생각하는 것과 반대되는 태도를 말하죠. 신앙생활을 하다 보면 조금 형식화될 때가 있는데, 그것만으로 율법주의 또는 바리새주의라고 비판하는 것은 부정확한 표현이에요.

이제 식사 기도가 어떤 의미인지에 대해 살펴보기로 해요. "천하만사가 다 때가 있다"라는 전도서 3장 1절 말씀처럼 우리가 하나님께 기도할 때도 우리의 마음을 온전히 집중해야 할 때가 있고, 가볍게 마음을 표현하는 것만으로 충분할 때가 있어요. 식사 기도 시간은 마음을 집중해서 무겁게 기도드리는 시간이 아니에요. 그

건 사실 불가능하죠. 식사 기도는 식사 전에 아주 짧게 기도하는 시간이니까요. 더욱이 배가 고픈데 음식 앞에서 집중이 되겠어요? 식사 기도는 잠깐 숨을 돌리면서 가벼운 마음으로 나의 마음을 하나님께 향하는 것만으로도 충분해요.

혹시 친구는 식사 기도 시간에 하나님께 마음을 온전히 집중하지 못하는 것이 마음에 걸리나요? 공부하거나 다른 일상적인 일을 할 때보다 식사 기도하는 것을 소홀히 여기게 되는 것 같아 죄책감을 느낄 수도 있을 거예요. 하지만 그렇게 생각할 필요는 없어요. 그 생각의 뿌리에는 일상 업무나 공부는 세상의 일이고 기도하는 것은 하나님의 일이라고 구분 짓는 생각이 자리 잡고 있답니다. 우리는 일상 업무나 공부도 아주 중요한 하나님의 일이라는 사실을 알아야 해요. 그러니까 친구가 다른 일을 하다가 잠시 식사 기도를 하는 것은 세상의 일을 하다가 하나님의 일로 옮기는 것이 아니라, 행동으로 하나님의 일을 쭉 해오다가 잠깐 말로 재확인하는 일이라고 생각하면 될 것 같아요. 우리 일상의 모든 것이 하나님께 드리는 예배이고 하나님의 일이니까요. 그러니까 식사 기도에 대해서 이렇게 생각하는 게 좋아요. 하나님께서 허락하신 일상을 열심히 살다가 맛있는 음식을 주셨으니 가벼운 마음으로 "하나님, 맛있는 음식 주셔서 감사해요!" 하고 말씀드리는 거라고 말이죠. 식사 기도는 무겁게 기도하는 시간이 아니에요. 죄를 회개하는 시간은 더더욱 아니고요. 그저 간단히 감사함을 표현하면 되는 거죠. 일상생활에서 옆에 있는 친구가 도움을 주거나 음료 한

잔을 주면 가벼운 마음으로 "고마워!" 하고 말하는 것처럼 식사 기도도 마찬가지예요. 음식을 허락하신 분께 잠깐 감사한 마음을 표현하는 거죠.

다음으로 식사 기도가 조금 형식적으로 느껴지더라도 해야 한다는 점을 말씀드릴게요. 하나님은 신명기 6장 6절과 8-9절에 이렇게 말씀하셨어요. "오늘 내가 네게 명하는 이 말씀을 너는 마음에 새기고… 너는 또 그것을 네 손목에 매어 기호를 삼으며 네 미간에 붙여 표로 삼고 또 네 집 문설주와 바깥문에 기록할지니라." 이 말씀에서 하나님은 당신의 말씀을 마음에만 담지 말고 손목, 미간, 문설주, 바깥문에도 기록해 두라고 하셨어요. 이스라엘 백성이 원하든 원치 않든 항상 하나님의 말씀을 보고 읽을 수 있는 환경에 있기를 원하셨기 때문이에요. 사방에 하나님의 말씀을 기록해 두면 이스라엘 백성이 억지로라도 하나님의 말씀을 보고 읽지 않을 수 없지요.

우리 친구들, 성경 말씀은 마음이 내킬 때만 읽어도 되는 걸까요? 절대 그렇지 않아요. 마음이 내키지 않을 때도 성경 말씀은 읽어야 해요. 예배 역시 마찬가지죠. 마음이 내키지 않을 때도 예배는 참석해야 해요. 가난한 사람들을 돕는 것도 마찬가지예요. 마음이 내키지 않을 때도 도와야 해요. 이처럼 마음이 내키지 않아도 마땅히 해야 할 바른 일을 하는 것이 바로 기독교인의 삶이에요. 그래서 C.S. 루이스라는 유명한 기독교 사상가는 기독교인의 삶을 '위장하는 것'이라고 정의했어요. 마음에 내키지 않는데도 아주 재미있는 일을 하듯 하니까 위장하는 것과 같다고 한 것이죠. 그러면 우리 친구들, 마음이 내킬 때만 식사 기도를 해야 할까요, 아니면 내키지 않을 때도 식사 기도를 해야 할까요? 네! 마음에 내키지 않을 때도 식사 기도를 해야 해요. 어떤 사람이 우리 친구에게 도움을 주었어요. 그런데 우리 친구 마음속에는 그 친구에게 고맙다고 말하고 싶은 진심이 준비되지 않은 거예요. 이럴 때 우리 친구는 '내 감정에 솔직하자'라는 생각으로 고맙다는 표현을 아예 하지 않아야 할까요? 아니에요. 예의상이라도 반드시 "고마워!"라고 말해야 하지요. 하나님과의 관계도 마찬가지예요. 하나님이 맛있는 음식을 주셨으면 당연히 마음에서 우러나오든 나오지 않든 "고맙습니다, 하나님"이라고 감사 표현을 해야 하지 않겠어요?

우리 친구들은 다음과 같은 경험을 한 적이 있을 거예요. 어느 날 우리 친구가 아침에 일어났는데 정말로 교회에 가기 싫은 거예요. 그렇지만 억지로라도 일어나서 옷을 주섬주섬 입고 내키지 않는 발걸음이지만 그동안 교회예배를 빠지지 않고 출석해왔기 때문에 평소와 똑같이 예배에 참석했어요. 이렇게 억지로라도 예배에 참석하고 난 후에 참석한 것을 후회한 적이 있나요? 그렇지 않죠. 예배에 참석하고 나서는 '정말 잘했다'라는 생각이 반드시 들었을 거예요. 예배를 드리고 나니까 마음이 정돈되고 예상하지 못했던 은혜도 받고 나의 믿음이 나도 모르게 조금 성장해 있는 것도 느끼게 되지요. 이것이 바로 경건훈련이 주는 소중한 영적 선물이랍니다. 형식적으로라도 기도하고 나면 우리가 전혀 예상하지 않았던 은혜를 받게 돼요.

식사 기도는 결코 마음을 무겁게 집중해서 드리는 기도가 아니에요. 하나님의 일인 일상 업무나 공부를 하다가 식사 때가 되면 하나님이 주시는 맛있는 음식을 받고 "하나님, 고맙습니다!"라고 즐거운 마음으로 가볍게, 그것도 잠깐 나의 마음을 하나님께로 향하는 거예요. 이 기도가 과연 부담스러운 짐일 수 있을까요? 식사 때마다 하나님과의 상큼한 대화를 부담스럽게 생각하지 않고 즐기는 우리 친구들이 되면 좋겠어요.

44

굳이 작정기도나 금식기도를
하는 이유는 뭔가요?

기도 중에 금식기도나 작정기도 같은 게 있잖아요. 저도 교회에서 고난주간이나 특별한 기도제목이 있을 때 금식이나 작정기도를 하곤 했었는데요. 문득 그냥 평소에 하는 기도로는 안 되나 싶은 생각이 들었어요. 절박한 마음으로 한다는 건 알겠지만, 굳이 밥을 먹지 않거나 시간을 정해 놓고 기도하는 건 떼쓰는 것 같기도 하고요. 꼭 그렇게 기도해야 할까요?

우리 친구는 부모님과 어떤 방식으로 대화하나요? 아마 '아빠 엄마와 대화하는 시간'이라고 특별히 따로 시간을 정해 놓고 대화하지는 않을 거예요. 그냥 함께 지내면서 자연스럽게 시간 나는 대로 대화하겠지요? 식사시간에도, 잠자리에 들기 전에도, 거실에 앉아 쉴 때도 대화하고, 만약 집에서 멀리 떨어져 있게 되면 생각날 때나 필요할 때마다 틈틈이 전화해서 이야기를 나눌 거예요. 그래요. 특별한 일이 있지 않으면 일상에서 우리는 이런 방법으로 부모님과 대화해요.

그러나 우리 친구가 혼자 결정하기 어렵고 부모님의 특별한 도움이 필요한 일이 있으면 부모님과 대화하는 방식도 달라지겠지요? 예를 들어서 진로 등 중요한 결정을 하는 순간이나, 몸에 질병이 발견되어 치료해야 하는 때와 같이 큰일이 생겼을 때는 부모님과 따로 시간을 내어 진지하고 심각하게 대화해야 하죠. 꼭 그렇게 특별한 순간이 아니더라도 가끔 부모님과 따로 시간을 내서 대화나 식사를 할 때도 있지요?

사실 요즘 모든 부모님과 자녀가 위의 경우처럼 자연스러운 대화를 나누며 사는 것 같지는 않아요. 대체로 우리는 네 가지 경우를 생각해 볼 수 있어요. 첫째는 평소에나 특별한 경우에나 아예 대화하지 않는 경우, 둘째는 특별한 일이 있을 때만 대화하고 평소에는 대화하지 않는 경우, 셋째는 평소에 늘 일상적으로 대화하면서 특별한 대화 시간을 전혀 갖지 않는 경우, 넷째는 평소에 부모님과 일상적으로 자연스럽게 대화하면서도 특별한 대화의 시간을 갖는 경우예요.

우리 친구는 이 네 가지 중에 어떤 경우가 가장 바람직하다고 생각하나요? 평소에나 특별한 경우에나 아예 대화하지 않는 첫 번째 경우는 딱히 말할 필요도 없겠지요? 이것보다 평소에는 부모님과 대화하지 않더라도 특별한 일이 있으면 대화하는 두 번째 경우가 그나마 낫겠네요. 또 그것보다는 평소에 늘 한결같고 꾸준하게 대화하는 것이 나을 테고요. 하지만 가장 좋은 것은 평소에도 자연스럽게 대화하면서 중요한 일이 있거나 특별한 시간이 있을 때 서로 깊은 이야기를 나누는 게 가장 좋은 태도이겠죠?

이처럼 평소에 대화하는 것과 특별한 대화의 시간을 따로 갖는 것은 서로 대립하거나 충돌되는 문제가 아니에요. 둘 중의 어느 하나를 선택해야 하는 그런 문제가 아니라 둘 다 필요한 것들이죠. 우리 친구들이 영어 공부를 하고 있으니까 영어로 표현해보자면 이 문제는 'either~ or~'둘 중의 하나의 문제가 아니라 'both~ and~'둘 다의 문제예요.

제 경험 한 가지를 이야기해드릴게요. 제가 네덜란드에 있을 때 이야기인데요. 그곳에서 처음에 정말로 이해되지 않는 일이 한 가지 있었어요. 네덜란드가 '튤립의 나라'라는 것은 우리 친구들도 다 잘 알고 있을 거예요. 네덜란드에는 정말 꽃이 많아요. 대부분의 네덜란드 집에는 작은 정원이 딸려 있죠. 그런데 재미있는 것은 네덜란드 사람들이 제일 좋아하는 선물이 '꽃'이랍니다. 저는 이 사실이 잘 이해되지 않았어요. '이렇게 사방 천지에 꽃이 널려 있는데, 꽃 선물이라니!' 그런데 제가 네덜란드에서 몇 년 살면서 꽃을 키워보니 생각이 달라졌어요. 그들이 왜 꽃을 사랑하는지 알겠더라고요. 결국엔 저도 꽃 선물 받는 것을 제일 좋아하게 되었지요. 평소에 꽃을 멀리하다가 오랜만에 꽃을 선물 받으면 더 기쁠 것 같지만 그게 아니에요. 오히려 그러면 별로 감동이 없더라고요. 왜냐고요? 꽃이 주는 즐거움을 모르기 때문이에요. 평소에 꽃을 좋아하는 사람은 꽃을 키우는 재미를 알기 때문에 의미 있는 꽃 선물을 받으면 좋아하죠. 엄마 아빠와의 대화도 마찬가지예요. 엄마 아빠는 평소에도 늘 대화하지만 특별한 경우에 시간을 내서 대화하는 것을 너무너무 바라고 좋아하시지요.

이 원리를 우리의 아버지인 하나님과 나와의 관계에도 적용할 수 있어요. 기도한다는 것은 간단히 말해서 하나님과의 대화예요. 우리는 왜 기도를 통해 하나님과 대화해야 할까요? 그 이유는 '기도는 영혼의 호흡'이기 때문이에요. 생명의 근원이신 하나님과 대화하고 교제할 때 우리의 영혼은 하나님으로부터 영적인 생명을 공급받을 뿐만 아니라 일상생활에서 기준으로 삼아야 할 하나님의 뜻을 안내받을 수 있죠. 즉, 우리는 기도를 통해 하나님과 대화해야만 영적인 호흡을 계속할 수 있답니다. 그래서 우리 그리스도인들은 '항상 기도해야' 하는 것이죠. '항상 기도한다'라는 이 말 안에는 우리의 마음이 늘 하나님을 향하고 있어야 한다는 뜻이 포함되어 있어요.

그런데 큰일이 없을 때는 평상시 마음으로 기도하는 것만으로도 충분하다고 느낄 수 있어요. 하지만 삶이 항상 잔잔한 강물처럼 흐르지는 않죠. 때로는 고난의 바다를 건너야 하는 비상사태 같은 상황을 만나게 되고, 사람의 힘과 지혜로는 감당하기 어려운 일들을 만나게 된답니다. 그럴 때는 하나님의 도우심과 인도하심이 필요하고, 그것을 위해서 하나님과 특별한 대화를 해야만 해요.

성경에도 이런 경우에 대한 기록이 많아요. 몇 가지 예를 들어 볼게요. 야곱이 라반의 집에서 지내다가 다시 고향으로 돌아올 때 야곱의 형 에서가 수백 명의 군대를 거느리고 야곱을 만나기 위해 오고 있다는 소식을 들었어요. 야곱은 형 에서를 속이고 장자권을 가로챘던 일 때문에 형 만나기를 두려워하고 있었죠. 그때 야곱은 어떻게 했을까요? 야곱은 강가에서 밤새도록 하나님의 사자를 붙들고 씨름했어요. 그리고는 마침내 하나님으로부터 함께하시겠다는 약속을 받았죠. 솔로몬이 다윗에 이어 왕이 되었을 때도 마찬가지였어요. 솔로몬은 이 큰일을 어떻게 감당해야 할지 막막했어요. 그래서 하나님께 천 번의 제사를 지내는 특별한 대화의 시간을 마련하고 하나님께 나라를 다스릴 지혜를 달라고 떼를 쓰듯이 기도했어요. 그것이 하나님의 마음을 기쁘시게 했고 솔로몬은 원하던 지혜를 받게 되었답니다. 에스더도 같은 경우지요? 하만의 계략에 말려들어서 페르시아 안에 있는 모든 유대인이 죽임당할 위기에 처했을 때, 에스더는 금식하며 기도함으로 하나님과의 특별한 대화를 준비했고, 마침내 하나님의 도우심을 체험할 수 있었어요.

이런 예는 신약시대에도 정말 많이 있어요. 특히 가장 좋은 예는 예수님의 경우죠. 예수님은 인류를 구원하는 엄청나게 중대한 일을 앞두고 평상시에 하는 기도만으로는 이 큰일을 수행할 수 없다는 걸 아셨죠. 그래서 40일간 금식기도를 하는 특별한 시간을 가지셨죠. 그렇게 기도하신 후 공생애를 시작하신 예수님께서는 마침내 인류의 무거운 죄를 대신 지시고 십자가 위에서 죽으시는 순종의 모습을 보이셨고요. 예수님께서도 이렇게 기도하셨는데 우리가 평소에 하는 일상적인 기도로 만족해서는 안 되겠지요?

물론 기도는 평소에 늘 마음으로 하나님을 생각하면서 잔잔하게, 또 끊임없이 해야 해요. 그러나 하나님의 특별하신 도우심과 은혜를 구할 때, 또는 우리를 위해 아들 예수님을 십자가에 매달아 죽이기까지 한 하나님의 사랑을 생각할 때, 금식기도나 작정기도를 통해 특별한 대화 시간을 갖는 것은 어찌 보면 자연스러운 일이랍니다. 마치 운동선수가 매일 맞춤 식단으로 영양을 맞춰 먹지만, 때때로 몸을 보충하기 위해 특별한 음식을 먹는 것처럼요. 기도 생활도 평상시에 늘 마음으로 하는 기도가 가장 중요하지만, 이 기도만으로는 부족하고 특별한 시간에 마음을 정하고 간구하는 시간이 필요하지요. 위급한 때에만 기도하고 평상시에 하나님과 가까이 대화하지 않거나, 평소에 기도는 하지만 따로 하나님과 더 깊이 기도로 교제하지 않는 것은 하나님과의 관계를 미지근하게 만들 수 있답니다. 그러니까 우리 친구는 기도의 균형을 맞춰 평상시에도, 특별한 때에도 기도할 수 있으면 좋겠어요.

45

조건을 걸고 기도하는 건
하나님을 시험하는 것 아닌가요?

'시험 잘 보게 해주시면 어떻게 하겠다'라는 식으로 조건을 걸어서 기도하는 경우가 있잖아요. 성경에서도 기드온이 하나님 뜻이 맞는다면 양털에만 혹은 양털만 빼고 이슬이 맺히게 해달라고 했었고요. 이런 기도가 솔직히 위험한 기도가 아닌가요? 하나님을 시험하는 거잖아요. 성경적으로 봤을 때 이런 기도가 옳은 것인지 궁금해요.

친구의 질문을 보고 제 마음이 매우 기뻤어요. 우리 친구가 바른 기도는 무엇일까 하는 문제로 고민한다는 것은 믿음이 한 단계 성숙해가고 있다는 뜻이니까요.

친구의 고민에 대한 이해를 돕기 위해 평소 부모님과 대화하는 경우를 생각해보면 좋겠어요. 우리 친구가 부모님과 대화를 하는 목적은 아주 다양해요. 진로문제를 상의하기 위해, 몸이 아플 때,

힘든 일이 있어서 하소연하고 싶을 때, 아니면 부모님의 마음을 기쁘게 해 드리기 위해 대화하곤 하지요. 그런가 하면 그저 아빠 엄마와 대화하고 싶어서 무슨 이야기든 상관없이 수다를 떨 때도 있고, 어떨 때는 용돈을 받으려는 목적으로 대화하기도 해요. 이때 조건을 걸고 협상하기도 하죠. "용돈을 주시면 설거지를 열 번 해 드릴게요!", "스마트폰을 사 주시면 평균 점수 얼마큼 올릴게요!"라면서요. 이렇게 우리 친구가 부모님과 대화하는 목적은 아주 다양해요.

마찬가지로 우리가 하나님께 기도를 드리는 목적과 방법도 아주 다양하죠. 만약 우리 친구가 좋아하는 사람이 있다면 그 사람과 어떤 대화를 나누든 간에 그저 만나서 이야기하는 것 자체가 즐겁고 행복할 거예요. 하나님과의 관계에서도 마찬가지예요. 하나님께 뭔가를 얻어내려는 목적이 있어서가 아니라 그저 하나님과 대화하는 것 자체가 즐겁고 행복할 때가 있어요. 이 때문에 우리는 특별한 일이 없어도 날마다 하나님께 기도하고 말씀으로 나아가는 시간을 가지는 거예요. 그렇다고 해서 우리에게 필요한 것이 있을 때 하나님께 달라고 요청하는 기도가 잘못되거나 불필요하다는 것은 아니에요. 때로는 몸에 병이 있으면 병을 고쳐 달라고 기도해야 하고, 대학입시를 앞두고 있다면 합격을 위해 기도해야 하고, 직장이 필요하면 직장을 달라고 기도해야 해요. 또 집안에 믿지 않는 가족이 있을 때는 그 가족의 구원을 위해서 기도해야 하죠. 이때 우리가 어떤 것을 아주 간절히 원하고 있다는 마음을 표현하는 방법의 하나가 우리 친구가 질문한 것과 같은 '조건을 걸고 하는 기도'에요. 이 기도는 단순히 무엇을 달라고만 하는 것보다 훨씬 더 간절한 표현이지요.

성경에서 조건을 걸고 기도했던 사람의 대표적인 예로 '야곱'을 들 수 있어요. 야곱은 팥죽 한 그릇으로 형 에서로부터 장자권을 사들인 후에 몸을 털옷으로 위장해서 아버지가 자신을 에서로 착각하게 만들고 마침내 장자의 축복을 받아 냈어요. 이 사실을 알게 된 에서가 야곱을 죽이려고 하자 어머니는 야곱을 외삼촌 라반의 집으로 서둘러 피신시켰어요. 라반의 집까지 가는 길은 매우 험한 광야 길이었어요. 장래를 기약할 수 없는 길을 떠난 야곱은 광야에서 홀로 돌베개를 베고 자다가 꿈속에서 하나님을 만났어요. 그리고 안전하게 보호해 주시고, 다시 돌아오게 해주시겠다는 약속을 받았지요. 꿈에서 깬 야곱은 그 약속을 확실하게 다짐받으려는 마음으로 조건을 걸었어요. 라반의 집에 갔다가 무사히 고향에 돌아올 수 있도록 해주시면, 하나님을 자신의 하나님으로 모시고 하나님을 만난 자리에 하나님의 집을 세우며 십일조를 하나님께 드리겠다고 말이에요 창 28:20-22. 하나님께서는 야곱이 조건을 걸고 한 기도를 잘못됐다고 나무라지 않으시고 받아 주셨죠. 이처럼 우리도 특별한 상황에서는 조건을 걸고 기도할 수 있어요.

그러나 조건을 걸고 기도할 때는 반드시 유념해야 할 점이 몇 가지 있어요.

첫째로, 어떤 상황에서 드리는 기도인지가 중요해요. 기도할 때 조건을 거는 이유는 그만큼 상황이 절박하고 힘들기 때문인데, 만약 절박하지도 않은 상황에서 이런 기도를 한다면 그것은 친구의 말처럼 하나님을 시험하는 것과 같아요. 친구가 예로 들었던 기드온의 경우는 상황이 아주 절박했어요. 기드온이 사사의 소명을 받을 당시 이스라엘은 매우 약했고 강력한 미디안 군대와의 싸움을 앞두고 있었어요. 따라서 기드온에게는 하나님께서 반드시 승리를 주실 거라는 확신이 필요했어요. 그래서 기드온은 양털에 변화가 나타난다면 전쟁에 나가겠다고 두 번이나 조건을 걸고 기도드린 거예요삿 6:36-40. 하나님의 뜻을 알기 위해 절박한 마음으로 기도를 드렸던 거죠.

둘째로, 조건을 걸고 하는 기도를 남용하지 말아야 해요. 생명을 좌우하거나 하나님의 뜻을 알고자 하는 절박한 이유가 아니라, 하나님의 능력을 알아보려는 호기심으로 기도하거나 단순히 내가 원하는 일이 잘되게 하려고 조건을 내걸고 기도하는 것은 바람직하지 않아요. 하나님께서는 이런 기도를 엄격히 금지하셨죠신 6:16.

셋째로, 간절한 마음으로 기도를 드리되, 응답은 하나님께 맡겨야 해요. 하나님은 우리가 드리는 기도를 하나도 빠짐없이 모두 듣고 계세요. 그리고 그 기도에 항상 응답하시죠. 그런데 하나님께서 주시는 응답이 우리가 기대했던 것과 다르거나 전혀 예상하지 않았던 방향으로 나타날 때가 있어요. 왜냐하면, 우리가 보기에 좋은 길이 아닌 것처럼 보여도 하나님께서는 당신의 뜻 안에서 가장 선하고 유익한 방법으로 응답해 주시기 때문이에요. 당장은 그분의 뜻을 알 수 없어서 이해하지 못하는 것뿐이죠. 그러므로 어떤 조건을 걸고 기도를 드릴 때, 우리는 하나님께서 가장 좋은 방법으로 이끄신다는 믿음을 가지고 내가 원하는 응답이 아닌 하나님의 뜻과 방법에 마음을 열어 놓아야 해요.

그렇다면 하나님은 왜 우리가 기도한 그대로 응답하지 않으실까요? 두 가지 이유를 생각해 볼 수 있어요.

하나는 우리가 원하는 대로 응답해 주는 것이 오히려 우리에게 해가 될 수 있기 때문이에요. 우리가 원하는 길에 깊은 함정이 있는 것도 모르고 그 길로 가게 해달라고 고집부린다면 우리를 사랑하시는 하나님이 당연히 그 길을 막지 않으시겠어요? 잠언 14장 12절은 이렇게 말해요. "어떤 길은 사람이 보기에 바르나 필경은 사망의 길이니라." 미래를 내다볼 수 있는 능력이 없는 우리는 잘못된 길을 요구할 수 있지만, 우리를 잘 아시는 하나님은 그 길이 우리에게 해를 끼칠 것이 확실할 때는 우리가 원하는 대로 응답하지 않으세요. 이가 다 썩어가는 아이가 사탕을 먹고 싶어서 달라고 아무리 졸라도 절대로 사탕을 줄 수 없는 부모님의 마음, 이것이 바로 하나님의 마음이죠.

다른 하나는 우리가 원하는 것보다 훨씬 더 좋은 것을 준비하시기 때문이에요. 마가복음 2장 1-11절에 보면 한 중풍병자가 예수님께 나와요. 이 중풍병자는 병을 고치려는 단 하나의 목적으로 나왔지만, 예수님은 이 병자의 병을 고쳐주셨을 뿐만 아니라 이 병자를 영생으로 인도하는 죄 사함이라는 더 큰 축복도 함께 주셨어요. 마찬가지로 우리 친구가 청바지를 사달라고 부탁했는데, 부모님께서 청바지 외에 친구가 입을 다른 옷들까지도 덤으로 사 오시는 일이 있지요? 하나님의 마음도 같은 거예요.

정리하면, 우리는 평소에 하나님께 무엇을 얻으려는 목적 때문이 아니라, 그분과 교제하고 대화하는 것 자체를 즐겁게 생각할 수 있어야 해요. 그런 마음으로 기도하면서 일상생활에 필요한 소소한 것들을 위해 기도하기도 하고, 친구 마음속의 생각을 있는 그대로 이야기하기도 하는 것이죠. 한편, 너무나 힘든 상황에서는 조건까지 걸 정도로 절박하게 매달리며 기도할 때도 있는데, 이 기도가 결코 잘못된 것은 아니에요. 그러나 이런 기도를 남발하거나, 하나님의 능력을 알아보려는 호기심으로 드려서는 안 된다는 점을 꼭 기억해야 해요. 더불어 이런 기도를 드릴 때는 하나님이 우리에게 더 큰 유익을 주시기 위해 우리가 원하는 것과는 다른 방향으로 응답하실 수 있다는 것을 열린 마음으로 받아들일 준비가 된 상태에서 기도드려야 한다는 것도 잊지 마세요.

46

방언 기도는 왜 하는 것이고 어떻게 받을 수 있나요?

저는 중학교 1학년입니다. 이번에 교회 수련회를 다녀왔는데요. 수련회에서 기도하는데 우리말로 기도하는 저와 달리 선생님과 전도사님, 목사님께서는 방언을 사용해서 기도하시더라고요. 방언을 사용하면 기도가 더 잘되는 건가 싶은데, 어떻게 하는 건지를 모르겠어요. 방언으로 하는 기도는 왜 하는 건지, 어떻게 하는 건지 궁금해요.

수련회에서 방언으로 기도하는 주위 사람들을 목격했군요? 그런 모습을 보고 놀라거나 겁을 먹는 경우도 많은데, 이렇게 궁금증을 가지고 질문해 준 친구가 참 고마워요.

방언이란, 성도들이 깊이 기도를 할 때 성령님이 주시는 특별한 언어이자 은사예요. 성경에도 방언에 대한 기록이 있는데, 크게 두 가지 종류의 방언이 있어요.

우선, 사도행전 2장 1-13절의 사건에 등장하는 방언은 '외국어', 즉 다른 지역의 언어를 말하는 형식으로 나타났어요. 예수님께서 부활하신 후 하늘로 올라가시기 전에 제자들을 모아 놓고 이렇게 명령하셨어요. "예루살렘을 떠나지 말고 내게서 들은 바 아버지께서 약속하신 것을 기다리라 요한은 물로 세례를 베풀었으나 너희는 몇 날이 못 되어 성령으로 세례를 받으리라"_{행 1:4-5}. 120명의 제자는 예수님의 이 명령에 순종해 예루살렘의 한 다락방에 모여 기도하고 있었죠. 그때는 마침 오순절이라는 절기였어요. '오순'이라는 말의 '오'는 '다섯'을, '순'은 '열'을 뜻해요. 그러니까 오순절은 유월절이 지난 후 50일째 되는 날을 기념하는 절기예요. 유대 사람들은 유월절 무렵에 씨를 뿌려서 오순절에 첫 열매를 거두기 때문에 그날을 '초실절'_{첫 열매를 거두는 절기}이라고도 불렀죠. 예수님께서는 유월절에 인류의 죄를 대신 지시고 십자가에서 죽으셨어요. 그리고는 부활하셔서 다시 하나님께로 가셨고, 그로부터 50일째 되는 날인 오순절에 성령을 통해 다시 사람들 안에 찾아오셨죠. 성령으로 다시 오셔서 그분을 영접한 사람들을 첫 열매로 거두신 거예요.

그날 어떤 일이 일어났는지 성경에 자세히 기록되어 있어요. 오순절에 모여 기도하던 제자들에게 갑자기 급하고 강한 바람 같은 소리가 다락방을 가득 채웠고_{행 2:1}, 불의 혀처럼 갈라지는 것이 모든 제자 위에 임했어요_{행 2:2}. '불'은 성령을 상징하고 '혀'는 언어를 상징해요. 즉, 성령의 능력이 언어와 관련해 임했다는 뜻이에요. 제자들에게 성령이 임하자 제자들이 성령으로 세례를 받고 거듭났을 뿐만 아니라 각자 성령이 시키는 대로 말하기 시작했는데, 그 언어는 그들이 한 번도 배워 본 일이 없는 외국어였어요^{행 2:4}. 사도행전 2장 8절은 이 다른 언어 곧, 외국어를 '방언'이라고 말하고 있어요. 제자들은 각각 다른 언어로 모인 사람들에게 '하나님의 큰 일', 즉 '예수님이 우리 죄를 위하여 고난을 받으시고 십자가 위에서 죽으셨다가 삼 일만에 부활하신 사건' 곧, '구원의 복음'을 말하기 시작했죠.

그런데 하나님께서 제자들을 외국어 방언으로 말하게 하신 이유는 무엇일까요? 당시에는 오순절 절기가 되면 로마제국에 속한 수많은 식민지에서 유대인들과 유대교를 믿는 이방인들이 예루살렘에 모였어요. 사도행전 2장 9-10절에는 15개 지역이 등장하는데, 이 지역들은 당시 팔레스타인에 살던 사람들에게는 온 세상을 뜻했어요. 온 세상에 사는 유대인들과 유대교에 들어온 이방인들이 유월절을 지키기 위해 예루살렘에 모여 있으니 이때가 복음을 전할 절호의 기회잖아요! 그래서 하나님께서는 모여든 사람들에게 구원의 복음을 효율적으로 전하기 위해 제자들을 성령으로 충만하게 하셔서 제자들이 한 번도 배운 적이 없는 외국어로 복음을 전하게 하는 기적을 베푸신 거예요. 더욱 놀라운 일은 15개 나라말로 동시에 복음을 전하면 소리가 뒤섞여서 크게 웅얼거리는 소리밖에 들리지 않을 텐데도 각 지역에서 온 사람들이 자기 지역 말을 골라서 알아듣는 기적이 연달아 나타났다는 점이에요. 하지만 이렇게 외국어 형식의 방언이 나타난 기록은 그 이후에는 찾아볼 수 없어요. 즉, 이런 방언은 일반적인 경우가 아닌 것이죠.

성경이 말하는 또 하나의 방언은 고린도전서 12-14장에 등장해요. 이 방언은 외국어가 아닌 새로운 형식의 언어예요. 우리 친구에게도 무언가 말하고 싶은 내용은 분명히 있는데 마음을 표현할 말이 잘 생각나지 않아 답답했던 때가 분명 있을 거예요. 우리가 하나님께 기도할 때도 마찬가지예요. 기도를 깊이 하다 보면 마음속에 하나님께 말씀드려야 할 내용은 많은데 언어의 한계 때문에 말하지 못하는 경우가 있어요. 그러면 얼마나 답답하겠어요? 이 마음을 아시는 하나님이 특별한 언어를 선물로 주셔서 우리가 마음속에 품었던 생각을 막힘없이 자유롭게 표현하며 하나님과 소통할 수 있도록 은혜를 주시는 때가 있어요. 이 언어는 하나님만이 알아들으실 수 있는 언어이고, 각 사람마다 달라요. 이것이 고린도전서 12-14장에서 말하는 방언이에요. 평소에는 들을 수 없는 언어로 기도하기 때문에 사람들은 이 방언을 신비하게 여기곤 했죠. 그래서 바울은 이 방언을 사용하는 것에 관하여 몇 가지 주의를 주고 있어요.

첫째, 방언은 때와 장소를 가려서 사용해야 해요. 고린도전서 14장 23절에는 이렇게 말씀하고 있어요. "그러므로 온 교회가 함께 모여 다 방언으로 말하면 알지 못하는 자들이나 믿지 아니하는 자들이 들어와서 너희를 미쳤다 하지 아니하겠느냐." 맞아요. 방언은 방언을 하는 사람에게는 너무나 유익한 것이지만 다른 사람들은 전혀 알아들을 수가 없으므로 함께 모인 자리에서 일부가 방언으로 기도하면 다른 사람들에게 방해가 될 수 있어요.

예를 들어, 많은 성도가 모인 공적인 예배 자리에서 대표기도를 하는데 알아들을 수 없는 방언으로 한다고 생각해보세요. 대표기도는 예배에 모인 사람을 대표해서 기도드리는 것인데, 정작 사람들이 내용을 알아들을 수 없다면 한마음으로 기도를 드릴 수 있겠어요? 절대로 그럴 수 없죠.

둘째, 방언을 받은 사람은 무언가 신령한 은사를 받은 것처럼 영적으로 교만해질 수 있어요. 영적인 우월감을 느끼게 되는 것이죠. 하지만, 방언은 수많은 은사 중 하나로, 하나님께서 주신 선물이라는 점을 꼭 기억해야 해요. 그러므로 우리 친구가 방언을 받게 된다면, 감사하는 마음으로 겸손하게 사용해야 해요. 많은 사람이 있는 자리에서는 큰 소리로 드러나게 방언으로 기도하는 것보다 개인 기도를 하면서 하나님과 1:1로 마주하는 시간에 하는 것이 좋고, 방언의 은사 받은 것을 마치 하나님께 특별한 영적인 능력을 받은 것처럼 생각해서는 안 돼요.

그렇다면, 방언의 은사는 어떻게 받을 수 있을까요? 방언은 간절하게 바라는 사람이라면 누구나 받을 수 있어요. "그가 사모하는 영혼에게 만족을 주시며 주린 영혼에게 좋은 것으로 채워주심이로다"시 107:9라는 말씀처럼 하나님은 간절히 바라는 사람에게 좋은 것으로 채워주시는 분이니까요. 그러므로 우리 친구가 방언으로 기도하고 싶다면, 그 은사를 선물로 받기 위해 기도하는 것은 좋은 일이에요. 그렇지만 기억할 것이 있어요. 방언을 받고자 하는 마음 안에 사람들을 의식하거나 신앙적으로 우월하게 보이고 싶은 의도가 있지는 않은지 꼭 점검해야 하죠. 그것은 하나님이 아닌 나의 영광을 위한 기도이기 때문에 바른 기도라 할 수 없어요. 또 한 가지 유의해야 할 것은 방언을 받기 위해서 연습해야 한다고 주장하는 경우예요. 특정한 단어를 반복해서 주문을 외우듯이 암송하면 방언이 터진다고 가르치는 경우가 있는데요. 이런 주장은 매우 잘못된 것이고, 이렇게 얻은 것은 결코 성경이 말하는 방언이 아니에요. 그것은 특정한 단어를 많이 말하다가 입에서 자연스럽게 나오게 되는 물리적인 현상에 지나지 않아요.

방언은 우리와 소통하고자 하시는 하나님의 마음이 담긴 선물이에요. 우리 친구가 간절한 마음으로 하나님께 구하면 얼마든지 주시는 선물이죠. 저도 방언을 통해서 친구가 풍성한 기도생활을 누리기를 바랄게요. 그렇지만, 은사를 구하는 것만큼이나 진심 어린 마음과 행동으로 하나님께 나아가는 것이 더 중요하다는 사실도 잊지 말기를 바랄게요.

47

안수기도는 좀 더 특별한
기도인가요?

 중요한 시험을 앞두고 있거나 특별한 일이 있을 때나 혹은 아프거나 할 때 목사님께 안수기도를 받곤 하잖아요? 그런 기도는 다른 기도보다 좀 더 특별한가요?

A 친구가 한 질문은 많은 기독교인이 궁금해하는 중요한 질문 중 하나예요. 이 질문에 관해 알아보기 전에 먼저 '안수기도'의 개념부터 알아야 하겠죠? '안수'는 손을 얹고 기도하는 행위를 뜻해요. 대체로 머리에 손을 얹고 기도하는 경우가 많죠. 안수기도에 대해서는 세 가지 견해가 있어요.

첫째, 손을 머리에 얹는 행위 자체에 특별한 능력이 있다고 생각하는 거예요. 기도하는 사람의 마음 상태와는 상관없이 손을 머리에 얹고 기도할 때 특별한 능력이 나타난다고 생각하는 것이지요.

둘째, 머리에 손을 얹는 행위 자체에는 아무런 의미가 없다고 보는 견해예요. 안수를 해주는 사람보다 기도하는 사람의 마음이 중요하다는 것이죠.

셋째, 머리에 손을 얹는 행위 자체에 특별한 의미가 있진 않지만, 마음이 잘 준비된 사람에게는 이것이 도움이 될 수 있다고 생각하는 거예요.

우리 친구의 생각은 어떤가요? 저는 이 중에서 세 번째가 바른 생각이라고 알려드리고 싶어요. 그 이유가 무엇인지 알아보기로 해요.

먼저, 성경에 안수기도에 대한 기록이 있는지 알아볼게요. 성경에 보면 여러 가지 이유로 머리에 손을 얹고 기도했던 사례들이 나온답니다.

첫째, 하나님의 백성이 모인 공동체나 교회에서 어떤 사람에게 중요한 직책을 맡길 때 머리에 손을 얹고 기도하면서 의식을 진행했어요. 레위인에게 제사드리는 직책을 맡길 때민 8:10, 모세가 이스라엘 백성을 다스리는 직책을 여호수아에게 넘겨줄 때민 27:18: 27:23: 신 34:9, 초대 예루살렘교회가 일곱 명의 집사를 뽑아 구제하는 일을 맡길 때행 6:6, 시리아 안디옥교회가 사울과 바나바에게 선교의 직책을 맡겨서 파송할 때행 13:3 모두 머리에 손을 얹고 기도했지요.

둘째, 구약시대에 동물을 잡아서 하나님께 제사드릴 때, 동물의 머리에 안수하고 제물로 드렸어요출 29:19: 레 4:29: 대하 29:23 등. 이는 이스라엘 백성들의 죄를 제물이 된 짐승들에게 위임한다는 뜻이었죠.

셋째, 예수님께서 병자들을 고치실 때 안수하시는 일이 많았어요. 대표적으로 열여덟 해 동안 귀신 들려 앓으며 꼬부라져 조금도 펴지 못하는 여자를 고쳐주실 때와눅 13:11-13, 맹인을 고쳐주실 때막 8:23, 25 안수하시는 장면이 등장하죠.

넷째, 예수님께서 어린아이들에게 축복하실 때도 안수해 주셨어요마 19:15: 막 10:16.

마지막 다섯째, 초대교회에서는 성령과 은사를 받을 때 안수식을 거행했어요행 8:17: 19:6: 딤전 4:14: 딤후 1:6.

이상에서 살펴본 것처럼, 안수기도는 성경에도 기록된 기도의 한 방법임을 알 수 있어요. 따라서 우리 친구들이 중요한 일을 앞두거나 몸이 아프거나 할 때 목사님으로부터 안수기도를 받는 것은 잘못된 것이 아니에요. 안수기도를 통해서 중요한 일을 해내거나 어려운 상황을 극복하는 데 분명히 도움을 받을 수 있을 거예요. 다만 여기서 중요한 것은 안수받는 행위가 무엇을 뜻하는지 바르게 알고 받을 필요가 있다는 점이에요. 무작정 안수기도를 받는다고 해서 문제가 해결되거나 없던 능력이 생긴다고 믿어서는 안 된다는 것이죠.

우리 친구의 이해를 돕기 위해 한 가지 예를 들어볼게요.

어떤 젊은 남녀가 좋은 감정을 갖고 만난 지 1년이 되었어요. 둘은 1주년을 기념해 조촐한 기념식을 하고 작은 선물을 교환하기로 했죠. 그렇다면 이들에게 선물과 기념식은 어떤 의미가 있을까요?

사실, 이런 것들은 두 사람에게 있어서 하나의 의식에 지나지 않아요. 그렇지만 이런 행위들을 통해서 서로 좋아하는 마음을 확인하고, 앞으로 더 좋은 만남을 가질 수 있게 될 거예요. 그런데 반대로 서로 좋아하는 마음도 없는 상태에서 1주년이 됐다는 이유로 선물을 교환하고 기념식을 한다면 두 사람에게 갑자기 좋아하는 마음이 생길까요? 그렇지 않을 거예요. 서로를 좋아하는 마음이 없으면 선물도, 기념식도 의미가 없죠.

이 원리를 안수기도에도 그대로 적용할 수 있어요. 안수라는 행위 자체에 어떤 특별한 능력이나 신비스러운 힘이 있는 것이 아니에요. 기도할 때, 기도 받는 사람을 위하는 마음이 담겨있지 않으면 안수기도 역시 하나의 형식에 지나지 않는 것이죠. 마치 좋아하지도 않는 남녀가 기념식과 선물교환을 한다고 해서 갑자기 좋아하는 마음이 생기게 되지 않는 것처럼요.

이 원리는 비단 안수뿐만 아니라 우리가 행하는 모든 종교의식에도 적용할 수 있어요. 예를 들어, 사도행전 19장을 보면 스게와의 일곱 아들 이야기가 나와요. 당시 바울은 예수님의 이름을 부르면서 귀신을 쫓아냈어요. 이 광경을 본 스게와의 일곱 아들이 예수라는 이름 그 자체에 신비스러운 능력이 있는 것으로 오해하고 바울이 했던 그대로 예수님의 이름을 부르면서 귀신을 쫓아내려고 했지만, 오히려 귀신의 공격을 받고 말았어요. 왜 그랬을까요? 바울의 마음속에는 예수님을 향한 믿음과 사랑이 있었어요. 이 믿음과 사랑을 담아서 예수님을 불렀기 때문에 예수님이 바울의 마음을 보시고 능력을 행하신 거예요. 반면에 스게와의 일곱 아들은 예수님에 대한 믿음이나 사랑 없이 그저 바울을 따라 했기 때문에 예수님이 응답하지 않으신 거죠. 이처럼 신앙생활을 할 때 아무리 좋은 절차와 방법이라도 하나님을 사랑하는 마음 없이 형식적으로만 하게 되면 그것은 아무 의미가 없다는 것을 알아야 해요.

안수기도도 마찬가지죠. 안수하지 않는다고 직책을 맡길 수 없다거나 병을 위해 기도드릴 수 없는 것은 아니에요. 앞에서 살펴봤던 것처럼, 여호수아는 안수를 통해 직책을 맡았지만 모세는 그렇지 않았고, 열두 사도 역시 사도로 세워질 때 안수받지 않았어요. 마가복음 7장에 보면 예수님도 수로보니게 여인의 딸을 고치실 때 멀리 떨어져 있는 상태에서 말씀 한마디로 고쳐주셨던 것처럼 말이에요. 그렇지만 이런 이유로 안수기도를 그냥 무시해도 된다고 생각하는 것은 바른 생각이 아니에요. 물론, 예수님은 안수와 상관없이 우리의 기도에 얼마든지 응답해 주실 수 있지만, 남녀 사이에 소소한 이벤트들이 필요하듯이, 우리는 특별한 경우에 안수기도를 통해 큰 유익을 얻을 수가 있거든요.

그렇다면 안수기도를 통해 우리가 얻을 수 있는 유익은 무엇일까요?

다시 1주년 기념식 이야기로 돌아가 볼까요? 만약 남녀가 기념식 날 상대방에게 줄 선물을 고른다고 생각해보세요. 아마 물건을 고르는 동안 자연스럽게 상대를 더 많이 생각하게 되겠지요? 마찬가지로 안수기도할 때 기도를 해주는 사람은 기도를 받는 사람과 그 사람의 기도 제목에 대해 더 관심을 두고 마음을 집중하게 될 수밖에 없어요. 그러다 보면 아무래도 그 사람의 영혼을 위하여 간절한 마음으로 기도를 드리게 되겠죠. 그런 마음으로 드리는 기도는 하나님께서 기쁘게 받으실 거고요. 따라서 특별히 중요한 일이나 어려운 일이 있을 때 목사님께 안수기도를 부탁하는 것은 좋은 태도라고 할 수 있어요.

다만 여기서 주의할 점이 있어요. 안수기도를 받을 때는 우리 친구를 잘 아는 담당교역자에게 부탁해야 한다는 점이에요. 물론 수련회나 집회 같은 때에 강사에게 안수받는 특수한 경우도 있을 수는 있지만요. 친구의 사정을 잘 모르는 분이 친구에게 맞지 않는 기도를 집중적으로 하게 된다면, 친구의 마음이 어려워지거나 영적으로 혼란스러워질 수도 있어요. 따라서 디모데전서 5장에 기록된 장로들을 위한 지침 중에는 아무에게나 경솔하게 안수하지 말라는 명령도 있답니다.

이제 아셨나요? 앞으로 시험이나 수능과 같은 큰일을 앞두고 많은 친구가 안수기도를 받게 될 일이 있을 거예요. 그럴 때 아무 생각 없이 기도를 받기보다 안수기도에 담긴 의미를 잘 생각하길 바라요. 또한, 안수기도를 만능기도로 생각해서 자신은 기도하지 않으면서 안수기도로 문제를 해결하려고 해서는 안 된다는 사실도 꼭 기억하세요.

6부

전도, 해외선교

48

전도하고 싶은데
다가가기가 어려워요

Q. 저한테 친한 친구가 있는데 교회에 안 다녀요. 소중한 친구라 꼭 전도하고 싶은데 교회에 같이 가자는 말을 한 번도 못 했어요. 걔는 평소에 기독교에 대해 안 좋은 얘기들을 많이 하거든요. 어떻게 받아들일지 두렵기도 하고 혹시나 관계가 틀어질까 걱정도 돼서 다가가기가 어려워요.

A. 예수님이 제자들을 전도자로 보내시면서 이런 말씀을 하셨어요. "뱀 같이 지혜롭고 비둘기 같이 순결하라"마 10:16. 우리 친구들이 전도할 때 이 두 가지 조건을 항상 염두에 둘 필요가 있어요. 먼저 두 번째 조건인 "비둘기 같이 순결하라"라는 말씀은 전도자의 마음가짐을 말해요. 전도자는 순수하고 깨끗한 마음을 가지고 임해야 해요. 그게 어떤 마음일까요? 믿지 않는 친구들의 영적인 상태를 정말로 안타깝게 생각하고 긍휼히 여기는

마음을 말하죠. 아마도 우리 친구 중에는 교회에 대하여 아주 호의적인 친구들도 있을 것이고, 적대적인 친구들도 있을 것이고, 아니면 아예 관심이 없는 친구들도 있을 거예요. 하지만 친구들이 어떤 태도를 가지고 있든지 같은 마음으로 대해야 하죠. 그리고 이런 순수한 마음에 "뱀 같이 지혜로우라"라는 첫 번째 조건이 첨가되어야 해요. 뱀같이 지혜로우라는 말은 상대방의 마음을 얻기 전에 치밀하게 준비하는 과정이 필요하다는 뜻이에요. 그뿐만 아니라 전도의 대상이 누구인가에 따라 그 대상에 알맞은 전략을 신중하게 짜서 각각 다른 방법으로 접근하라는 뜻도 담고 있어요. 치밀한 준비가 없는 상태에서 전도의 대상이 어떤 특징을 가지고 있는가를 생각해보지 않고 '돌직구'처럼 무턱대고 들이대는 것은 좋은 방법이 아니에요.

먼저 대상이 누구든 전도하기 위해서 준비해야 할 공통적인 준비사항에 대해 알아보기로 해요. 저는 다음과 같은 세 가지 항목을 반드시 준비해야 한다고 생각해요.

첫째, 우리 친구들이 기독교의 가장 기본적인 진리를 확실하게 알아야 해요. 베드로는 "너희 속에 있는 소망에 관한 이유를 묻는 자에게는 대답할 것을 항상 준비하라"라고 권고하고 있어요벧전 3:15. 이 말씀은 왜 예수님을 믿느냐고 물으면 예수님을 믿는 이유를 확실하게 대답할 준비를 항상 하고 있으라는 뜻이죠. 우리 친구는 예수님을 왜 믿느냐고 물으면 확실하게 대답할 수 있지요?

이 부분에 대해서는 'C.C.C.'라는 대학생 선교회에서 전도용으로 사용하는 '사영리'가 도움이 될 거예요. 사영리는 예수님을 믿어야 하는 이유를 네 가지 원리로 알기 쉽게 정리한 것인데요. 우리 친구가 이 사영리를 잘 외우고 있으면 좋겠어요. 그래야 누군가가 '왜 예수님을 믿느냐,' '왜 교회생활을 하느냐'라고 물으면 언제든지 술술 대답할 수 있으니까요. 우리 친구가 전하는 사영리를 듣고 예수님을 믿겠다고 결심하는 사람이 있다면 함께 손을 잡고 주님을 영접하는 기도를 드리세요. 대화를 나누다가 우리 친구가 답변하기 어려운 질문이 나올 수도 있어요. 그때는 솔직하게 답변할 만한 실력이 없다고 말하고 목사님이나 다른 성도에게 물어보자고 하면서 교회로 인도하면 되겠죠?

둘째로, 전도할 대상을 위해서 인내심을 가지고 기도해야 해요. 기도를 통해서 성령님께서 전도대상자의 마음을 변화시켜 달라고 간절한 마음으로 구하는 거예요. 하나님이 우리에게 맡기신 역할은 구원의 소식을 전하라는 것이지 구원하라는 게 아니에요. 사람의 마음을 변화시키는 분은 성령님이시죠. 우리에게 맡겨진 역할은 성령님이 대상자의 마음을 변화시킬 수 있도록 성령님의 조수가 되어 심부름하는 거예요. 우리는 상대방이 받아들이든지 받아들이지 않든지 구원의 소식을 전하면 되는 거예요. 마음이 좀 가벼워지지요? 기도를 꾸준히 하다 보면 전도대상자가 내가 아닌 다른 사람을 통해서라도 구원받는 기회를 얻기도 해요. 때로는 시간이 아주 오래 걸리는 경우도 있죠. 십 년, 이십 년이 걸릴 때도 있고, 우리 친구가 세상을 떠날 때까지도 주님께로 돌아오지 않을 수도 있어요. 하지만 전도대상자가 구원받는 때는 하나님께 맡기고 실망하지 않고 끈질기게 기도하는 것이 중요해요. 그러면 하나님이 어떤 방식으로든, 그리고 어느 땐가는 반드시 응답하실 거예요.

셋째로, 우리 친구 자신이 하나님의 백성다운 바른 삶을 사는 것이 매우 중요해요. 말만으로는 절대로 사람을 감동시킬 수가 없어요. 사람들은 전도자가 살아가는 모습을 보고 나서야 감동을 받게 되어있어요. 말을 아무리 잘해도 말한 대로 살기 위하여 노력하는 모습이 없다면 사람들은 교회에 가자는 제안을 받아들이지 않을 거예요. 살아가는 모습을 오래 지켜본 후에 친구의 삶이 정말로 하나님의 백성다운 바른 모습을 갖추고 있다는 걸 확인하고 나면, 전도대상자도 교회 나가자는 제안을 흔쾌히 받아들일 거예요. 한 걸음 더 나아가서 전도대상자가 먼저 자기도 신앙생활을 하고 싶다고 말하는 일도 있을 수 있죠.

제가 아는 어떤 신자가 있는데요, 이분은 교회생활을 열심히 하는 동시에 믿지 않는 어머니를 정성껏 모셨어요. 그러나 어머니에게 교회에 나가자는 말은 하지 않았죠. 한참 세월이 지난 후에 어머니가 "왜 나에게는 교회에 나가자는 말을 하지 않니? 나도 오늘부터 교회에 나가고 싶다"라고 하시더니 그날부터 아주 독실한 신자가 되었다고 해요.

지금까지 말씀드린 세 가지 준비를 잘 이해하셨나요? 이와 동시에 실제로 전도에 임할 때는 전도대상자의 특성이 무엇인가를 파악하고 그에 맞는 전략을 각각 다르게 구사하는 자세가 필요해요.

먼저 우리 친구가 전도하려는 친구가 교회에 대하여 호감을 가지고 있다면, 왜 예수님을 믿는지 확실하게 이야기해 주든지, 아니면 사영리 같은 원리를 설명해주면서 교회에 가자고 적극적으로 권하는 게 좋을 것 같아요. 이런 친구들은 함께 교회에 출석하면서 일정 기간 사랑과 관심을 갖고 도와주면 교회생활에 잘 적응할 수 있죠.

다음으로는 교회에 대해 특별히 나쁘거나 좋은 감정 없이 무덤덤한 친구들도 있을 거예요. 이런 경우에는 하나님 없이 사는 것이 그렇게 행복한 삶이 아니라는 점을 깨닫도록 서로 이야기를 나누어 보면 도움이 될 것 같아요. 예를 들어서 '사람이 한평생 사는 시간이 너무 짧고 헛되지 않은가?' '죽음 이후에 어디로 갈지 걱정되고 두렵지 않은가?' '과학의 발전을 통하여 발견되는 이 세상의 정교한 질서는 창조주를 통하지 않고는 설명할 길이 없지 않은가?'와 같은 주제로 대화를 나누면서 인생을 다른 시각에서 볼 수 있는 여지를 만들어 주는 거예요. 우리 친구에게는 좀 어려울까요? 하지만 청소년기는 충분히 인생에 대해서 성숙하게 생각해 볼 수 있는 능력을 갖춘 시기라고 생각해요. 이런 대화들을 나누면서 인생의 질문에 대한 대답을 교회에서 들을 수 있다는 것을 알려주는 것이지요.

마지막으로는 교회에 대하여 나쁜 감정을 가진 친구들이 있을 거예요. 이 경우에는 교회에 나오라는 권고를 너무 적극적으로 하지 않는 것도 좋은 방법일 것 같아요. 그런 방법보다는 아름답고 바른 하나님의 자녀로서의 삶의 모습을 보여주는 것이 가장 좋은 전도방법이라 할 수 있죠. 또 이런 친구들이 교회에 대하여 부정적으로 말하는 것이 꼭 잘못된 것만도 아니에요. 실제로 교회와 기독교인들이 바르게 살지 못했기 때문에 이런 말들이 나올 수도 있으니까요. 따라서 시간이 걸려도 인내하는 가운데 바르고 아름다운 삶의 모습을 계속 보여줌으로써 나쁜 감정을 가진 친구가 '어, 이 친구는 뭔가 좀 다르네! 사는 모습이 신선하고 아름답네!' 하는 생각을 할 수 있게 해야 해요. 나쁜 감정을 가졌던 친구가 이런 마음을 갖기 시작하면 그때 자연스럽게 전도의 문이 열리기 시작할 거예요.

49

기독교에 부정적인 친구를 전도하고 싶어요

Q 전도하고 싶은 친구가 있어요. 하나님이 있는지 없는지는 모르지만, 크리스천들이 하는 짓이 왜 그러냐고 말하는 친구예요. 이 친구에게 하나님 얘기를 꺼내면 분명히 듣지 않으려고 할 텐데 어떻게 전도해야 할까요?

A 우리 친구가 매우 어렵고 또 중요한 질문을 해주었네요. 우리 친구가 말한 그런 친구가 아마도 전도하기 어려운 부류에 속하지 않나 생각해요. 이 까다롭고 비판적인 친구를 편의상 'A'라고 부르기로 해요. A 같은 친구를 전도하기 위해서는 전략과 지혜가 필요하답니다. 저는 우리 친구가 해야 할 일을 두 가지 방향에서 말해주고 싶어요. 첫째는 A가 하는 말을 전적으로 받아들여 주고 A가 원하는 것을 위해 최선을 다하는 모습을 보여주는 거예요. 둘째는 A에게 '너는 하나는 아는데 둘은 모른다!'라

는 점을 알려주는 거예요.

그럼, 첫째 전략에 대해 살펴볼까요? 사실, A가 하는 말 자체가 아주 많이 틀린 말은 아니에요. A가 하고 싶어 하는 말은, '하나님을 믿는다면 하나님을 믿는 사람답게 믿지 않는 사람보다 더 바른 삶을 살아야 하지 않느냐?' 하는 거예요. 네, 전적으로 옳은 말이죠. 이에 대해서 우리 친구는 흔쾌히 "그래, 네 말이 맞아. 기독교인이 바르게 살아야 하는데 그런 모습을 보여주지 못해서 같은 기독교인으로서 정말 미안하다"라고 맞장구쳐 주면 돼요. 그러나 맞장구를 쳐 주는 것으로 끝나서는 안 되고, 우리 친구가 몸소 하나님을 믿는 사람답게 바르고 멋지게 사는 모습을 보여주어야 해요. 그것이 A를 하나님께로 이끌 수 있는 가장 확실한 길이랍니다. 물론 이 방법은 아주 많은 시간과 인내와 노력이 필요해요. 어렵긴 해도 이것이 한 사람을 하나님께로 인도할 수 있는 가장 훌륭한 방법이라는 것을 잊지 마세요.

어쩌면 A는 우리 친구가 어떻게 살고 있는지를 눈여겨봐 왔고 또 지금도 보고 있을 수 있어요. 만일 A가 우리 친구가 살아가는 모습을 보고 정말로 감동했다면 이런 말을 먼저 하지 않았을까요? "너는 어떻게 그렇게 바르게 살 수 있니? 네가 살아가는 모습을 보니 네가 믿는 하나님은 대단한 분인 것 같구나!"라고 말이죠. 그런데 A의 입에서 "하나님을 믿는 사람들은 왜 그 모양이니?"

라는 비판이 먼저 나왔다는 것은 A가 우리 친구에게서 하나님을 믿는 사람의 바른 모습을 충분히 발견하지 못했기 때문은 아닐까요? 세상 사람들은 단 한 사람이라도 바르고 아름답게 사는 크리스천을 만나면 감동하거든요.

'인품이 훌륭한 사람이 팥으로 메주를 쑨다고 말해도 사람들은 믿지만, 인품이 훌륭하지 않은 사람이 콩으로 메주를 쑨다고 말해도 사람들은 믿지 않는다'라는 말이 있어요. 즉, 세상 사람들은 인품이 훌륭한 사람이 하는 말은 있는 그대로 받아들이지만, 인품이 훌륭하지 않은 사람은, 그가 아무리 옳은 말을 해도 받아들이려고 하지 않아요. 우리 기독교인들은 이 습성을 잘 알고 활용해야 해요. 만약, 세상에서 모범이 되는 크리스천이 하나님이 살아 계신다고 말한다면, 사람들은 고개를 끄떡이면서 '그럴 수도 있겠다'라고 생각할 거예요. 하지만 반대로 그렇지 못한 크리스천이 하나님이 살아 계신다고 말하면 그것이 진실임에도 불구하고 사람들은 "네 말을 어떻게 믿어?"라며 받아들이려고 하지 않거든요. 이렇게 되면 오히려 기독교인이 복음 전파의 길을 가로막고 있는 셈이 되는 거죠.

그런데 정말로 무서운? 사람이 있어요. 바로 하나님을 믿지 않지만 바른 삶을 살고 사회에 모범이 되는 사람들이죠. 이들의 영향력은 대단해요. 그들 중에 하나님과 교회에 대해 강한 반감과 적개심을 가진 사람이 있을 수 있어요. 만약, 유감스럽게도 이들이 하나님과 진리에 대해 부정적으로 말하면 세상 사람들은 이들의 말을 진리로 여기고 받아들이게 되죠.

자, 이제 하나님을 믿는 친구들이 바른 삶을 살기 위하여 애쓰는 것이 얼마나 중요한 일인지 알게 되었을 거예요.

두 번째 전략을 알려드릴게요. 두 번째는 A에게 '하나는 알고 둘은 모른다'라는 점을 알려주는 거예요. 즉, A의 말은 일리가 있고 귀를 기울여야 할 말이지만 A의 주장이 완전히 옳지는 않다는 것을 알려줄 필요가 있다는 거죠. 하나님을 믿는 사람은 바르게 살아야 한다는 A의 생각은 물론 옳아요. 그러나 A가 어떤 기독교인이 바르게 살지 못하는 모습을 보고 "기독교인이 왜 그 모양이냐?"라고 비판하는 것은 경솔한 판단일 수 있어요. 예를 들어, A는 기독교인 B에게 80점 정도의 바른 생활을 기대하고 있어요. 그런데 B의 삶은 실제로 60점 정도밖에 안 될 수가 있죠. 그렇다면 A는 B의 모습을 보고 "기독교인이 왜 그 모양이냐?"라고 판단할 거예요. 물론 B의 삶이 하나님을 믿는 사람으로서 정말로 용납할 수 없을 만큼 악해서 비판받아 마땅할 때가 있을 수도 있어요. 그러나 항상 그런 것은 아니에요. B가 예수님을 믿기 전에, 또는 예수님을 믿지 않았다면 30점 수준밖에는 안 되는 사람이었을 수 있으니까요. 그렇게 본다면, B는 예수님을 믿었기 때문에 인품이나 생활의 수준이 30점이나 향상된 거예요. 이런 사정을 알고 B를 본다면 B에 대해서 "기독교인이 왜 그 모양이냐?"라는 비판을 할 수가 없을 거예요.

어떤 사람을 판단할 때 단지 외부로 나타나는 모습만을 보고 그 사람이 어떤 사람인가를 판단하는 것은 매우 경솔하고 위험하답니다. 누군가를 판단하는 것 자체가 바른 일은 아니지만, 그래도 누군가에 대해 바르게 이해하려면, 그 사람의 마음속도 들여다보아야 하고, 그가 처해 있는 상황을 종합적으로 다 알아야 해요. 그러니까 A는 하나는 아는데 둘은 모르는 거예요.

또 한 가지 덧붙여서 말하고 싶은 건, 훌륭한 아버지에게 항상 훌륭한 아들만 있는 것이 아니라는 점이에요. 아버지는 훌륭하지만, 그 아들은 훌륭할 수도 그렇지 않을 수도 있다는 거죠. 이와 같은 원리가 하나님과 성도들의 관계에도 적용될 수 있어요. 하나님은 성도들의 영적인 아버지인데, 영적인 아버지의 자녀들 가운데도 영적으로 망나니와 같은 자녀들이 있을 수가 있다는 거죠. 하나님은 자녀가 그렇다고 해서 내쳐 버리지 않으세요. 하나님은 사랑의 하나님이시기에 그런 자녀도 그분의 품 안에 안고 가시죠.

여러분이 기억해야 할 것이 있어요. 교회는 모범적이고 의로운 사람들의 공동체가 아니랍니다. 교회는 온갖 유형의 죄인들로 구성된 공동체예요. 극악한 죄를 범한 사람들도 잘못을 뉘우치고 예수님을 믿기만 하면 다 하나님의 자녀로 받아들여요. 이 점에서 교회와 다른 공동체가 근본적으로 다르지요. 교회가 아닌 모든 인간 공동체들은 칭찬할 만한 점이 있어야만 회원으로 받아들여요. 대학은 성적이 좋은 사람들만 받아들이고, 기업체는 능력을 갖춘 똑똑한 사람들만 받아들여요. 그렇다면 교회는 거룩한 공동체인데, 정말로 거룩한 심성이나 거룩한 삶의 모습을 가진 사람들만을 받아들여야 하지 않겠어요? 그러나 하나님의 생각은 다르세요. 하나님은 '거룩'과는 너무나 거리가 먼 우리를 받아들이신 다음, 일생에 걸친 긴 기간 동안 서서히 하나님의 거룩한 백성으로 다듬어 가시는 거예요. 늦어도 우리가 하늘나라에 들어가기 전까지는 하나님께서 당신의 능력으로 우리를 완전하고 거룩한 백성으로 변화시키신답니다. 따라서 하나님의 백성들 가운데 악한 사람들이 있다는 사실은 하나님의 은혜와 능력이 얼마나 크고 깊고 넓은가를 보여주는 증거가 되는 것이죠.

내가 먼저 크신 하나님을 신뢰하며 그분의 섭리를 인정하고, 그 은혜를 가지고 A에게 지혜롭게 다가가는 우리 친구가 되길 바랄게요. 파이팅!!

50

전도한 친구들이 교회에 정착하지 못해요. 제가 뭘 할 수 있을까요?

Q 친구들을 어렵게 전도해서 교회에 데려가도 그 한 번으로 그칠 때가 많아요. 친구가 하나님을 만나서 스스로 교회에 나와 예배를 드리고 하나님을 믿도록 하는 것이 전도보다 더 어려운 일인 것 같아요. 친구가 딱 한 번만 교회에 오는 것이 아니라 계속해서 꾸준히 다니게 하려면 어떻게 해야 할까요?

A 친구는 우리가 세상에서 복음의 증인으로 살고자 할 때 만나는 가장 중요하고, 가장 어렵고, 가장 긴 시간이 필요한 문제에 대해 고민하고 있네요. 믿지 않는 한 사람을 완전한 그리스도인으로 만드는 것, 그건 진정한 복음의 증인이 되려는 사람이라면 누구나 고민하는 어려운 숙제예요. 저는 이 문제에 대해서 어떤 해답을 주기보다 저의 개인적인 경험을 들려주려고 해요.

그 속에 우리 친구의 질문에 대한 두 가지 답이 숨어있거든요.

저도 신앙생활을 시작할 때부터 이 문제가 마음에 큰 부담이었어요. 무려 수십 년 동안 제 마음을 짓누르는 고민거리였죠. 저의 경우에는 전도하려는 대상이 '가족'이었어요. 우리 가족은 아버지와 어머니 그리고 7남매인데, 저 혼자만 신앙생활을 했거든요. 아버지는 설날이나 추석이면 철저히 제사를 지내시는 완고한 유교 신봉자셨지요. 게다가 우리 집은 매우 가난해서 제가 빨리 돈을 벌어 가족의 생계를 도와야 했어요. 하지만 저는 스무 살 때 신학교에 입학하는 바람에 가족의 생계에 전혀 보탬이 될 수 없었죠. 그래서 가족들 보기가 너무 미안해서 늘 주눅 들어 있었고 차마 교회 가자는 말을 꺼낼 수도 없었어요. 대신, 정말 안타까운 심정으로 "우리 가족을 구원해 달라"라고 늘 기도했어요. 사실 기도하면서도 내심 '과연 이 어려운 일이 실현될 수 있을까?' 하는 생각을 떨쳐 버릴 수 없었지만, 그렇다고 해서 그 기도를 중단할 수는 없었어요. 그때부터 아마 20년 넘게 가족 구원을 위해서 기도했을 거예요. 그런데 참 이상한 일이 벌어졌어요. 제가 "교회에 가자"라는 말을 하지 않았는데도 불구하고 한 사람씩 교회에 나가기 시작하더니 지금은 온 가족이 신자가 되었어요. 아버님과 어머님 역시 열심히 신앙생활 하시다 하늘나라에 가셨고, 작은 누님 역시 권사님으로 섬기다 주님의 부르심을 받으셨죠. 큰 누님과 막내 여동생은 전도사님으로, 첫째 여동생은 권사님으로, 형님은 목사님으로 교회를 섬기고 있어요.

어때요? 놀랍지 않아요? 이 경험을 통해 제가 깨달은 것이 있어요. 가족 구원을 위해 간절한 마음으로 인내하며 끝까지 기도하면 하나님께서 내가 알 수 없는 놀라운 방법으로 그 기도를 들어주신다는 거예요. 이처럼 어떤 사람을 참된 기독교인으로 만들기 위한 첫 번째 방법은 오랜 시간 인내하며 그 영혼을 위한 기도를 쉬지 않는 거예요. 사람의 힘으로는 사람의 마음을 변화시킬 수 없기에 우리는 기도를 통해서 하나님께 모든 상황을 맡기고 도우심을 구해야 하죠.

그런데 우리 가족 모두가 신앙생활을 시작하게 된 데에는 기도와 함께 또 한 가지 중요한 요인이 있었다고 저는 믿고 있어요.

사실, 저는 친어머니가 다섯 살 때 돌아가셨고, 초등학교 2학년 때 새어머니를 맞이했어요. 그렇지만 새어머니를 친어머니와 조금도 다를 것 없이 대해드렸죠. 신학공부를 하느라 경제적으로 도움이 되지 못할 때도 능력이 닿는 한 잘 모시려고 최선을 다했고, 저보다 훨씬 더 부모님을 잘 챙기는 아내를 만나, 생신이 되면 늘 찾아가 챙겨드리고, 명절이 되면 전날 내려가서 명절에 필요한 음식 만드는 일을 정성껏 도와드렸어요. 어머님은 저희 부부가 유학을 떠날 때까지도 예수님을 믿지 않으셨는데요. 저는 미국과 네덜란드에서 유학생활을 하는 동안 일을 하고 장학금을 받아서 힘들게 유학비용을 마련하면서도 유학생활 첫 달부터 한 번도 빼놓지 않고 부모님께 용돈을 챙겨드렸어요. 어머님은 항상 고마워하셨고 기회만 있으면 우리 부부를 칭찬했어요. 그러던 어느 날 자진해서 교회에 나가겠다고 선언하시고는 그때부터 빠짐없이 교회에 출석하시는 기도의 사람이 되셨어요. 그리스도인들을 '예수쟁이'라고 비아냥대시던 아버님도 저희가 유학을 떠나기 전에 자진하여 교회에 출석하셨고요. 저는 저희 부부가 오랜 시간에 걸쳐서 부모님을 사랑으로 섬긴 한결같은 모습이 부모님의 마음을 여는 계기가 되었다고 확신해요. 실제로 부모님도 그렇게 말씀해 주셨고요.

전도란, 복음을 말로 전하는 것 외에도 변함없이 오랜 시간에 걸쳐 사랑을 실천하는 아름다운 삶을 살아내는 것이라고 할 수 있어요. 데살로니가전서 1장 6-7절에 보면 이런 말씀이 있어요. "또 너희는 많은 환난 가운데서 성령의 기쁨으로 말씀을 받아 우리와 주를 본받은 자가 되었으니 그러므로 너희가 마게도냐와 아가야에 있는 모든 믿는 자의 본이 되었느니라." 바울은 데살로니가 교인들이 모든 믿는 자의 본이 되었다고 말하고 있어요. 여기서 말하는 "모든 믿는 자"는 데살로니가뿐만 아니라 멀리 로마에까지 이르는 전 지역을 뜻해요. 데살로니가 교회 성도들은 바울이 전하는 복음을 듣고 신앙생활을 시작한 지 2, 3개월도 채 안 된 성도들인데 그 짧은 기간 안에 지중해 전 지역에 소문이 자자하게 퍼질 만큼 훌륭한 성도들로 성장한 거예요.

그 비결이 무엇일까요? 그 비결은 6절에 "우리와 주를 본받은 자가 되었으니"라는 표현에 숨어있어요. 여기서 '우리'는 바울과 실루아노와 디모데를 뜻해요. 데살로니가 교회 성도들은 바울과 실루아노와 디모데를 먼저 본받고, 그다음에 주님을 본받았다는 것이 본문이 말하는 핵심이에요. 그런데 우리 친구들, 이 구절을 읽어보면서 좀 이상한 점 없었나요? 우리가 누군가를 본받아야 한다면, 그 대상은 바로 '예수님'이어야 하는 거 아니겠어요? 그런데 바울은 주님보다 먼저 '우리'를 본받으라고 하고 있어요. 바울이 교만한 걸까요? 아니에요. 이 순서가 매우 중요해요. 이 순서는 처음 교회에 나오는 사람들이 신앙을 갖게 되는 과정을 말해요.

교회에 처음 나오는 사람들은 주님을 잘 알지 못하기 때문에 자연스럽게 신앙생활을 하는 사람들_{바울이나 실루아노나 디모데와 같은}을 먼저 보게 되지요. 즉, 눈앞에 보이는 신앙인들의 바르고 아름다운 모습을 보았을 때 사람들의 마음 문이 열리는 거예요. 그러고 나서 그런 아름다운 모습의 원인이 어디에 있는지 관심을 두게 되고, 그 원인이 주님께 있다는 사실을 알면 그때야 주님께로 나아갈 마음이 생기는 것이지요. 이처럼 처음 교회에 나오는 신자에게 '우리'를 먼저 본받고 그다음에 '주님'을 본받는 단계로 나아가라고 권면하는 것이 바른 순서예요. 데살로니가 교인들이 바울과 실루아노와 디모데가 아름답게 신앙생활을 하는 모습을 보고 감동해 이들이 믿는 주님을 함께 믿게 된 것처럼 말이죠.

이제 결론을 맺을게요. 열심히 전도한 친구가 교회에 잘 정착하지 못해 고민이라고 했죠? 그렇다면 첫째로, 전도하고자 하는 친구를 위해 오랜 시간 인내심을 가지고 하나님께 기도하기를 바라요. 그러면 우리 친구가 예상하지 못했던 때와 방법으로 하나님께서 이 일을 이루실 거예요. 둘째로, "우리가 선을 행하되 낙심하지 말지니 포기하지 아니하면 때가 이르매 거두리라"라는 갈라디아서 6장 9절 말씀을 가슴에 품고 오랜 시간 동안 꾸준하고 변함없이, 또 진실하고 선하고 바르게 하나님 앞에서 살아가기를 바랄게요. 그렇게 예수님과 같은 사랑의 마음으로 주위에 선한 영향력을 끼치면 전도대상자도 친구의 모습을 보고 마음이 열려 친구가 믿는 하나님을 받아들이게 될 거예요. 그뿐만 아니라 데살로니가 교인들이 "모든 믿는 자의 본"이 된 것처럼 아주 훌륭하게 신앙생활을 하는 성도로 변화되는 날이 반드시 올 거예요.

51

노방전도를 꼭 해야 하나요?

지하철 안이나 길에서 보면 '예수 믿으면 천국, 안 믿으면 지옥'이라고 큰소리로 노방전도 하는 분들이 계시잖아요. 한번은 친구들과 지나가다가 그런 분을 봤는데, 꺼리는 친구가 있는가 하면, "너 같으면 저렇게라도 복음을 전할 수 있냐"라며 옹호를 하는 친구도 있더라고요. 이런 노방전도를 어떻게 봐야 하죠?

옛날 앗시리아 제국의 수도인 니느웨 성에 아주 이상한 모습을 한 사람이 나타났어요. 이 사람은 이 세상 사람 같지 않은 기인奇人의 모습을 하고 있었는데, 몸에서는 지독한 생선 비린내가 났어요. 생선 위장 속에서 사흘 낮과 밤을 있었으니 그럴 수밖에 없었죠. 아마도 변변한 옷을 입었을 리도 없고, 눈은 퀭하고 무시무시한 광채를 뿜어내고 있었을 거예요. 사람 같지도 않은 이 사람이 느닷없이 니느웨 성에 나타나서 거리를 활보하면서 니느웨가 무너진다고 소리 지르면서 다니는 거예요.

이 사람이 누군지 벌써 눈치채셨지요? 바로 요나예요. 만일 오늘날 이런 사람이 서울 거리에 나타나서 "서울은 곧 멸망할 것이다!"라고 소리치고 다닌다면 시민들은 어떤 반응을 보일까요? 아마도 99%의 사람들이 '미친놈'이라고 단정하고 그의 말에 귀 기울이지 않을 거예요. 그런데 놀랍게도 이 사람이 미친 듯이 외치는 이 고함 안에 바로 하나님의 뜻이 들어 있었어요. 더욱 놀라운 일은 니느웨 백성들이 바로 이 기인과 같은 요나가 외치는 소리를 진지하고 신중하게 받아들였다는 거예요.

니느웨 백성들은 요나의 고함을 진실로 받아들이고 돌이켜 하나님을 믿고 금식을 선포한 후 회개의 상징인 굵은 베옷을 입었답니다. 이 소식을 전해 들은 왕도 왕좌에서 내려와 굵은 베옷을 입고 잿더미에 앉아 회개했죠. 그리고는 온 백성에게 조서를 내려 악한 일들에서 떠나라고 명령을 내렸어요. 하나님께서는 니느웨 백성들의 회개를 기뻐하셨고, 니느웨를 무너뜨리려는 계획을 돌이키셨어요.

이제 우리 친구가 질문한 예 곧, 어떤 사람이 거리나 지하철에서 '예수 믿으면 천국 가고 안 믿으면 지옥에 간다'라고 외치는 것에 대하여 생각해보지요.

이런 전도방식을 우리는 노방전도라고 하는데 노방전도를 많은 사람이 불쾌하게 생각하는 이유는 효율적이지 못하고 공공질서를 어기며 시민들의 편안한 생활을 방해한다는 것 때문이에요. 한마디로 전도방식이 시대에 뒤떨어지고 예의 바르지 못하다는 것이지요. 물론 우리는 하나님의 일을 할 때 공공질서를 지키고 예의 바르고 아름다움을 잃지 않는 방법으로 하도록 항상 주의해야 한답니다. 그러나 때에 따라서는 비상한 방법을 동원해야 할 예외적인 경우도 있을 수 있어요.

노방전도 문제를 다루기 전에 이해를 돕기 위하여 조금 다른 경우이긴 하지만 두 가지 경우를 예로 생각해볼게요.

시민들이 도시에서 장사할 때는 합법적으로 점포를 얻어서 자기 점포 안에서 장사하는 것이 정상적인 방법이에요. 그런데 거리를 다니다 보면 많은 상인이 쾌적하게 다녀야 할 보도에서 음식이나 물건을 벌여 놓고 장사하는 것을 흔히 볼 수 있어요. 이런 장사는 대부분 공공질서를 어기고 시민들의 편안한 통행에 방해가 되지요. 그러나 이렇게 거리에서 좌판을 벌여 놓고 장사를 하는 사람 중에는 점포를 얻을 돈이 없어 그렇게라도 돈을 벌어 가족들의 생계를 유지해야 하는 가난하고 절박한 서민들이 많아요. 가족의 생계를 위해 거리에서 장사하는 것을 보고 일방적으로 비난할 수는 없죠.

또 한 가지 예를 들어볼게요. 국가나 기업이 잘못된 정책을 펼칠 때 시민들이나 사원들은 어떻게 반응해야 할까요? 책임 있는 사람이라면 행정관청에 찾아가서 관계자를 만나서 항의의 뜻을 전달하든지 서류상으로 민원을 제기하든지 다양한 방법으로 시정을 요구하겠죠. 그런데 이런 방법으로 시정을 요구해도 듣지 않을 때는 어떻게 하나요? 그때는 거리에 나와 항의 데모를 하거나 파업하는 일도 있지요. 물론 이런 극단적인 방법은 최대한 자제해야 해요. 가능한 한 공공질서를 어기지 않는 평화로운 방법으로 해결해야 하지요. 그러나 어떤 경우에는 불가피하게 이런 방법을 동원해야 할 때도 있어요.

그러면 노방전도의 경우는 어떨까요? 전도는 보통 교회 안에서 목사님의 설교나 성경공부를 통하여 이루어지는 것이 정상적인 방법이죠. 혹시 거리에서 전도하더라도 조용히 전도지를 나누어 주면서 시끄럽지 않게 하고, 소속되어 있는 교회 이름을 분명히 밝히는 것이 바람직한 방법이에요. 그런데 전도활동을 하는 사람 중에는 우리 한국의 현실을 보통 사람들보다 훨씬 더 심각하게 바라보는 사람들이 있을 수 있어요.

우리나라의 기독교가 급속도로 부흥한 것은 세계적으로 잘 알려진 사실이에요. 이 정도로 부흥했으면 급한 불은 껐으니까 이제는 한숨 돌리고 점잖고 예의 바른 방법으로만 전도해도 되겠다고 생각할지도 모르겠어요. 그러나 정말 그럴까요?

현재 한국 기독교의 상황은 생각하는 것보다 훨씬 심각한 상태에 처해 있어요. 한국이 전 세계가 인정할 만큼 놀라운 복음화를 이루었다고 하지만 아직도 한국에서 가장 큰 비중을 차지하는 종교는 불교랍니다. 불교 인구가 50%를 차지하고 있어요. 크게 잡아도 기독교 인구는 전 국민의 25%를 넘지 않으니까 불교 인구의 절반밖에 되지 않지요. 이 수치도 공식 상의 통계에 지나지 않고 실제 수치는 이보다 훨씬 더 낮아요. 특히 지방에서 목회하시는 분들의 말을 들어보면 실제로 교회에 정기적으로 출석하는 기독교인의 숫자는 6~7%밖에 되지 않는다고 해요. 이 숫자가 사실이라면 90%가 넘는 국민이 하나님을 믿지 않고 있는 거예요.

여러분! 국민의 90% 이상이 지옥에 가게 되었는데, 그냥 얌전히 예의를 지키고 앉아있을 수 있을까요?

하나님의 심판 앞에 놓여 있는 니느웨 백성들을 향하여 미친 듯이 절박한 심정으로 외쳤던 요나의 외침이 오늘날 우리 한국 사회에 필요하지 않을까요? 거칠고 투박하고 시민들의 눈살을 찌푸리게 하더라도 이런 방법을 통해서 단 한 사람이라도 깨닫고 주님께로 돌아오고, 안일한 신앙생활에 안주하려고 하는 교회에 경종을 울릴 수 있다면 우리는 이 방법으로 전도하는 성도들을 정죄하거나 비판해서는 안 돼요. 이들의 외침 속에 한국 사회를 향한 하나님의 절박한 호소와 경고가 들어 있을 수도 있기 때문이에요.

우리는 현대사회의 환경이 요나나 예수님 당시의 상황과는 매우 다르다는 점을 염두에 둘 필요가 있어요. 고대사회에는 육성으로 전달하는 방법 이외에는 마땅한 의사전달 방법이 없었지만 오늘날에는 효율적인 의사전달 방법이 매우 다양하게 발달해 있어요. 라디오나 텔레비전, 인터넷을 통해 한 번에 수백만 명 이상의 청중에게 효율적으로 의사를 전달할 수가 있죠. 또, 신문이나 책과 같은 인쇄 매체를 이용하면 몇 번이고 반복해서 읽을 수 있도록 의사를 전달할 수도 있고요. 우리는 선교를 위해 다양한 수단을 효율적으로 활용할 필요가 있어요. 될 수 있으면 교회로 초청해서 복음을 듣게 하는 것이 좋은 방법이에요.

그렇지만 오늘날 텔레비전이나 라디오 등을 통해서 가수들이 노래하면서도, 육성으로 직접 노래하는 라이브 콘서트를 열듯이, 또 텔레비전 드라마, 영화나 유튜브가 있음에도 불구하고 관객 앞에서 직접 공연하는 연극 무대를 열듯이, 다양한 의사전달 방법이 발달한 오늘날에도 교회 안팎에서 직접 복음을 전하는 전도방식을 무시해서는 안 된다고 생각해요.

52

해외 아웃리치(전도여행)가 꼭 필요한가요?

Q 여름이 되면 교회마다 아웃리치를 많이 계획하는데요. 특히 요즘엔 해외로 가는 경우가 많은 것 같아요. 그런데 한국도 아직 다 전도하지 못했는데 왜 꼭 해외 아웃리치를 가야 하는 건지 잘 이해가 되지 않아요.

A 결혼한 학생 부부가 유학을 떠나기 전에 저에게 상담 요청을 한 적이 있어요. 그 학생 부부의 고민은 공부하는 일과 아기를 낳아 키우는 일 중에서 어느 쪽을 선택해야 할지 모르겠다는 거였어요. 그런 학생 부부를 만날 때마다 저는 늘 이렇게 대답하곤 한답니다. "공부도 열심히 하고, 아기도 낳아서 잘 키워라." 많은 사람이 'A와 B 둘 다'both A and B의 문제를 마치 'A나 B 둘 중 하나'either A or B의 문제로 오해하면서 고민하는 경우가 많아요. 우리 친구도 해외단기선교에 대해서 그런 고민을 하는군요.

제가 보니 우리 친구의 고민은 두 가지 같아요. 하나는 선교의 근본적인 문제이고 다른 하나는 단기간에 잠깐 외국에 가서 하는 선교가 과연 바른 선교인가 하는 문제인 것 같군요.

먼저, 우리 친구의 고민은 국내에도 전도할 곳이 많은데 왜 굳이 외국으로 나가서 복음을 전하느냐 하는 것이죠? 그러나 이런 생각은 잘못된 생각이에요. 해외선교와 국내전도는 둘 중에 어느 하나를 선택해야 하는 'A나 B 둘 중 하나'의 문제가 아니라 둘 다 동시에 추진해야 하는 'A와 B 둘 다'의 문제예요. 왜 그럴까요?

우리는 한 지역에 사는 사람들을 다 전도한 후에 다른 지역으로 선교지를 옮기는 선교방법은 하나님이 원하시는 선교방식이 아니라는 사실을 최초의 선교활동을 기록한 서신인 사도행전에서 분명히 확인할 수 있어요. 하나님은 사도행전 1장 8절에서 "오직 성령이 너희에게 임하시면 너희가 권능을 받고 예루살렘과 온 유대와 사마리아와 땅 끝까지 이르러 내 증인이 되리라 하시니라"라고 말씀하셨어요. 예수님은 제자들에게 유대인들만이 모여서 살아가는 유대 땅뿐만 아니라 혼혈족들이 사는 사마리아와 이방인들이 사는 먼 지역에까지 나아가서 복음을 전할 것을 명령하셨어요. 여기서 하나님은 유대 지역에서 모두 전도한 후에 이방인 지역으로 나아가라고 명령하시지 않았다는 사실에 주목할 필요가 있어요.

성령의 충만함을 받은 120명의 제자가 예루살렘에서 열심히 전도한 결과 예루살렘 교회가 세워졌어요. 그런데 예루살렘 교회 성도들이 도통 예루살렘을 벗어나서 사마리아 지방으로 가려고 하지 않자 하나님은 강제로 예루살렘 교회 성도들을 흩어서 사마리아로 보내기로 작정하셨죠. 결국, 하나님은 예루살렘 교회에 큰 박해를 일으키셔서 성도들이 예루살렘을 떠나게 만드셨어요. 예루살렘에서 떠밀려 나온 성도들은 어쩔 수 없이 사마리아 땅으로 나아가서 복음을 전했어요. 하나님의 뜻은 예루살렘에 믿지 않는 사람이 아직 많이 남아있음에도 불구하고 사마리아로 가서 복음을 전하는 것이었어요. 그런데 이 일이 있고 난 후에도 예루살렘 교회 성도들은 예루살렘을 벗어나려고 하지 않았어요. 그러자 하나님은 가기 싫다고 우기는 베드로를 강제로 설득하여 로마군 장교인 고넬료의 집으로 가 전도하게 만드셨어요. 사도 바울 역시 동족인 유대인들을 대상으로 먼저 전도를 시작했지만, 결국엔 이방인 전도에 헌신했어요. 하나님은 사도 바울이 한 지역을 다 전도할 때까지 기다리신 것이 아니라 미처 전도가 채 되지 않았는데도 새로운 지역으로 보내셨어요. 이처럼 선교는 한 지역을 다 복음화시켰든 덜 시켰든 상관없이 가라고 하시면 어디든지 가야 하는 거예요.

성경은 이 세상 모든 사람이 다 하나님을 믿게 될 것이라고 말하지 않아요. 오히려 마지막 날이 가까울수록 하나님을 믿는 자들의 숫자는 훨씬 더 줄어든다고 기록되어 있죠. '어거스틴'이라는 신학자는 마지막 날까지 이 세상에는 믿는 자들로 구성된 하나님의 도성과 믿지 않는 자들로 구성된 세상의 도성이 공존한다고 말하고 있어요. 따라서 한 곳에 있는 사람들을 100% 다 전도하고 난 후에 더 넓은 지역에 가서 선교하려고 생각한다면 우리는 영원히 선교할 수 없을 거예요. 우리는 국내전도도 열심히 해야 하고 국내전도 못지않게 해외선교도 열심히 해야 하죠. 기도하는 가운데 하나님의 뜻이 어디에 있는가를 살펴서 무엇이든지 열심히 해야 합니다.

그런데 우리 친구는 해외단기선교에 대해 조금 불편한 마음을 가지고 있는 것 같아요. 저 역시 그런 점을 걱정하고 있어요. 해외단기선교를 시작한 이유는 해외선교지에 훈련된 인력이 절대적으로 부족하기 때문이에요. 선교지에서는 여름성경학교를 비롯한 특별 수련회 등을 인도하고 싶어도 인력이 없어서 고생하는 경우가 대부분이니까요. 따라서 선교지에서는 단기간이라도 인력을 파송해 주기를 원해요. 찬양사역팀 등을 보내면 현지 선교사들이 고마워하고 힘을 얻지요. 또한, 한국의 성도들이나 청년들이 선교현장에 실제로 가서 보고 체험함으로써 선교의 비전을 갖게 되는 것도 매우 중요한 소득이에요.

이처럼 해외단기선교는 많은 좋은 점을 가지고 있지만, 한편으로는 문제가 있기도 합니다. 그래서 충분한 기도와 준비를 거쳐서 시행하지 않으면 해외단기선교는 선교사역에 해를 끼칠 수도 있어요.

해외선교를 제대로 하기 위해 어떤 준비를 해야 하는지 잠깐 생각해볼게요.

첫째로, 신학에 대한 충분한 교육이 있어야 하고, 성경에 대한 지식과 실력을 갖추어야 해요. 바른 신학훈련이 제대로 되어있지 않으면 이단적인 사상을 가르칠 수 있어요. 특별히 성경을 많이 암송하면 선교현장에서 수시로 복음을 자유롭게 전할 수 있어서 좋아요.

둘째로, 현지의 언어와 문화를 익히기 위한 고통스러운 과정을 거쳐야만 해요. 이 일은 적어도 몇 년 이상이 걸리는 힘든 작업이에요.

셋째로, 현지 적응을 위한 신체적 훈련이 있어야 해요. 아무리 선교하고 싶어도 몸이 따라주지 않으면 할 수가 없답니다.

넷째로, 실망과 좌절을 이겨낼 수 있는 마음의 준비를 단단히 해야만 해요. 대부분의 선교지에서는 결코 열매를 쉽게 거둘 수가 없으니까요. 수십 년 동안 사역을 해도 한 두 사람의 개종자를 얻기 힘든 곳도 있는데, 이런 실망스러운 상황을 이겨낼 수 있는 끈기와 담력이 필요해요.

다섯째로, 많은 박해와 심지어 순교까지 각오해야 할 때도 있어요.

현지에서 사역하는 선교사들은 이런 것을 준비하기 위해 아주 오랫동안 훈련받은 사람들이에요. 대학을 졸업하고 신학교에서 3년, 별도의 선교훈련학교에서 2년, 현지에서 언어와 현지 적응훈련 몇 년 등을 받고 나야 비로소 선교사로 활동할 수 있죠. 이런 훈련을 받아야 현지에 살면서 장기간 힘들고 외로운 사역을 감당해낼 수 있어요.

그런데 해외단기선교는 어떤가요? 해외단기선교 참가자는 신학 훈련이 제대로 된 사람들이 아니에요. 성경 실력도 제대로 갖추지 않고 참여하는 경우가 대부분이에요. 게다가 현지의 언어와 문화에 대해서도 많이 알지 못해요. 대부분 사람이 휴가 여행을 가는 가벼운 마음으로 해외선교사역에 참여하기도 해요. 한마디로 말해서 현지 선교사역을 할 수 있는 훈련이 매우 부족한 경우가 대부분이지요. 그래서 해외단기선교에 참여하는 기독교인들은 아주 겸손하고 조심스럽게 말하고 행동해야 해요. 그렇게 하지 않으면 목숨을 걸고 현지인들을 눈물로 섬기는 선교사들의 사역에 심각한 방해가 되고 현지 선교사들이 어렵게 쌓아 올려놓은 선교사들에 대한 좋은 인상에 흠집을 내어 궁극적으로는 선교의 문을 닫게 만들 수가 있어요.

또한, 해외선교사역에 참여하는 경우는 보통 경제적으로 넉넉한 가운데 프로그램이 진행되는 경우가 많아요. 그럴 경우, 짧은 기간 동안 풍요로운 모습이 현지인들과 현지 사역자들의 부러움을 사게 되면, 그들이 훌쩍 떠나 버린 뒤 갖춘 것 없이 사역하는 현지 선교사들의 마음이 이전보다 훨씬 더 어렵게 될 수도 있어요. 그러므로 해외단기선교를 추진할 때는 아주 겸손하게 소리 없이, 그리고 철저하게 현지 선교사와 현지 지도자들의 지도를 받아 가면서 이들이 원하고 요청하는 것을 채워주는 선을 넘어서지 않도록 주의하고, 특히 놀러 왔다가 선심을 쓰고 간다는 인상을 남기지 않도록 주의해야 해요.

헌금, 찬양, 주일

53

안식일을 잘 지키는 게
어떻게 하는 건가요?

안식일을 지키는 것이 구체적으로 어떤 건가요? 하나님께서는 성경에 "안식일을 거룩하게 지키라"라고 말씀하셨는데요. 어떤 사람은 돈을 쓰지 말라고 하고 어떤 사람은 놀거나 유흥의 시간을 보내지 말라고 하고, 또 자격증 시험이나 고시 같은 것도 주일에 많은데 그런 것도 안 된다고 하는데요. 안식일에는 예배만 드리고 무조건 아무것도 하면 안 되는 건가요? 안식일을 잘 지키는 것이 구체적으로 어떤 건지 궁금해요.

"안식일을 기억하여 거룩하게 지키라"라는 명령은 십계명의 네 번째 계명으로서, 모든 기독교인이 이 세상이 끝나는 날까지 유념하고 지켜야 할 계명이에요. 안식일 계명은 기록으로 남아있는 명령으로는 십계명 안에 처음 주어졌지만, 십계명이 주어지기 이전에 이미 하나님께서 '안식일을 지키라'라는 명령을 이스라엘 백성들에게 주셨던 것이 분명해요. 이스라엘 백성들은 십계명을 받기 전에도 안식일을 범하다가 하나님에게 혼난 일이 있기 때문이에요. 하나님께서는 이스라엘 백성들이 광야 생활을 할 때 만나를 주시면서 '6일 동안은 만나를 거두되, 7일째 되는 날은 안식일이니 거두지 말라'라고 하셨어요. 대신 6일째 되는 날은 다음 날 먹을 것까지 거두도록 하셨지요. 그러나 백성들은 하나님의 명령을 듣지 않고 7일째 되는 날에도 만나를 거두려고 하다가 하나님에게 혼이 났어요 출 16:26-28.

  이스라엘 백성은 안식일을 너무 잘 지키려다가 제대로 지키지 못하기도 했어요. 또 어떤 사람들은 욕심 때문에 안식일을 아예 지키지 못하기도 했고요.

  안식일을 너무 잘 지키려다가 오히려 제대로 못 지킨 사람들은 종교지도자인 바리새인들이었어요. 바리새인들은 안식일에 해서는 안 되는 일들을 아주 작은 것 하나까지 세밀하게 규칙을 만들어 지키곤 했어요. 안식일을 주신 진정한 의미는 생각하지 않고 일하지 말라는 말씀을 문자 그대로만 지키려다 '안식일 정신'을 잃어버리고 만 것이죠. 그러다 보니 웃지 못할 일까지 벌어졌어요. 예를 들면 안식일에는 이를 잡는 것은 허용되어도 벼룩을 잡는 것은 허용되지 않았는데요. 이는 스멀스멀 천천히 기어가기 때문에 몸을 움직이지 않고도 잡을 수 있지만, 벼룩은 톡톡 튀기 때문에 몸을 움직여야 잡을 수 있기 때문이래요. 바리새인들은 벼룩을 잡기 위해 몸을 움직이는 작은 것까지도 일이라고 해석한 거예요.

반면, 욕심 때문에 안식일을 잘 지키지 못한 사람들은 주로 장사하는 사람들이었어요. 이들은 장사해서 돈 버는 재미에 사로잡힌 나머지 제사에 참여하면서도 마음속으로는 빨리 안식일이 지나서 장사했으면 좋겠다는 생각으로 가득 차 있었어요암 8:5. 그러다가 아예 안식일에도 장사판을 벌여 놓고 장사를 하게 되었죠느 13:5 이하. 이는 하나님께서 우리가 세상의 기준들을 따르다가 하나님 자녀라는 정체성을 잃지 않도록 회복의 날을 구별하셨음에도 세상의 삶에 취해 분별력을 잃어버린 안타까운 경우라 할 수 있어요.

이제 안식일에 놀거나 유흥의 시간을 보내는 것에 대하여 생각해보기로 해요. 무엇보다 먼저 하나님께 예배를 드려야겠지요? 우리는 예배를 통해 영혼에 쉼을 줘야 해요. 이것이 가장 중요해요. 그런 다음에 몸도 쉬게 하는 '건전한 놀이'를 하는 것은 바람직해요. 가벼운 운동이나 게임을 한다든지, 교회의 친구들과 대화를 하거나 산책을 하거나 간단한 탁구 경기 같은 것을 하는 것은 좋다고 생각돼요. 할 수만 있으면 공부하지 않고 쉬는 것이 더 좋아요. 공부는 평일에 열심히 하고 적어도 안식일에는 편안한 마음으로 쉬도록 해요. 중독성이나 도박성이 있는 게임이나 놀이는 당연히 피해야겠지요?

다음으로 안식일에 돈을 쓰는 문제에 대해 생각해보기로 해요. 안식일에 돈을 쓰는 것이 문제가 되는 이유는 돈을 쓰는 것이 일반인들의 영업 활동을 도와주는 셈이 되기 때문이에요. 영업 활동은 돈을 벌기 위한 것이고, 안식일에 해서는 안 되는 일이거든요. 안식일에 돈을 써서 영업 활동을 도와준다는 것은 영업 활동을 '하는 것'과 별반 다르지 않아요.

그러면 주일에는 아예 돈을 써서는 안 되는 것일까요? 그렇지는 않아요. 인간의 생명을 살리기 위하여 긴급하게 필요한 행동은 돈을 쓰는 일을 포함하여 안식일에도 할 수 있어요. 예수님께서 한 영혼을 소중히 여기시고 영혼을 구원하는 일, 생명을 살리는 일을 먼저 하셨던 것처럼요 막 3:4. 따라서 생명을 살리기 위하여 긴급하게 필요하거나 혹은 불가피하게 하지 않을 수 없는 일이라면 안식일이라도 돈을 쓸 수 있어요. 그러나 할 수만 있으면 안식일에 돈을 쓰지 않도록 최선의 노력을 하세요. 안식일에 돈을 쓰지 않도록 안식일에 필요한 것들이 있으면 미리미리 준비해 두세요. 안식일에는 될 수 있으면 점심을 먹는 등 돈을 내고 음식을 사 먹지 않도록 노력해 보세요. 그러나 안식일에 교회에 가기 위하여 돈을 내고 지하철이나 버스 등을 타야 할 때는 돈을 쓰는 것이 불가피하다고 생각돼요.

마지막으로 안식일에 자격증 시험이나 고시를 치르는 경우에 대해서 생각해보기로 해요. 유감스럽게도 우리나라에서는 국가시험을 대부분 안식일에 치러야 해서 기독교인들에게 고민을 안겨 주고 있어요. 이때 기독교인들에게 안식일에 시험을 치니까 자격증 시험도 보지 말고 고시 시험도 보지 말라고 요구하는 것은 너무

가혹할 수 있어요. 이런 경우는 불가피하게 안식일이라 할지라도 시험을 치르지 않을 수 없을 거예요. 그러나 우리 친구가 '나는 이런 희생이 뒤따른다 해도 하나님의 계명을 지키겠다'라는 뚜렷한 신앙관을 가지고 국가시험을 보지 않아도 무척 잘하는 거예요. 우리 친구가 이런 어려운 결단을 한다면 하나님께서는 하나님만이 아시는 기적적인 방법으로 더 좋은 길을 열어 주실 것을 확신해요.

안식일에 어쩔 수 없이 시험을 친다고 할지라도 우리 친구가 한 가지 분명히 알아야 할 점이 있어요. 국가가 안식일에 시험을 치게 하는 것은 분명히 하나님의 계명을 어기는 행동이고 국가가 잘못하는 거예요. 따라서 기독교인들과 교회는 국가를 향하여 이런 행동이 잘못된 것이라는 점을 계속하여 지적하고 국가시험을 평일로 옮겨달라고 꾸준히 요구해야 해요. 만일 국가가 평일에 국가시험을 치를 수 있도록 법을 개정한다면 얼마나 많은 국민이 편안한 마음으로 안식일을 지킬 수 있겠어요? 그러니 국가에 안식일을 지키도록 요구하고 거기에 필요한 행동을 하는 노력이 필요한 거예요.

마지막으로 우리 친구는 안식일의 목적이 어디에 있는가를 항상 잊지 않고 기억해야 해요. 안식일 계명은 우리가 좋아하는 어떤 일을 하지 못하도록 억압하는 계명이 아니라 우리의 몸과 마음이 병들지 않고 좋아하는 일을 오래오래 계속할 수 있도록 하기 위한 하나님의 배려와 사랑이 담긴 고맙고 좋은 계명이라는 사실을 말이에요.

54

예배는 꼭
교회에서 드려야 하나요?

요즘에 교회마다 홈페이지에 설교 영상이 올라오고, 기독교 방송이나 유튜브에서 예배를 중계해주잖아요. 제 친구 중에는 교회 안 가고 그냥 집에서 그런 것들로 예배드려도 된다고 하는 친구가 있어요. 어차피 똑같은 예배인데 꼭 교회에 갈 필요가 있냐고요. 두세 사람이 모인 곳에 주님이 함께하신다는 말처럼 꼭 교회에 가지 않고 그렇게 모여서 방송으로 예배드려도 괜찮은가요?

우리 친구들은 어떤 음식을 즐겨 먹나요? 어떤 음식이 입맛에 맞나요? 딸 셋을 키워 본 아빠 자리에서 경험한 바로는 라면을 제일 맛있어할 것 같아요. 그다음에 떡볶이? 그다음에 햄버거, 피자, 치킨 정도가 될까요? 그런데 이 음식들의 공통점은 무엇일까요? 패스트푸드fastfood라는 것이지요. 우리 친구

7부 헌금, 찬양, 주일　　345

들은 패스트푸드가 가장 맛있고 인기 있는 음식이라고 생각하지만, 사실 패스트푸드는 집에서 요리한 음식을 먹을 수 없는 상황에서 대용식으로 어쩌다가 한 번씩 먹도록 마련된 비상식량이에요. 패스트의 영어단어 'fast'는 '빠른'이라는 뜻이고 'food'는 음식이니까 빨리 준비된 음식이지요. 비상식량의 특징은 어쩌다가 한두 번 먹어서 허기를 채우는 데는 도움이 되지만 절대로 날마다 먹어서는 안된다는 거예요. 패스트푸드를 자주 먹으면 비만, 당뇨, 심장병 등과 같은 각종 성인병에 걸릴 위험이 있어요. 패스트푸드와는 달리 집에서 만드는 음식은 만들기도 번거롭고 손이 많이 가고 산뜻한 맛도 없고 그저 담백하지만, 이 음식을 먹어야 건강이 유지되지요.

오늘날 인터넷이 발달하면서 하나님께 예배드릴 때도 이와 비슷한 일이 발생하고 있어요. 하나님께 드리는 예배에도 '인스턴트 워쉽instant worship'이 생긴 것이지요. 직접 모여서 드리는 예배가 가정에서 만든 음식이라면 인터넷상으로 드리는 예배는 일종의 패스트푸드와 같은 것이라고 할 수 있어요.

인터넷에 들어가기만 하면 설교를 재미있게 잘하시는 목사님의 설교를 얼마든지 들을 수 있게 되었어요. 주일마다 기독교방송국이나 각 교회에서 송출하는 동영상을 통해 전국적으로 유명한 목사님이 인도하시는 화상예배에 참석할 수도 있지요. 이제는 어느 곳에서나 원하기만 하면 언제든지 영상예배에 참여할 수가 있게 되었어요. 인터넷의 발달로 쉽고 다양하게 예배에 참여하고 말씀도 접할 수 있게 된 것은 분명히 좋은 점이 있어요. 사실 어느 곳이든지 두서너 명이 모여서 합심하여 예배드리는 곳이 바로 교회예요. 하나님에게는 숫자가 중요하지 않아요. 장소도 중요하지 않아요. 하나님을 향한 진정한 믿음과 사랑이 있는 자리라면 모두 하나님이 기뻐하시는 자리이고 교회이며 하나님의 나라예요. 그러나 이것은 어디까지나 어쩌다가 한 번씩 먹어야 할 비상식량인 패스트푸드와 같은 거예요.

여기서 잠깐 우리는 교회에 두 가지 형태가 있다는 사실을 알고 넘어가면 좋겠어요. 하나는 천상교회이고, 다른 하나는 지상교회예요. 천상교회는 사람들 눈에 보이지 않기 때문에 보이지 않는 교회라고도 해요. 천상교회는 창세 때부터 지금까지 하나님의 백성이 이 세상을 떠난 후에 영으로 들어가는 곳을 말해요. 천상교회는 창세 때부터 지금까지 죽어서 세상을 떠난 모든 신자가 모여 있을 뿐만 아니라 세상 종말의 날까지 세상에서 살다가 세상을 떠날 미래의 신자까지 모두 들어가는 곳이지요. 천상교회는 영원의 세계에 있는 교회로서 시간과 공간을 초월하며 장엄하기 이를 데 없는 우주적인 교회예요. 예수님을 구주로 고백한 성도들은 즉시 천상교회의 회원이 되는 거예요. 천상교회는 예수님이 재림하실 때 우리 눈에 완벽하게 모습이 드러날 거예요.

반면에 지상교회는 이 세상에 살아 있는 동안에 모여 예배드리는 신자들의 무리를 말해요. 즉 보이는 교회라고도 하는데, 이곳에서는 사람도 예배당 건물도 모두 눈에 보이기 때문이에요.

그러면 천상교회와 지상교회는 어떤 관계일까요? 우리 친구들이 이해하기 쉽게 말하면 천상교회가 어느 큰 회사의 본부라면 지상교회는 지부와도 같아요. 사람들은 지부인 지상교회를 보고 본부인 천상교회를 간접적으로 만날 수 있어요.

그런데 중요한 것은 천상교회는 언제나 변하지 않지만, 지상교회의 외형은 시대와 장소에 따라서 변한다는 거예요. 노아, 아브라함, 야곱이 살던 시대에는 이들의 가정이 곧 지상교회였어요. 모세 시대에 와서는 광야에 천막을 치고 모여 있는 사람들의 집단이 곧 지상교회였어요. 이 교회를 광야교회라고 하지요. 다윗 시대에 들어와서는 이스라엘 국가가 곧 지상교회였어요. 오늘날의 지상교회와 같은 형태의 교회가 등장하기 시작한 것은 오순절 성령강림 사건이 있은 뒤부터였어요. 오순절 성령강림으로 생긴 예루살렘 교회는 100만 명 정도가 모이는 아주 큰 교회로서 오늘날의 여의도 순복음교회보다 더 큰 교회였지요. 그러나 바울이 세운 많은 교회는 주로 가정교회부터 시작되었어요. 로마 황제의 박해가 심해질 때는 모두 지하동굴이나 카타콤에 들어가서 예배를 드렸는데, 이것도 훌륭한 지상교회예요. 중세시대에는 로마 카톨릭교회라는 큰 교회의 형태로 지상교회가 나타났어요. 그러다가 종교개혁 시대 이후에는 장로교, 루터교, 감리교, 성결교, 침례교, 오순절교 등과 같은 다양한 교파에 속한 교회들로 나타났어요.

20세기 후반부터 인터넷이 발달하면서 인터넷상으로 만나서 예배를 드리는 최첨단의 디지털교회도 등장했어요. 물론 디지털로 만난다고 하더라도 예수님을 구주로 영접하고 주님에 대한 진정한 믿음을 가지고 마음을 합하여 예배를 드린다면 이 모임도 교회라고 볼 수 있어요. 그러나 디지털예배는 어디까지나 패스트푸드와 같은 거예요. 성도들이 직접 모여서 예배드리는 것이 불가능할 때 차선의 예배방식으로 채택해야 하는 예배예요.

몸이 아파서 이동이 불편한 환자, 주일에도 근무해야 하는 소방대원들이나 응급실의 의사와 간호사, 육지로 나오기 어려운 외딴섬과 같은 곳에 사는 사람, 지역교회가 없는 곳에 사는 사람 등과 같은 특수한 경우에 디지털예배는 예배생활이나 신앙생활을 유지하는 데 크게 도움이 돼요. 그러나 조금만 신경 쓰고 정성을 쏟으면 언제든지 지역교회에 참석하여 예배드릴 수 있는데도 불구하고 게으름, 공부, 일을 핑계 삼아 집이나 직장에서 디지털예배를 드리는 것으로 지역교회 예배를 대신한다면 매우 잘못된 태도예요. 왜냐하면 디지털예배는 직접 모여서 드리는 예배에 비교하여 많은 단점이 있기 때문이에요.

말씀을 듣는 것만이 예배는 아니랍니다. 찬양도 예배의 중요한 일부죠. 집에서 혼자 디지털예배의 지시에 따라서 겨우겨우 따라 부르는 찬양과 직접 성도들과 한자리에서 목소리를 맞추고 화음을 맞추어서 부르는 찬양은 그 질, 감동, 은혜에 있어서 비교될 수 없어요. 진정한 예배에는 성도의 교제도 있어야 해요. 성도들과 대화도 나누고 악수도 하고 포옹도 하고 같이 교회 일도 의논하면서 교제해야 진정한 예배가 될 수 있어요. 이런 교제가 빠지면 예배의 의미는 많이 줄어들어요. 디지털예배를 통해서는 이런 교제를 할 수 없지요. 디지털로 예배드리는 것과 함께 모이고 만나서 예배드리는 것은 그 질에 있어서 아주 크게 차이가 나요.

우리 친구들은 아마 나름대로 좋아하는 가수들이 있을 거예요. 여러분이 정말로 좋아하는 가수가 라이브로 노래하는 무대에 직접 참여하여 노래를 듣는 것과 인터넷이나 TV로 노래를 듣는 것 중에서 어떤 것이 더 나을까요? 당연히 라이브 무대에 참여해서 듣는 것이 아마도 몇 배는 더 감동일 거예요. 일부 유명한 가수들이 인터넷이나 TV 상으로는 노래하지 않고 라이브 무대만 고집하는 이유도 라이브 무대에서의 감동이 인터넷이나 TV 상에서의 감동보다 월등히 뛰어나기 때문이에요. 우리가 정말로 하나님을 사랑한다면 하나님께 라이브 무대를 마련해 드려야 할까요? 아니면 디지털 무대를 마련해 드려야 할까요? 라이브 무대를 마련해 드리는 길이 전혀 불가능할 때 디지털이라도 정성껏 준비해야 하겠지만 라이브 무대가 가능한데도 게을러서 디지털로 슬그머니 대체해 버린다면 하나님은 그 예배를 받지 않으실 거예요.

예수님은 이렇게 말씀하셨어요. "네 마음을 다하고 목숨을 다하고 뜻을 다하여 주 너의 하나님을 사랑하라"마 22:37. 이 말씀은 우리가 하나님을 예배할 때도 당연히 적용되어야 해요. 우리가 하나님께 예배를 드릴 때는 우리가 가지고 있는 것 가운데 최고의 것, 우리가 준비할 수 있는 것 가운데 최선의 것을 드린다는 마음가짐을 잃지 말아야 해요. 직접 드리는 예배도 가능하고 디지털예배도 가능할 때 어떤 예배를 선택해야 할까요? 당연히 직접 드리는 예배를 선택해야 해요. 디지털은 설교나 성경강의나 은혜로운 간증 등 직접 드리는 예배를 보완하는 정도로 이용하는 것이 좋아요. 디지털예배는 패스트푸드인 반면, 직접 모여서 드리는 예배는 가정에서 만든 좋은 음식이라는 점을 잊어서는 안 돼요.

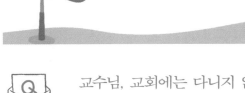

55

교회에 안 나가도
믿음만 있으면 괜찮나요?

 교수님, 교회에는 다니지 않으면서도 자신은 하나님을 믿는다는 사람이 있어요. 정말 교회에 나오지 않아도 하나님만 믿으면 구원을 받을 수 있는 건가요?

많은 사람이 고민하는 문제를 우리 친구가 질문해 주었군요. 이 질문에 대해서는 우선 두 가지로 답변할 수 있을 것 같아요.

첫째로, 구원은 오직 예수 그리스도께서 우리의 죄를 대신 지시고 십자가 위에서 죽으신 메시아이심을 믿을 때 주어지는 은혜의 선물이에요. 그 외에 다른 어떤 조건도 덧붙이면 안 되지요. 심지어 교회에 다니냐 다니지 않느냐도 조건으로 덧붙일 수 없어요. 예를 들어, 예수님이 십자가에 달리셨을 때 예수님 양편에서 같이 십자가에 달렸던 두 강도 이야기를 눅 23:39-43 한번 살펴볼까요? 한 강도는 십자가에 달리신 예수님을 보고 '만일 그리스도인 것이 확실하다면 예수님 자신과 자기를 구원해 보라'고 빈정댔어요. 다른 한 강도는 빈정대는 다른 강도를 꾸짖으면서 자기들은 죄인이지만 예수님은 죄가 없는 분임을 고백하고 이어서 "당신의 나라에 임하실 때에 나를 기억하소서"라고 말하여 구원을 요청했어요. 그러자 예수님은 아무런 조건도 달지 않고 바로 "오늘 네가 나와 함께 낙원에 있으리라"라고 말씀하심으로써 이 강도를 구원해 주셨지요. 이 강도는 한 번도 교회를 다녀 본 일도 없는 사람이었지만 예수님에 대한 신앙고백을 한 것 하나만으로 구원을 받았어요.

둘째로, 교회 밖에는 결코 구원이 있을 수 없어요.

이 말을 들으면 아마 우리 친구는 혼란에 빠질 거예요. 바로 앞에서는 교회도 구원의 조건이 아니라고 했는데, 지금은 또 반대로 이야기를 하니까요. 왜 이렇게 말하는 건지 설명해 드릴게요. 그 이유는 제가 첫 번째 말할 때 생각하는 교회와 두 번째 말할 때 생각하는 교회의 의미가 서로 다르기 때문이에요. 신학자들은 교회를 두 가지로 나누어서 생각한답니다. 하나는 '지상의 교회'이고, 또 하나는 '천상의 교회'이지요. 지상의 교회는 성도들이 이 세상에서 함께 모여 예배하는 공동체를 말해요. 이 교회는 서울이나 부산과 같은 일정한 지역에 있어서 '지역교회'라고도 부르고, 또 우리 눈에 보이는 살아 있는 사람들의 교회이기 때문에 '유형교회'라고도 해요. 지상의 교회는 두 명 이상의 사람이 모여서 정기적으로 예배를 드리는 모임을 가질 때 만들어질 수 있어요. 예수님이 마태복음 18장 20절에서 "두세 사람이 내 이름으로 모인 곳에는 나도 그들 중에 있느니라"라고 말씀하셨는데, 이 말씀은 지상교회가 성립될 수 있는 최소한의 조건을 밝힌 것이라고 볼 수 있어요.

그런데 지상교회의 특징은 불완전하다는 점이에요. 왜냐하면, 첫째로, 사람은 눈에 보이는 말이나 행동으로 다른 사람의 깊은 마음속까지 판단할 수 없기 때문이에요. 무슨 말이냐면, 지상교회는 주님을 믿는다고 고백하는 성도들로 구성되어 있는데, 실제로 그렇게 주님을 믿는다고 하면서도 속마음은 그렇지 않은 경우가 많다는 거예요. 따라서 지상교회에 다닌다고 해서 모든 사람이 구원받는 것은 아니에요. 지상교회 안에 신자와 불신자, 즉, 알곡과 가라지가 섞여 있지요.

지상교회가 불완전한 두 번째 이유는 구원받은 사람은 누구나 지상교회의 성도라고는 할 수 없기 때문이에요. 예를 들어 앞에 말한 강도가 그 좋은 예지요. 또 어떤 분은 평생 신앙생활을 하지 않다가 죽기 직전에 신앙을 고백하고 세상을 떠나는 경우도 있어요. 이 사람은 한 번도 지상교회에 다닌 적은 없지만, 예수님을 믿었다는 사실만으로 구원을 얻게 되는 것이죠. 이처럼 지상교회에 소속되어 있지 않았어도 구원을 받을 수는 있어요.

물론 대부분 경우는 지상교회에 소속되어 있는 성도들이 구원을 받는다고 볼 수 있지만 아주 예외적인 경우에는 지상교회에 소속되어 있어도 구원받지 못하는 경우가 있고, 지상교회에 소속되어 있지 않아도 구원받는 경우가 있어요. 따라서 지상교회에 소속되어 있느냐의 여부가 구원을 받고 천국에 가느냐의 여부를 결정하는 것은 아니에요.

지상교회와는 구별되는 다른 유형의 교회인 천상의 교회에 대해 알아볼까요?

'천상의 교회'란, 진실한 마음으로 예수님이 구주이심을 믿고 구원받은 자로 구성된 교회예요. 이 교회에는 현재 살아 있는 신자는 물론, 이미 죽어서 세상을 떠난 신자들도 소속되어 있어요. 미래에 예수님을 구주로 고백하는 모든 신자가 소속되는 하나의 장엄하고도 큰 우주적인 교회예요. 지상교회에 소속되어 있지만 진정한 믿음이 없어서 구원받지 못한 자들은 이 교회에는 포함되지 못하죠. 우리가 진실한 마음으로 예수님을 구주로 영접하면 자동으로 천상의 교회 회원이 되는 거예요. 지상교회에 소속되기 전에 벌써 이 교회에 소속이 되는 거랍니다. 십자가에 달렸던 강도도 "오늘 네가 나와 함께 낙원에 있으리라"라고 선언한 바로 그 순간 천상의 교회에 소속이 된 것이고, 평생 지상교회 생활을 하지 않다가 죽기 직전에 신앙을 고백한 사람도 신앙을 고백하는 바로 그 순간에 이 교회의 구성원이 되는 거예요. 그래서 이 천상의 교회 외에는 구원이 없다고 말하는 거예요.

그러면 이미 천상의 교회에 소속되어 있고 구원도 받은 사람이 왜 지상교회에 나가야 하는지 궁금하시죠? 지상교회에 출석하여 교회생활을 하라는 말은 혼자 머물러 있지 말고 동료 성도들과 어울리며 공동생활을 하라는 뜻이에요.

이때, 분명히 해야 할 것은 지상교회 안에서 공동생활을 하는 것은 구원을 받기 위해서가 아니라는 점이에요. 하나님은 구원받은 백성들에게 혼자 있지 말고 함께 모여서 하나님께 예배드리며 공동생활을 하라고 명령하셨어요. 히브리서 10장 25절을 보면, "모이기를 폐하는 어떤 사람들의 습관과 같이 하지 말고 오직 권하여 그 날이 가까움을 볼수록 더욱 그리하자"라고 했죠.

하나님이 성도들에게 공동생활을 하라고 명령하신 이유는 공동체 생활이 아니면 하나님이 원하시는 삶을 살 수가 없기 때문이에요. 하나님이 원하시는 삶이란, 하나님을 사랑하고 이웃을 사랑하는 거예요. 예수님은 "네 마음을 다하고 목숨을 다하고 뜻을 다하여 주 너의 하나님을 사랑하라"마 22:37, 그리고 "네 이웃을 네 자신 같이 사랑하라"마 22:39라고 명령하셨어요. 이것이 주님께서 우리에게 원하시는 삶의 모습이에요. 이 삶을 신앙의 공동체 없이 나 혼자 경건하게 살아서 이룰 수 있을까요? 그것은 불가능해요. 이웃을 사랑하려면 이웃과 관계를 맺어야 하니까요.

성도들은 자신만을 생각하는 자기중심적인 삶이 아니라 자기를 희생하면서 항상 다른 사람들을 향하여 나아가는 삶, 다른 사람들을 섬기는 삶을 살아야 해요. 그것은 구원받기 위해서가 아니라 구원받은 백성답게 살아가기 위해서 꼭 필요한 것이랍니다. 사도행전 2:42-47에 보면 "그들이 사도의 가르침을 받아 서로 교제하고 떡을 떼며 오로지 기도하기를 힘쓰니라 사람마다 두려워하는데 사도들로 말미암아 기사와 표적이 많이 나타나니 믿는 사람이 다 함께 있어 모든 물건을 서로 통용하고 또 재산과 소유를 팔아 각 사람의 필요를 따라 나눠주며 날마다 마음을 같이 하여 성전에 모이기를 힘쓰고 집에서 떡을 떼며 기쁨과 순전한 마음으로 음식을 먹고 하나님을 찬미하며 또 온 백성에게 칭송을 받으니 주께서 구원받는 사람을 날마다 더하게 하시니라"라는 말씀이 있죠. 이런 교제와 섬김, 예배가 있을 때 그런 모습을 통해 구원받는 사람의 수가 더욱 늘어나게 되는 것, 그것이 바로 지상교회에 있어야 할 모습이고, 우리가 교회에서 신앙생활을 해야 하는 이유입니다.

56

설교시간만 되면
잠이 와요

Q 저는 이상하게 찬양시간에는 뜨겁게 찬양하다가도 설교만 시작되면 잠이 와요. 그런데, 목사님께서 동영상이나 그림 같은 시청각 자료를 가지고 설교하실 때는 또 멀쩡하게 깨어 있죠. 졸고 있는 저 자신이 너무 싫어서 깨어 있으려고 하는데도 잘되지 않는데, 도대체 제가 왜 이런 걸까요?

A 네, 드디어 올 것이 왔군요. '잠,' '졸림'이 마침내 화두로 등장했네요. 잠 이야기를 하려니 저도 마음에 찔리는 바가 있어서 제가 과연 이 주제로 가르침을 줄 수 있을지 자신이 없어지네요. 저도 주체할 수 없는 잠과 졸림 때문에 많이 힘들어하는 사람 중 하나거든요. 저 역시 신학대학원에서 가르치는 교수임에도 불구하고 다른 목사님들이 설교할 때 종종 조는 때가 있어요. 심지어는 박사학위 받기 위해 공부할 때는 책상에 한 시간 정

도 앉아있으면 대개 절반은 졸았답니다. 군대에서 보초 서는 중에 졸다가 걸려서 기합받은 일도 있고, 졸다가 지하철 정거장을 놓쳐버린 일은 헤아릴 수도 없이 많고, 졸다가 앞차를 들이받아 사고를 낸 일도 있어요. 이렇게 많이 조는 사람이 졸지 말라고 글을 쓰려니 양심이 많이 찔리네요. 저도 회개하고 반성하는 마음으로, 나 자신을 향하여 훈계하는 마음으로 글을 쓸게요.

우선, 우리가 먼저 기억해야 할 것이 있어요. '잠'은 하나님이 주신 선한 선물로서 우리의 생활 속에 없어서는 안 될 필수적인 요소라는 거예요. 인간은 보통 평생의 1/3은 잠으로 보낸다고 해요. 잠을 통해 누적된 피로를 풀어줘야 계속 활동할 수 있죠. 사람은 적절하게 잠을 자지 않으면 살 수 없어요. 그런데 잠은 단지 피로를 풀어주는 역할만을 하는 게 아니에요. 잠을 자는 동안 우리는 꿈을 꾸는데, 때로는 악몽을 꾸고 힘들어할 때도 있지만 많은 경우 현실 속에서 경험할 수 없는 달콤하고 아름다운 세계를 경험하기도 하지요. 심지어 하나님은 꿈을 통해 당신의 뜻을 보여주기도 하세요.

그 대표적인 예가 요셉이에요. 요셉은 잠자는 동안 자신의 미래를 예언한 꿈을 꾸었고, 다른 사람의 미래에 대한 꿈을 꾸기도 했죠. 그리고 꿈을 통해 애굽 총리의 자리에까지 오르게 될 것을 알았어요. 그러므로 잠을 잘 자는 것은 하나님의 크신 은혜예요. "여호와께서 그의 사랑하시는 자에게는 잠을 주시는도다"시 127:2라는 성경의 말씀도 있듯이 말이에요.

중요한 것은 하나님이 주신 귀한 선물은 바르게 사용되어야 한다는 거예요. 타락한 인간은 하나님이 주신 귀한 선물을 잘못 사용하는 때가 아주 많아요. 꼭 자야 할 때 곤하고 달게 자는 잠은 좋겠지만 반대로 자지 말아야 할 때 잠에 빠져든다면 잠은 우리에게 심각한 해를 끼치게 되지요. 우리 친구가 고백하는 것처럼, 그리고 저도 종종 그러는 것처럼 하나님의 말씀이 선포되는 시간에 잠에 빠져든다면 그건 잘못된 것이 분명해요.

친구의 말을 들어보니 우리 친구는 정신 차리고 설교를 들으려고 애를 쓰고 있군요. 그런데 본인의 의지와는 상관없이 설교시간에는 잠이 쏟아지지만, 감정을 담아서 찬양하고 시청각 자료를 보는 시간에는 정신이 또렷또렷하게 깨어 있고요.

그렇다면, 아마도 우리 친구는 감각적이고 감성적인 면이 많이 발달해 있는 반면에 이성적으로 차분하게 따지고 생각하는 면이 조금 부족한 것 같군요. 그래요. 아마도 우리 친구가 아직 어리기 때문에 이런 현상이 나타나는 것 같아요.

이런 조언을 해주고 싶어요. 친구가 지금까지 감성적이고 감각적인 면에 많이 치중하는 신앙생활을 해 왔다면 이제부터는 이성적인 면을 좀 더 강화하는 방향으로 노력해 보라는 것이지요. 이런 노력은 신앙이 성장하기 위해서는 꼭 거쳐야 할 과정이에요. 하나님을 좀 더 성숙하게 섬기려면 찬양하는 시간과 시청각교재가 등장할 때만 정신이 말똥말똥해지는 단계를 넘어서서 설교를 들을 때도 초롱초롱한 정신으로 들을 수 있는 단계에 들어서야 하기 때문이에요. 시청각교재나 찬양으로 하나님을 섬기는 데는 한계가 있으니까요.

왜냐구요? 먼저 '시청각교재'의 경우를 생각해볼게요. 많은 시청각교재 가운데 가장 탁월한 것은 텔레비전일 거예요. 그런데 사람들은 텔레비전을 '바보상자'라고 해요. 텔레비전을 보는 사람을 마치 바보처럼 만들어버린다는 거죠. 이건 다른 시청각교재에도 똑같이 적용되는 말이기도 해요. 왜 바보가 된다고 하는 걸까요?

첫째로, 텔레비전이나 시청각교재는 모든 장면을 그림으로 보여주기 때문에 사람들이 상상할 필요가 없어요. 하지만 라디오를 들을 때나 강의를 들을 때는 실제 장면이 어떤 것인가를 상상해 보게 되지요. 더 나아가 소리조차도 안 들리는 책을 읽으면 소리까지도 상상하게 되지요.

둘째로, 텔레비전이나 시청각교재는 실제로 일어나는 현실 전부를 결코 보여줄 수 없어요. 현실의 극히 일부분만을 보여줄 뿐이에요. 그러므로 그런 것들에 익숙한 사람은 자칫하면 현실의 극히 일부분을 전부인 것처럼 오해할 위험이 있어요. 사람이 살아가는 환경이나 상황은 아주 복잡하고 다양한데 그것의 일부분 밖에 보여줄 수 없는 텔레비전이나 시청각교재를 보다 보면, 단지 보는 장면들이 사실이고 전부라고 생각하기 쉬워요. 그러므로 신앙이 제대로 자라려면 설교를 주의 깊게 듣는 일에 익숙해지고 그것이 재미있어져야 해요.

다음으로 '찬양'에 대하여 생각해볼게요. 아무래도 찬양은 감정에 의지하게 되기 쉬워요. 그러나 우리가 하나님을 믿는 것은 다만 감정의 문제만이 아니에요. 하나님을 찬양할 때는 감정과 이성과 의지 모두가 필요한 것이죠. 감정으로 하나님을 뜨겁게 사랑하는 마음이 생겼다면, 그 안에 이성과 의지가 뒷받침돼야 해요. 순간적인 감정으로 찬양하다 보면 곧 무너지고 말죠. 좋을 때도 좋지 않을 때도 찬양할 수 있도록 이성과 의지가 모두 조화롭게 되어야 해요. 감정이 고조되어 맑은 정신으로 찬양하는 것도 중요하지만, 설교를 듣는 시간에도 말짱한 정신으로 설교에 귀 기울일 수 있도록 이성과 의지를 잘 조절해야 해요.

물론, 설교시간에 졸음이 오는 이유가 설교가 너무나 재미없기 때문일 수도 있어요. 이때는 설교자에게도 책임이 있어요. 그러나 그럴 때도 졸지 않고 하나님께서 주시는 말씀을 집중해서 들을 수 있는 데까지 성장해야 해요. 그렇게 되도록 하나님께 간절한 마음으로 기도하고 최선의 노력을 기울여야 하죠.

나의 마음에 드는 설교이든 아니든 그 말씀은 하나님께서 나에게 주시는 말씀이에요. 재미없고 시시해 보이는 설교라고 생각하며 설교시간에 조는 일이 반복되면 그것이 습관이 되어서 나중에는 설교시간만 되면 자동으로 잠에 빠져들 수 있어요. 하나님의 자녀들은 이런 졸음중독에 빠져서는 안 돼요.

잠 또는 졸음이라는 단어를 생각하면 떠오르는 인물이 한사람 있어요. 누구일까요? 바로 베드로예요. 베드로는 거듭나기 전에 잠을 자서는 안 될 상황에도 꾸벅꾸벅 습관적으로 졸았어요. 겟세마네 동산에서 예수님이 밤새워 기도하실 때 잠에 곯아떨어져 있었던 거죠. 그러나 거듭난 이후의 베드로는 어렵고 힘든 순간에도 살아계신 하나님을 믿고 편안한 마음으로 잠을 잘 수 있는 사람으로 바뀌었답니다. 때와 장소를 가리지 않고 잠에 빠져들던 사람이 잠이 필요할 때 잠을 자는 사람으로 바뀐 거예요.

우리 친구들은 하나님의 말씀이 선포되는 설교시간에 꾸벅꾸벅 졸면서 예배드리는 나쁜 습관에 빠져들지 않기를 바랍니다.

57

예배 때 헌금을
꼭 해야 하나요?

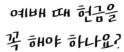

예배 시간 중에 헌금을 내는 순서가 있잖아요. 이 헌금은 매주 꼭 내야 하는 건가요? 그리고 그 헌금들은 어떤 용도로 쓰이나요?

우리 친구는 그리스도인의 삶을 무엇이라고 생각하나요? 그리스도인의 삶은 바울이 말하는 것처럼 '범사에 감사하는 삶'살전 5:18이라고 할 수 있어요. 그런데 특별히 무엇에 감사해야 할까요? 무엇보다 감사한 것은 지옥의 길로 걸어가는 우리를 위해 예수님께서 몸소 세상에 오셔서 죄를 대신 짊어지시고 십자가에서 죽으셨다는 것, 그리고 그 예수님을 믿음으로 영접하면 아무런 조건 없이 하나님의 자녀가 될 수 있게 해 주셨다는 것이에요. 그뿐만 아니라, 지금도 하나님의 자녀들이 이 세상을 사는 동안 예수님의 인도하심 안에서 살아가도록 성도들과 함께 하신다는 점이지요. 우리 친구가 먹고, 자고, 공부하는 모든 순간에 말이에요. 필요한 것이 있다면 공급해 주시고, 믿음 안에서 잘 자라갈 수 있도록 가르치고 인도하시면서요. 우리가 범사에 그분께 감사해야 하는 이유가 무엇인지 잘 이해가 되지요? 하나님께 큰 은혜를 받은 사람들은 당연히 받은 은혜에 감사한 마음을 갖게 되고, 또 그 마음을 자연스럽게 표현하게 되어있어요. 단순한 예이지만, 아이돌 가수를 좋아하는 팬들이 가수의 정보를 모두 모으고, 공연장에 찾아가서 환호하고, 심지어는 관련된 용품들을 비싼 값에 구입하고, 팬들끼리 돈을 모아서 선물을 사는 등의 활동을 하는 것처럼 말이에요.

하나님께서는 우리를 구원하실 때 마음만으로 사랑하지 않으셨어요. 마음뿐만 아니라 몸과 행동으로도 우리를 사랑하셨지요. 독생자 예수님을 보내셔서 십자가 위에서 죽게 하시면서까지요. 그렇다면, 우리가 이런 하나님께 감사를 표현하는 방법에는 어떤 것들이 있을까요?

하나님에 대한 감사의 마음을 외적인 행동으로 표현하는 방법 중 대표적인 것이 바로 '예배'예요. 예배는 설교, 기도, 찬양, 헌금이라는 네 가지 요소로 구성되는데 이 네 가지 요소 중 설교는 하나님으로부터 은혜를 받는 시간이지만, 나머지 기도와 찬양과 헌금은 하나님께 우리 마음속에 있는 감사를 표현하는 시간이에요. 혹시, 기도와 찬양은 이해가 되는데, 헌금은 왜 꼭 해야 하는지 의문이 생기나요? 마태복음 6장 21절에 이런 말씀이 있어요. "네 보물 있는 그곳에는 네 마음도 있느니라." 즉, 사람들은 나에게 손해가 되지 않는 범위 내에서는 마음 없이도 얼마든지 희생하고 섬길 수 있어요. 하지만 누구나 '돈' 앞에서는 인색해지게 마련이죠. 그래서 헌금을 통해 하나님께 마음을 표현하는 것은 내 마음이 세상의 그 어떤 것보다도 하나님께 우선순위가 있다는 것을 고백하는 것이라 할 수 있어요.

하나님에 대한 감사의 표현이 우리가 헌금을 드리는 가장 중요한 이유이지만 이외에도 우리 친구들이 헌금하는 중요한 이유가 세 가지 정도 있어요.

첫째는 헌금을 함으로써 우리가 가진 모든 것이 다 하나님의 것임을 확인할 수 있기 때문이에요. 시편 24편 1절에 보면 "땅과 거기에 충만한 것과 세계와 그 가운데에 사는 자들은 다 여호와의 것이로다"라는 말씀이 있어요. 이 말씀에 비추어 볼 때 나에게 들어온 모든 수입이 사실은 다 하나님의 것이에요. 헌금으로 드리는 것만이 하나님의 것이 아니라는 거죠. 그러면 왜 나의 수입 가운데 일부분만 떼어서 하나님께 드리는 것일까요? 우리는 돈을 쓰는 일에 집중하다 보면 그 돈이 어디에서 온 것인지 잊어버리는 경우가 많아요. 우리 자신도 모르게 내 수중에 있으니까 내 것이고, 내 것이니까 내가 마음대로 써도 된다고 생각하게 되는 거예요. 이때 수입에서 일정액을 헌금으로 떼며 이런 생각을 할 수 있어요.

'아 참, 이 돈은 다 하나님이 주신 거라는 걸 깜박하고 있었네. 이 돈은 다 하나님의 것인데 나에게 쓰도록 허락해 주신 거야! 그러니까 헌금을 드리고 남은 돈도 하나님의 뜻에 맞게 써야겠구나!'라고요. 맞아요. 바로 이 생각을 하기 위하여 헌금을 드리는 거예요. 헌금 활동을 통해 나의 수입이 전부 하나님의 것이고, 나아가서는 나의 삶 전체가 하나님을 위해서 사는 삶이 되어야 한다는 사실을 확인하게 되는 것이죠.

둘째로 헌금은 우리 친구들이 마음속에 품고 있는 욕심을 절제하고 깨끗한 마음을 갖도록 하는 훈련으로서 유익해요. 우리가 이 세상에서 살아갈 때 반드시 돈이 필요해요. 그러나 사람들의 마음속에는 욕심이 있어서 아무리 가져도 만족하지 못하죠. 돈은 우리의 생활에서 매우 유익한 것이지만 일단 돈에 집착하기 시작하면 우리의 영혼이 병들기 시작하고 온갖 나쁜 마음을 갖게 돼요. 그래서 돈에 집착하는 마음을 다스리는 훈련을 반드시 해야 해요. 이런 훈련들 가운데 하나가 바로 헌금이에요. 나의 수입 가운데 일부를 딱 떼어내면서 동시에 돈에 집착하는 마음도 떼어내 버리는 훈련을 하는 것이지요. 이런 훈련을 꾸준히 하다 보면 틀림없이 물질에 관한 바른 기준과 가치관을 갖는 데 도움이 될 거예요.

마지막으로 헌금은 이웃에 대한 사랑의 표현이기도 해요. 이것은 헌금을 드리는 이유이기도 하지만 헌금의 용도하고도 관련이 돼요. 교회는 성도들이 모인 공동체예요. 공동체가 유지되기 위해서는 돈이 필요하지요. 특히 목사님, 전도사님과 같은 교회를 섬기는 전임 교역자들은 따로 생업을 위한 활동을 하지 못하고 교회와 성도들을 위해 시간을 모두 사용하므로 이분들의 생활비는 교회가 감당해야 해요. 그것은 성도들의 헌금을 통해 재정이 잘 갖춰지지 않고서는 불가능한 일이죠. 이 외에도 예배당을 유지하거나 예배를 비롯해 많은 교회 활동을 할 때, 선교사를 파송하거나 선교활동을 지원할 때, 경제적으로 가난한 사람들을 구제할 때 등 이 모든 일을 감당하기 위해서는 재정이 필요하답니다. 따라서 교회에 소속되어 있는 성도들은 기도하는 가운데 자신들의 경제적 형편이 허락하는 한에서 헌금을 통하여 이처럼 중요한 하나님 나라의 일들을 지원할 의무가 있어요.

그렇다면 헌금을 할 때 얼마만큼 드리는 것이 좋을까요? 구약시대에 헌금을 드리는 표준적인 방법은 바로 '십일조'였어요. 십일조는 내가 벌어들인 수입 가운데 십 분의 일을 떼어서 하나님께 드리는 것이지요. 물론, 예수 그리스도께서 오셔서 율법을 완성하셨기 때문에 신약시대에 와서는 더는 율법에 얽매이지 않고 자원하는 마음으로 헌금하도록 했어요. 고후 8:2. 주님은 헌금을 드리는 행위를 통해 사람의 마음을 보시는 것이지, 액수를 보시는 게 아니니까요. 아주 적은 금액이라도 기도하는 가운데 정성스럽게 떼어서 드리는 훈련을 한다면 하나님이 반드시 놀라운 방법으로 축복해 주세요 말 3:10. 하지만 아무래도 헌금을 드리는 액수에 어떤 기준이 있으면 헌금 생활에 도움이 되겠지요? 그런 점에서 십일조는 훌륭한 기준이 될 수 있어요. 저는 우리 친구에게 십일조를 기준으로 헌금생활 할 것을 권하고 싶어요. 우리 친구의 수입은 아마도 부모님으로부터 받은 용돈이 대부분일 거예요. 이 용돈의 십일조를 떼어서 헌금으로 드리는 훈련을 지금부터 시작한다면 아주 훌륭한 헌금생활을 할 수 있을 거예요.

이제 정리해 볼게요. 우리가 헌금하는 목적은 하나님께서 우리에게 베푸신 엄청난 은혜에 감사를 표현하는 한 방법이에요. 그뿐만 아니라 헌금을 통해 우리는 우리가 가진 모든 것이 하나님의 것이고, 하나님의 뜻대로 사용해야 한다는 교훈을 얻을 수 있으며, 물질에 집착하는 마음을 절제하는 훈련을 할 수 있고, 우리가 속한 교회와 세상의 어려운 이웃들에 대한 사랑을 구체적으로 실천할 수 있어요. 그러므로 십일조 정도를 기준으로 두고 자원하는 마음으로 정성을 다하여 하나님께 헌금 드리는 훈련을 청소년 시기부터 할 수 있게 되기를 바랄게요.

58

손들고 찬양하는 것을
어떻게 봐야 하나요?

예배 때 목사님이 손들고 찬양하라고 하면 너무 부담스러워요. 제가 손들고 찬양하고 싶을 때는 그렇게 하는 게 괜찮은데, 아무런 느낌도 없는데 손을 들고 찬양하라고 하면 가식적으로 할 수밖에 없잖아요. 또, 다른 사람이 손들고 찬양하는 모습을 보면 가끔 웃기기도 해요. 그래서 요즘 개그 프로에서 그런 걸 우습게 패러디하던데, 저는 그런 걸 볼 때마다 기독교가 광신도 같아서 창피해요. 제가 잘못된 건가요?

손을 들고 찬양하는 것을 좋아하는 친구들도 있지만 싫어하는 친구들도 있어요. 젊은이들은 대체로 손들고 찬양하는 것을 다양한 예배 형식들 가운데 하나로 받아들이지만, 나이가 드신 신자들은 예배 분위기를 산만하게 한다는 이유로 반대하는 경우가 많아요. 저도 손을 들지 않고 조용히 찬양하는 것을 좋아해요. 그런데 때로는 손을 들고 찬양을 할 만큼 하나님을 향한 믿음과 사랑을 적극적으로 표현하는 성도들이 부러울 때도 있어요.

바울이 이 문제를 다룰 때 도움이 되는 방법을 로마서 14장과 15장에서 알려주고 있어요. 우리 친구들에게는 조금 어려운 방법 이지만 이 방법을 잘 익혀 놓으면 이 문제뿐만 아니라 신앙생활을 하는 중에 만나는 어려운 문제들을 해결하는 데 상당히 도움이 돼요.

바울은 로마서에서 성도들 사이에서 일어날 수 있는 두 가지 갈등을 소개하고 있어요. 하나는 고기를 먹는 문제였고, 다른 하나는 날을 지키는 문제였어요. 두 가지 문제 중에서 한 가지만 검토해 보아도 바울이 어떤 방법을 사용했는지 알 수 있어요. 여기서는 고기를 먹는 문제를 살펴보기로 해요.

당시에 시장에 나오는 고기는 모두 이방신에게 제물로 드렸다가 나온 것들이었어요. 교회에서 다 같이 모여서 식사하는 자리에 이 고기가 음식물로 나왔어요. 고기가 나오자 성도들의 반응이 두 가지로 갈라졌어요. 한 그룹은 고기를 먹어서는 안 된다고 주장했고, 다른 한 그룹은 고기를 먹어도 된다고 생각했어요. 이 일을 두고 교인들 사이에 갈등이 일어났어요.

바울은 이 소식을 듣고 다음과 같은 방법으로 해결했어요. 먼저 바울은 이 문제는 어느 한쪽이 절대적으로 옳고 어느 한쪽이 절대적으로 틀렸다고 판단할 문제는 아니라고 생각했어요. 바울은 양

쪽이 다 일리가 있다고 보았어요. 고기를 먹지 말아야 한다고 생
각하는 성도들은 고기를 먹는 행위를 이방신 숭배에 참여하는 것
으로 생각했어요. 이들은 어떤 형태로든 이방신 숭배와 관련된 것
은 피하고 싶어 했어요. 고기를 먹을 때마다 이방신의 모습이 마
음속에 떠오르는 것이 견디기 어려웠던 거예요. 이들은 마음이 여
리고 약했어요. 바울은 마음이 조금이라도 더럽혀지는 것을 염려
했던 이들의 생각이 일리가 있다고 보고 다른 그룹의 성도들에게
이들이 걱정하는 태도를 무시하지 말고 ·인정해 주고 따뜻한 마음
으로 감싸라고 권고했어요.

한편 고기를 먹어도 좋다고 생각한 성도들은 비록 이방신에게
드려졌던 고기라 할지라도 고기는 하나님이 만드신 것이기에 이방
신을 숭배하지 않고 하나님께 감사한 마음으로 먹으면 문제가 될
것이 없다고 생각했어요. 이들은 마음이 강한 사람들이었어요. 이
들은 이방신에게 바쳐졌던 고기를 먹으면서도 이방신을 생각하지
않고 고기를 주신 하나님께 감사할 만큼 강한 마음을 가지고 있었
어요. 바울은 이들의 말도 일리가 있다고 생각했어요.

바울은 겉으로 나타나는 행동만 보지 말고 행동을 하게 된 마
음의 동기를 보라고 권고했어요. 양쪽이 다 하나님을 잘 섬기려는
마음을 가지고 행동을 한 게 아니겠어요? 그러니까 마음이 강한
성도들은 마음이 여리고 약한 성도들을 따뜻한 마음으로 감싸주
고, 마음이 약한 성도들은 마음이 강한 성도들을 존중해 줌으로
써 교회의 평화를 이루라고 권고했어요.

손을 들고 찬양하는 것이 옳은가, 아니면 손을 들지 않고 찬양하는 것이 옳은가 하는 문제도 이런 방법으로 해결하면 좋을 것 같아요. 어떤 방법으로 찬양하느냐 하는 문제는 어느 한 편이 절대적으로 옳고 다른 편이 절대적으로 틀렸다고 판단할 문제는 아니에요. 하나님께 찬양해야 하느냐, 하지 말아야 하느냐 하는 문제는 한편이 옳으면 다른 한편은 틀리는 문제지요? 찬양은 반드시 해야 하기에 절대적으로 옳은 것이지만, 찬양하지 않는 것은 절대적으로 틀린 거예요. 그러나 손을 들고 찬양해야 하느냐, 손을 들지 않고 찬양해야 하느냐 하는 문제는 양쪽이 다 찬양하는 것을 전제하고 있기에 어느 한쪽만이 절대적으로 옳고 다른 한쪽은 절대적으로 틀렸다고 판단할 수 없어요. 이 경우는 양쪽이 어떤 생각으로 그렇게 판단하는가를 잘 따져보는 것이 중요해요.

그러면 손을 들지 않고 찬양하는 것을 좋아하는 성도들은 어떤 이유로 그럴까요? 마음으로 충분한 준비가 되어있는 상태에서 손을 든다면 좋겠지만, 마음 준비가 되어있지 않을 때 손을 들라고 강요하는 것은 찬양하는 자를 위선자로 만들 수 있어요. 게다가 손을 조금 오래 들고 있으면 팔이 무척 아파요. 팔이 아프면 예배나 찬양에 집중하는 데 방해가 돼요. 어떤 성도는 손을 들고 찬양하면 마음이 산만해져서 찬양하는 내용에 집중하기가 어렵다고 호소하기도 해요. 이런 성향이 있는 성도들에게 손들고 찬양하도록 요구하는 것은 잘못이에요.

스코틀랜드의 어느 장로교단에서는 찬양할 때 몸을 움직이는 것을 금지하는 것은 물론이고 심지어 악기 연주도 금지해요. 악기 연주 없이 찬송가를 부르면 밋밋할 것 같은데 그렇지 않다고 해요. 오히려 좋은 점이 많다고 해요. 악기를 쓰면 악기 소리에 사람 소리가 묻히고 가사의 내용에 집중하기가 어려울 수 있어요. 특히 요즈음 교회마다 있는 경배와 찬양의 시간에 볼 수 있는 것처럼 금속음이 귓가를 쩌렁쩌렁 울리는 분위기에서 찬양하면 가사를 음미하는 것이 힘들어요. 악기를 전혀 사용하지 않고 찬양하는 데 익숙해지면 가사를 충분히 음미하면서 찬양할 수 있고, 또 내가 목소리를 힘껏 내서 찬양하게 되지요. 사실 모든 소리 가운데 가장 아름다운 소리가 사람의 목소리이기에 사람의 목소리를 듣는 데 익숙해지면 아주 좋다고 해요.

이제 손을 들고 찬양하는 경우에 대해서 생각해볼까요? 사랑의 대강령을 보면 "몸과 마음과 힘을 다하여 하나님을 사랑하라"라고 되어있어요. 찬양은 하나님을 향한 사랑의 표현이므로 몸과 마음과 힘을 다해서 찬양해야겠지요? 찬양할 때 할 수만 있으면 우리 마음을 적극적으로 표현하는 것이 좋아요. 손을 드는 것이 찬양자의 마음을 더욱더 적극적으로 표현하는 것이라면 손을 드는 것도 나쁘지 않다고 봐요. 때로는 춤을 추면서 찬양할 수도 있어요. 다윗은 블레셋 사람들에게 빼앗겼던 하나님의 법궤를 되찾아 오면서 너무나 기쁜 나머지 막 뛰고 춤을 추면서 찬양했어요. 이때 다윗은 몸 아랫부분이 드러나는 것도 몰랐어요. 이 광경을 보고 다윗의 아내인 미갈이 민망해서 다윗을 나무랐어요. 왕으로서의 체통을 지키지 못하고 방정을 떨면서 찬양했다는 것이지요. 그러나 하나님은 미갈이 다윗을 책망하는 것을 기뻐하지 않으셨어요 삼하 6:23.

그래요. 우리 친구는 손들고 찬양하는 것이 기독교의 찬양을 광신적인 찬양으로 바꾸어 놓는 것을 걱정하는 것 같아요. 그러나 다른 방향으로도 생각해 볼 수 있어요. 하찮은 이방신도 그렇게 열렬한 태도로 찬양한다면 참된 신이신 전능하신 하나님을 찬양할 때는 이보다 훨씬 더 적극적인 태도로 찬양해야 하지 않을까요?

선천적으로 리듬 감각이 뛰어나고 춤추는 것이 몸에 배어 있는 흑인들은 찬양할 때 그냥 밋밋하게 서거나 앉아서 찬양하지 않고 끊임없이 춤추면서 찬양해야 제대로 찬양할 수 있다고 해요. 저도 찬양시간에 몸을 흔들면서 춤추는 것이나 전자악기를 동원하여 찬양하는 것에 대해서 거부감을 느껴요. 그렇지만 현대의 우리나라 젊은 세대가 전자악기에 익숙해 있어서 전자악기 반주로 부르는 찬양을 듣고 눈물을 흘리면서 감격하는 모습을 보고, 또 아시아권의 춤 문화를 선도할 만큼 한국 젊은이의 춤 실력이 뛰어난 것을 보고 춤추고 전자악기 반주에 맞추어서 찬양하는 것도 다양한 찬양방식의 하나로 인정해 주어야 한다고 생각하게 되었어요.

59

찬양 부를 때 가사도 모르겠고 별 감정이 안 생겨요

저는 찬양할 때 아무런 감정이 안 생겨요. 친구들은 찬양하면서 눈물도 흘리고 감격하곤 하는데, 저는 하나님을 분명히 믿지만 찬양할 때는 가사도 그리 와닿지 않고 감격스럽거나 눈물도 나지 않아요. 제가 이상한 건가요?

경찰이 살인사건의 용의자를 찾아내는 수사를 할 때 반드시 확인하는 과정이 하나 있어요. 그것은 용의자의 지문을 찾아내는 거예요. 살인자가 남겨 놓은 지문만 확인되면 살인자를 찾아내는 것은 시간문제지요. 왜 그럴까요? 이 세상에 그렇게 많은 사람이 있어도 지문이 똑같은 사람은 한 사람도 없기 때문이에요. 사람들이 가진 지문이 다 다른 것처럼, 사람들의 성향도 다 달라요. 사람들의 성향이 각각 다 다른 이유는 한 사람 한 사람 태어날 때마다 하나님께서 따로따로 영혼을 창조하여 몸 안에 넣어 주셨기 때문이에요.

사람들의 성향이 각각 다르다는 것을 보여주는 수많은 증거 가
운데 중요한 것 한 가지는 이성과 감정의 정도가 사람마다 각각 다
르다는 점이에요. 사람 중에는 보통 사람들보다 더 이성적인 사람
이 있는 반면에, 보통 사람들보다 더 감성적인 사람도 있어요.

'임마누엘 칸트'라는 유명한 철학자는 인간을 '이성적인 존재'라
고 보았어요. 칸트 자신이 이성에 친숙한 성향을 가지고 있었기 때
문이지요. 반면에 '프리드리히 슐라이어마허'와 같은 철학자는 인
간을 '감정적 존재'라고 보았어요. 그 자신이 이성보다 감성에 더
친밀감을 느끼는 성향을 가지고 있었기 때문이에요.

아마도 우리 친구는 감성보다 이성에 더 친밀감을 느끼는 성향
인 것 같아요. 그래서 감정적인 요소가 많이 작용하는 찬양에는
다른 친구들에 비해 크게 감동하지 못할 수 있죠. 대신 우리 친구
는 하나님에 대하여 논리적으로 차분하게 설명해주면 잘 받아들
일 거예요.

우리 친구가 감성적으로 반응하는 것을 잘하지 못한다고 해서
그것을 자신의 자연스러운 성향이라고 여기고 그 성향을 바꾸지
않고 그대로 신앙생활을 해야 할까요? 그렇지 않아요. 물론 이성적
인 성향이 강하다는 점은 친구의 개성이자 강점이지만, 그렇다고
감성적인 면이 약한 것이 결코 자랑할 만한 일은 아니에요. 만일
내가 너무나 감성적이라고 생각되면 풍부한 감성을 장점으로 살리

면서도 감성이 넘치지 않도록 절제하고 이성적인 부분을 보완하기 위하여 노력해야겠지요? 마찬가지로 이성적인 부분은 강한데 감성적인 부분에서 너무 무디거나 약하면 이성적인 부분을 살리면서도 감성적으로 더욱 섬세하고 풍부한 사람이 되도록 더 노력해야겠지요.

우리의 신앙생활이란 무엇일까요? 신앙생활에는 다양한 요소가 있는데, 그중 가장 중요한 것은 "하나님을 사랑하는 것" 아니겠어요? 그러면 우리는 하나님을 어떻게 사랑해야 할까요? 마태복음 22장 37절에 이런 말씀이 있어요. "네 마음을 다하고 목숨을 다하고 뜻을 다하여 주 너의 하나님을 사랑하라." 그래요. 우리가 하나님을 사랑할 때 우리의 마음과 목숨과 뜻을 다하여 사랑해야 해요. 마음과 목숨과 뜻을 다하라는 말이 무슨 뜻일까요? 우리가 가진 모든 것을 다 드리는 것, 즉 혼신의 힘을 다하는 거예요. 우리가 하나님을 사랑할 때 그야말로 온 힘을 다 기울여서 사랑해야 해요. '젖 먹던 힘까지 다 쏟아부으라'라는 말을 들어 보셨지요? 바로 그거예요. 우리는 하나님을 바로 그렇게 사랑해야 하는 거예요. 우리가 가지고 있는 모든 기능을 총동원하여 하나님을 사랑해야 하는 거죠.

그렇다면 이제 답은 분명해지지요. 성경은 "마음과 목숨과 뜻"이라는 구절을 말하고 있는데, 철학에서는 이 말 대신에 '지정의知情意'라는 단어를 사용해요. '지'는 지성 또는 이성을 말하고 '정'은 감정 또는 감성을 말하고 '의'는 의지를 말해요. 하나님을 사랑할 때는 지정의, 곧 이성과 감성과 의지 중 어느 것 하나도 빠뜨리지 말고 모두 다 드려서 사랑하라는 거예요.

만일 우리 친구가 하나님을 찬양할 때 아무런 감동이 없다면 그 이유가 뭘까요? 우리 친구가 혼신의 힘을 다 기울여서 하나님을 사랑하지 않고 있다는 증거 아니겠어요? 노래는 인간의 감성을 표현하는 도구예요. 따라서 하나님을 찬양할 때는 감성이 마음을 지배하게 되지요. 만약 찬양할 때 아무런 마음의 감동이 없다면 하나님을 사랑할 때 감성을 빼놓고 있다는 말이 되죠. 그것은 마음과 목숨과 뜻을 다하여 사랑하는 태도라고 보기 힘들어요.

그렇다면, 왜 우리의 지성과 감성과 의지를 다 바쳐서 하나님을 사랑해야만 하는 걸까요? 먼저 하나님을 사랑하려면 하나님이 어떤 분이시며 어떤 일을 하셨는가를 알아야 해요. 한마디로 하나님에 관한 지식이 있어야 하죠. 상대방에 대한 아무런 정보도 없이 상대방을 사랑할 수는 없잖아요? 즉 하나님에 관한 지식을 얻기 위해서는 '지성', 곧 우리의 이성이 필요해요. 하나님에 대한 사랑은 이성을 통해 시작된다고 볼 수 있어요.

그러면 그다음 단계는 무엇일까요? 우리 친구가 연애한다고 생각해보세요. 상대방이 누구이고 무슨 일을 하고 있는가를 이성적으로 알아냈다고 해서, 상대방에 대한 아무런 감정의 끌림 없이 냉랭한 마음으로 연애를 할 수 있을까요? 연애하려면 반드시 감정의 끌림이 있어야 해요. 한마디로 'feel'이 와야 하잖아요? 상대방을 보면 괜히 마음이 두근거리고 행복해지고 기분이 좋아지는데, 상대방을 보지 못하면 불안하고 슬퍼지고 허전해지지요? 그게 바로 상대방을 사랑하는 감정이에요. 하나님을 사랑하는 것도 똑같아요. 하나님을 지식적으로 안 뒤에는 하나님을 향한 감정의 끌림이 있어야 정상이죠. 하나님의 말씀을 듣거나 읽는 시간, 기도하는 시간, 예배하는 시간이 기다려지고 감정이 막 끌리고 행복하고 편안하고 기분이 좋아져야 해요. 그런 교제를 하지 못할 때는 허전하고 쓸쓸하고 슬프고 기분도 언짢아져야 하고요. 물론 감정의 끌림이 사랑의 전부는 아니지만, 감정의 끌림이 없는 사랑은 있을 수 없지요.

친구가 꼭 알아야 할 것이 더 있어요. 진정한 사랑은 이성과 감정만으로도 충분하지 않다는 점이에요. 여기에는 의지가 뒤따라야 하죠. 어떤 친구가 깊이 사랑하는 대상이 교통사고가 나서 평생 휠체어에 앉아서 생활하게 되었다고 해볼까요? 이때 '이 사람이 장애인이 되었으니 이제는 떠나야 하겠다'라고 결심한다면 진정한 사랑이 아니겠죠. 상대방이 어려운 상황에 있어도 떠나지 않고 곁에서 도와주어야 하지 않겠어요? 그런데 장애인이 된 상대방을 평생 돕는 일이 쉬운 일일까요? 아니에요. 많이 힘들고 엄청난 희생이 필요한 일이에요. 굳은 의지가 없이는 하지 못하는 일이에요. 오래 참는 것이 필요하고요. 그래서 고린도전서 13장은 '사랑은 오래 참는 것, 모든 것을 참는 것, 모든 것을 견디는 것'이라고 말하는 거예요. 오래 참기 위해서는 의지가 필요하답니다. 이성은 지식을 가져다주지만 어려움을 견디게 하지는 못해요. 감정은 상대방을 위하여 희생하는 마음을 갖게 하지만 금방 식어버릴 수 있어요. 그래서 우리에게는 '의지'가 필요한 거예요. 하나님을 사랑할 때는 이성과 감정과 의지, 모두가 다 필요해요.

우리 친구는 이렇게 질문할 것 같아요. "저는 하나님을 찬양할 때 자연스럽게 감정이 올라오지 않는데 그럼 어떻게 해야 하죠?" 그럴 때 친구의 감정을 억누르는 자연스러운 마음에 끌려가면 안 돼요. 의지를 굳게 세워서 감정을 누르려는 자연스러운 마음을 단호하게 물리치고 정반대의 방향으로 행동해야 하죠. 찬양하는 일은 너무 신나고 즐겁고 기쁜 일이라고 마음속으로 다짐하고 가사 한마디 한마디에 집중하면서 일부러 분명하게 큰 소리로 찬송가를 불러 보세요. 이런 훈련을 반복하다 보면 분명히 조금씩 달라질 거예요. 기쁨과 감격이 조금씩 찾아올 거예요.

신앙생활은 자연스럽게 마음이 이끄는 대로 따라가는 것이 아니에요. 신앙생활은 하나님의 명령에 순종하는 생활이죠. 그런데 하나님은 자연스러운 성품을 거스르도록 명령하실 때가 대부분이에요. 주일날 정말로 예배에 참석하기가 싫을 때가 있지요? 그때 친구의 자연스러운 마음은 그저 집에서 늦잠이나 푹 잤으면 좋겠다는 것이죠. 마음이 이끄는 대로 자연스럽게 잠을 푹 자야 할까요? 아니에요. 억지로라도 주일예배에 참석해야 해요. 하나님이 명령하시는 일은 힘들더라도 해야 하죠.

찬양할 때 온 힘을 다하여 정말로 열심히 하는 것 역시 하나님의 명령이에요. 이 명령에 순종하여 열심히 찬양하면 분명히 깊은 감동이 우리 친구에게 찾아올 거예요. 차지도 덥지도 않은 마음으로 미지근하게 찬양하는 것이 아니라 주님을 뜨겁게 사랑하는 마음으로 주님의 은혜에 감사하고 감격하는 찬양을 하는 우리 친구가 되기를 바랄게요.

60

교회에서 반주하다 보면
예배에서 소외된 것 같아요

교회에서 반주로 섬기고 있는데요. 예배 때마다 반주하면 정작 저는 예배에 구경꾼이 된 느낌이에요. 저도 기도할 때 뜨겁게 기도하고 함께 찬양하고 싶은데 예배 때나 기도회 때마다 반주하다 보니 정작 저는 진정으로 예배드릴 기회가 없어요. 이번 수련회에서도 반주만 하다가 올 것 같아서 벌써 마음이 무거워요.

우리 친구들은 올림픽에서 금메달을 딴 피겨 스케이팅의 김연아 선수를 잘 알고 있죠? 아마 많은 분이 좋아할 거예요. 저도 김연아 선수를 매우 좋아해요. 제가 한번은 영국 방송을 통해 중계된 김연아 선수의 경기를 본 적이 있어요. 이때 해설자가 김연아 선수의 심리적 부담에 대해서 이런 말을 한 것이 기억이 납니다. "부담은 특권이다."

그래요. 김연아 선수는 금메달을 염원하는 5,000만 대한민국 국민의 기대를 한 몸에 받고 있었어요. 그뿐만 아니라 전 세계 피겨 전문가들을 비롯한 피겨 팬들로부터 완벽한 경기를 했으면 좋겠다는 기대도 동시에 받고 있었고, 세계 최고의 기록보유자로서 실수 없는 경기를 해야 한다는 부담도 안고 있었어요. 이런 기대들이 김연아 선수의 마음에 어느 정도 부담을 안겨 주었을지 상상이 되나요? 이 부담은 김연아 선수가 세계 최고의 피겨 스케이터의 자리에 오르기 위해서는 반드시 거쳐야 할 관문이지요. 부담이라는 동전의 뒷면을 살펴보면 거기에는 엄청난 특권과 행복이 있기 마련이에요.

우리 친구가 교회에서 예배를 돕기 위한 반주를 맡았다고 했지요? 아무런 책임도 맡지 않은 상태에서 예배를 드리는 경우와 비교하면 우리 친구는 틀림없이 큰 부담을 떠안고 있는 것이 분명해요.

예배를 드릴 때 반주는 예배 분위기를 좌우하는 매우 중요한 요소예요. 예배는 오르간이나 피아노 반주로부터 시작되죠. 첫 반주를 잘 하지 않으면 처음부터 예배 분위기가 망가질 우려가 있어요. 예배를 잘 마무리하는 역할도 반주가 담당해요. 반주가 깔끔하게 이루어져야 예배가 잘 마무리되지요. 예배를 드릴 때 몇 곡 이상의 찬양을 하는데 반주가 뒷받침해주지 않으면 찬양이 엉망이 되어 버리지요. 이처럼 반주는 예배 진행을 돕고, 설교말씀을 주시는 목사님의 역할 다음으로 중요한 예배의 요소지요. 반주가 가진 이런 무거운 비중 때문에 반주를 맡은 사람은 엄청난 마음의 부담을 갖기도 해요.

그런데 문제는 반주에서 실수하면 안 된다는 마음이 반주하는 순간뿐만 아니라 찬양 외에 설교말씀을 들을 때나 다른 시간에도 마음에서 떠나지 않는다는 점이에요. 설교말씀을 들을 때도 설교 전에 한 반주에 실수가 있었다면, '더 잘했어야 했는데'라는 후회가 마음에서 떠나지 않고, 설교 후에 할 반주에 대한 생각 때문에 설교에 집중하기가 어렵게 돼요.

중고등부에서 임원을 맡아서 봉사하는 친구들도 비슷한 경험을 할 거예요. 특히 중고등부 수련회를 비롯한 행사를 치를 때 행사를 잘 진행해야 한다는 부담 때문에 마음이 나누어져서 예배 중에 은혜받는 일에 집중하기 어려워질 수 있어요.

그러면 마음이 나누어지는 이와 같은 부담을 어떻게 해소해야 할까요? 우리가 월드컵과 같은 운동경기에서 승리하기 위해서는 치밀한 전략이 필요하다는 걸 아실 거예요. 우리 친구가 봉사에 대한 책임감과 은혜를 받고 싶어 하는 마음 사이에서도 지혜로운 전략이 필요해요. 저는 두 가지 전략을 제시하고 싶어요.

첫째 전략은 '공격이 최선의 방어다'라는 전략이고, 둘째 전략은 '두 마리 토끼를 모두 잡는다'라는 전략이에요. 달려들어서 내가 잡아야 할 것들을 다 잡으려는 적극적인 마음가짐을 가지라는 거예요.

승리하기 위해서는 무엇보다 마음가짐이 중요해요. 반주나 임원 활동에 대한 책임감과 예배 시간에 은혜받는 것, 이 둘 중에서 어느 것을 택해야 하는지 고민하지 마세요. 두 가지 중에서 한 가지를 선택하겠다고 고민하기 시작하면 결국 둘 다 잃어버리고 말아요. 예를 들어서 우리 친구가 은혜받기 위해 반주를 그만둔다고 가정해 볼까요? 그러면 마음이 편할 것 같아요? 아니에요! 시간은 남을지는 모르지만 마음은 더 불편해지죠.

그러면 어떻게 해야 할까요? 그냥 반주나 임원 활동이라는 책임감도 잡고, 예배 시간에 받는 은혜도 잡아 버리면 돼요. 그런데 참 이상한 것은 둘 다 잡아야겠다고 마음에 결심하고 달려들면 다 잡을 수 있게 돼요. 하나님께 이렇게 기도해 보세요. "하나님! 하나님이 예배를 반주로 도울 수 있는 특권을 주셔서 고맙습니다. 그런데 저는 욕심이 많아서 반주도 잘 해내고 예배 시간에 은혜도 많이 받고 싶어요. 이 두 가지 다 해낼 수 있게 해주세요!" 그러고 나서 마음을 강하고 담대하게 가지고 적극적으로 달려드는 거예요. 반주도 최선을 다해 잘 해내고, 설교 시간에는 마음을 빨리 전환하여 은혜받는 일에 집중하는 훈련을 하는 거예요. 훈련하면 다 된답니다.

다시 김연아 선수 이야기를 해보죠. 어떤 선수든지 경기할 때는 경기에 집중하기를 바라요. 그러나 김연아 선수가 경기할 때 관중들은 요란하게 박수치고, 경기 중에도 점프에 성공하면 함성을 지르고, 또 경기 시작 전에는 수십 개 이상의 방송사들이 몰려들어 인터뷰해요. 이런 상황 속에서 마음이 얼마나 많이 흐트러지겠어요? 그러나 김연아 선수는 생각의 전환이 아주 빨라요. 그 모든 것들을 경기에 들어서는 즉시 마음에서 지워 버린다고 해요. 우리 친구도 그랬으면 좋겠어요. 그러기 위해서는 마음을 강하고 담대하게 가질 필요가 있어요.

우리 친구가 예배에 있어서 중요한 부분인 반주를 맡은 것은 하나님께 특권을 받은 것이죠. 중고등부의 임원을 맡기시는 것도 역시 하나님께서 주시는 특권이에요. 특권에는 부담이 따르기 마련이에요. 이 부담을 기꺼이 담당할 수 있는 사람만이 특권이 주는 행복에 참여할 수 있는 거예요. 예수님은 제자들에게 "자기 십자가를 지고 나를 따를 것이니라"마 16:24라고 명령하셨어요. 주님을 더 가까이 따르고 주님의 신뢰를 더 많이 받는 자녀들에게 주님은 더 많은 십자가, 곧 부담을 안겨 주셔요. 더 많은 부담을 감당할 때 주님과 가까이 있는 특권을 누릴 수 있기 때문이지요.

'피할 수 없다면 즐겨라'라는 격언을 우리 친구들도 아시지요? 그래요. 교회봉사를 피할 수 없다며 부담스러워만 하면 제대로 감당하지 못해요. 그렇다고 해서 딱 그만두지도 못하고 시간이 그냥 흘러버리곤 하죠. 저는 우리 친구들이 다음과 같은 생각을 가지고 평생 교회생활을 했으면 하는 바람이 있어요. '교회가 필요로 해서 요청할 때는 다른 어떤 일보다도 최우선으로 순종하여 교회가 요청하는 일을 맡아서 행한다!'

그의 나라와 그의 의를 먼저 구하면 하나님께서 세상을 살아가는데 필요한 것들은 모두 채워주실 거라고 확신해요.